权威·前沿·原创

皮书系列为
"十二五""十三五""十四五"时期国家重点出版物出版专项规划项目

BLUE BOOK

智库成果出版与传播平台

深圳蓝皮书
BLUE BOOK OF SHENZHEN

深圳社会治理与发展报告（2022）

ANNUAL REPORT ON SOCIAL GOVERNANCE AND DEVELOPMENT OF SHENZHEN
(2022)

主　编／范伟军
副主编／方映灵

社会科学文献出版社
SOCIAL SCIENCES ACADEMIC PRESS (CHINA)

图书在版编目（CIP）数据

深圳社会治理与发展报告. 2022 / 范伟军主编. --
北京：社会科学文献出版社，2022.10
（深圳蓝皮书）
ISBN 978-7-5228-0764-5

Ⅰ.①深… Ⅱ.①范… Ⅲ.①社会管理-研究报告-
深圳-2022②社会发展-研究报告-深圳-2022 Ⅳ.
①D676.53

中国版本图书馆 CIP 数据核字（2022）第 170218 号

深圳蓝皮书
深圳社会治理与发展报告（2022）

主　　编／范伟军
副 主 编／方映灵

出 版 人／王利民
责任编辑／张丽丽
文稿编辑／赵熹微
责任印制／王京美

出　　版／社会科学文献出版社·城市和绿色发展分社（010）59367143
　　　　　地址：北京市北三环中路甲 29 号院华龙大厦　邮编：100029
　　　　　网址：www.ssap.com.cn
发　　行／社会科学文献出版社（010）59367028
印　　装／天津千鹤文化传播有限公司

规　　格／开　本：787mm×1092mm　1/16
　　　　　印　张：20.25　字　数：300 千字
版　　次／2022 年 10 月第 1 版　2022 年 10 月第 1 次印刷
书　　号／ISBN 978-7-5228-0764-5
定　　价／128.00 元

读者服务电话：4008918866

主要编撰者简介

范伟军 深圳市社会科学院副院长，长期从事改革、创新和社会治理、城市发展政策制定与研究。多次参与深圳市委市政府重大改革文件的研究和制定工作。主编《改革开放的尖兵——深圳经济特区新探索》著作 1 部，参与编撰《东南亚六国国情研究》等共建"一带一路"国家国情研究著作 5 部。主持完成《深圳营商环境改革》等各类研究报告 60 多篇，参与起草《深圳建设国际科技产业创新中心规划编制》等各类政策文件 70 多个。

方映灵 深圳市社会科学院社会发展研究所所长、研究员。主要研究领域为社会思潮与社会治理、中国思想文化、香港商业及特区发展等。出版个人学术专著 2 部，编著或参著典籍辞书 4 部共 10 卷本，分别获国家级或省市级奖项。在全国理论学术刊物发表论文数十篇。具体实施创办《深圳社会科学》杂志。主持或参与多个国家、省市重点哲学社会科学规划课题项目。

摘 要

《深圳社会治理与发展报告（2022）》分析了2021年深圳市社会治理的基本情况、主要特点和成就，并对2022年深圳市社会治理发展进行了展望。本书认为，2021年，深圳市的社会治理取得较大进步，九大类民生支出3197亿元，增长12.6%，占一般公共预算支出的比重达70%。居民人均可支配收入7.08万元，增长8.2%。新增基础教育学位13.1万个，南方科技大学入选"双一流"建设高校。新增三甲医院7家，全市各类卫生机构数量达到5241家。建设筹集公共住房9.7万套（间）、供应分配4.2万套（间）。全市轨道交通运营线路12条，运营里程431公里（含有轨电车）。城市安全方面，生产安全事故、道路交通事故死亡人数分别下降9.1%、11.8%，全市110接报刑事治安警情9.68万起，比上年下降20.2%，电诈警情数、案件数和诈骗刑事警情数、案件数四项指标比上年大幅下降42%、26%和28%、34%。养老方面，全市建成社区老年人日间照料中心112家，星光老年之家600家，长者饭堂及助餐点263家，居家养老定点服务机构66家，基本实现居民社区养老服务全覆盖。深圳市已逐步形成具有超大型城市特点和规律的治理经验，先后两次在全国市域社会治理现代化工作会上作经验交流。

本书还针对未成年人保护、托育行业人才培养、家庭养老病床与家庭病床联动模式、足球场地对外开放、三孩政策影响下的市民生育意愿、深圳市生活垃圾分类执行情况等进行了专题研究。研究发现，《中华人民共和国未成年人保护法》颁布实施以来，深圳市已逐步建立了家庭、学校、社会、

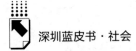

网络、政府、司法"六大保护"的未成年人保护工作新格局。托育方面，深圳市托育机构保育人员素养整体得分在 3.3~3.8 分（总分 5 分），处于中等水平，需要通过组建专业化讲师队伍、链接专业化科学化社会资源、搭建智慧化高效化线上平台等继续加强托育行业人才培养。家庭养老床位方面，深圳市力图形成特色鲜明、功能显著的"家庭养老床位"与"家庭病床"两床联动模式，有效解决广大居家老年群体面临的各类医养痛点、难点问题。在深圳市足球场地开放情况方面，社会足球场地和学校足球场地的开放情况评分处于中等水平，需要从标准制定、风险管理、科技支撑、普及推广等方面提高深圳市足球场地的开放度和开放效益。

关键词： 社会治理　托育　养老　深圳市

目 录 ↖↗

Ⅰ 总报告

Ⅱ 社会治理篇

Ⅲ 民生保障篇

Ⅳ 社会调查篇

Ⅴ　专题篇

皮书数据库阅读**使用指南**

总 报 告

General Report

B.1

2021年深圳超大型城市社会治理现代化
探索实践与未来展望

余新国 阳 斌[*]

摘 要: 2021年,深圳以建设更高水平的平安深圳为主题主线,以市域社会治理现代化试点为契机,突出政治引领、系统观念、法治思维、强基导向,全面推动社会治理体制机制、方式方法、工作布局创新,着力完善共建共治共享的社会治理制度,努力形成具有深圳超大型城市特点和规律的治理经验。但是,深圳在社会治理系统性结构、协同化力度、精细化水平、整体性发展方面仍然存在弱项和短板,在政治安全、社会稳定、公共安全方面也面临不少风险隐患。2022年,还需坚持五大理念、统筹五对关系、聚焦五项工程,全力打造新时代超大型城市社会治理现代化的"深圳样本"。

---

* 余新国,深圳市委常委、市委政法委书记;阳斌,深圳市委政法委政策研究室副主任。

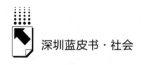

关键词： 社会治理　市域社会　治理现代化

2021 年，深圳在推进城市治理方面，特别是社会治理方面努力探索，具体来说，就是以市域社会治理现代化试点为契机，全面推动社会治理体制机制、方式方法、工作布局创新，完善共建共治共享的社会治理制度，努力形成具有深圳超大型城市特点和规律的治理经验，先后两次在全国市域社会治理现代化工作会上做经验交流。根据第三方调查数据，2021 年深圳市人民群众安全感、对政法工作满意度均居广东省第一。

一　2021年深圳社会治理现代化的实践成效

社会治理是一项综合工作，涵盖的内容非常丰富。围绕平安深圳、法治深圳，深圳突出政治引领、系统观念、法治思维、强基导向，推动社会治理体系现代化水平和治理能力不断跃升。中央政法委秘书长陈一新调研深圳社会治理工作并给予高度肯定；中央政法委书记郭声琨表扬深圳政法工作"取得了优异的成绩""做出了突出的贡献"。

（一）突出政治引领，探索全覆盖的市域治理

善于从政治方面看问题，站稳立场、把握方向，善于从政治方面谋划、部署、推动工作。政治引领在城市治理中具有先导性、决定性、根本性作用。

1. 有力发挥政治优势

成立由市委书记任组长的市域社会治理专项组，全市各个区、街道均落实"一把手"责任，社区党委书记具体抓实施，形成市委统筹协调、区委组织实施、街道党工委强基固本、社区党组织发挥战斗堡垒作用的四级党委领导机制。将社会治理工作纳入平安建设考评。开展重点地区及突出问题挂牌整治，每年对两个街道实施重点治理，对存在突出问题的街道、行业部门实施挂牌整治。

2. 有力加强制度保障

出台试点工作三年实施方案，将市域社会治理现代化工作纳入深圳市"十四五"经济社会发展规划，与经济社会发展同谋划、同部署、同推进。将重点项目纳入市级公共财政保障范围，明确党委、政府、群团系统等部门主体责任，形成任务书、时间表、路线图。建立创新经验推广项目库，已推广两批16个实践创新项目，多个基层创新经验做法通过立法固化为制度成果。

3. 有力凝聚群众力量

广泛动员群众参与社会治理，完善共建共治共享的社会治理制度。深圳市推进志愿者之城4.0建设，组织全市260万名志愿者、1万余家社会组织、399支社区志愿服务队、5.5万名社区志愿者，深度参与矛盾化解、心理健康辅导、矫正安帮。大力弘扬见义勇为精神，进一步完善激励保障机制。建成全市统一的"互联网+群防群治"平台，发动86万名平安志愿者采集治安信息、上报治安隐患和违法犯罪线索等累计1200万条，公众参与社会治理日益制度化、常态化。

（二）突出系统观念，探索全周期的动态治理

把城市治理各环节作为完整链条，构建起环环相扣、系统有序、运转高效的有机治理闭环。

1. 全面强化源头防控

健全矛盾风险情报搜集研判机制，注重发现前端治理中带有的普遍性、趋势性问题。出台《深圳市重大决策社会稳定风险评估办法》，提升稳评工作规范化水平。建立社会治安形势分析工作机制，每季度对全市社会治安形势进行分析研判。加快推进立体化社会治安防控体系建设，提升路面屯兵和快速反应能力。不断深化刑满释放人员、社区矫正对象、吸毒人员、精神障碍患者等重点人员服务管理，有效应对个人极端案事件的发生。建立经常性社会心理服务和危机干预机制，74个街道（镇）全部设立心理服务站，社区心理服务室设置率达97%，中小学心理辅导室覆盖率达94%。

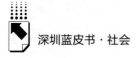

2. 全面强化过程把控

深圳在全市推广群众诉求服务"光明模式",共建成各级群众诉求服务大厅579个、服务站点226个,努力将矛盾纠纷和不稳定因素消除在萌芽阶段,解决在初始阶段。深入开展社会矛盾问题专项治理,2021年深圳市共排查社会领域重大矛盾662宗,化解632宗,化解率达到95.5%。破解户籍居民进京非访难题取得重大突破,基本实现了重大节点特别防护期"零非访"。2019年以来,未出现到市委、市民中心和赴省进京的重大群体性事件。深入推进专业领域调解,成立市知识产权联席会议、市欠薪保障基金、前海"一带一路"国际商事诉调对接中心,开展"三调联动"、家事情感纠纷智慧联调国家试点。深入推进诉源治理,建立262家行业诉调对接机构,近三年来成功调解纠纷12万件。全市法院近五年来首次实现新收一审民商事、行政案件数量负增长。

3. 全面强化应急管控

梯次启动维稳安保等级响应机制,实行重大突发事件"四个一"应急处置机制,圆满完成深圳经济特区建立40周年、建党100周年等一系列重大活动和敏感节点的安保维稳任务。成功对头部金融平台精准"拆弹","小牛资本""红岭系""文粲威""荷包金融"专案成功收网。有效应对恒大、佳兆业、宝能等重点房地产企业涉稳风险,成功处置重点房企理财产品投资人、商票持有人、购房户、城市更新项目业主等聚集事件。全力推进扫黑除恶专项斗争,打掉黑社会性质组织20个、恶势力犯罪集团93个,破获涉黑涉恶刑事案件数居全省第一。2021年,深圳市接报刑事治安警情14.9万宗,创近十年来新低,同比下降29.8%,实现五年来最大降幅,命案防控连续五年实现"发案不过百、破案百分百",电诈警情、案件和诈骗刑事警情、案件数,降幅均居全省第一,全国大城市首位。

(三)突出法治思维,探索全方位的依法治理

善于运用法治思维和法治方式解决城市治理顽症难题,让法治成为社会共识和基本准则。

1. 以法治思维谋划城市治理

统筹谋划"十四五"法治城市示范总体设计，出台《法治深圳建设规划（2021—2025）》《深圳市法治社会建设实施方案（2021—2025）》，编制出台《深圳市政法事业"十四五"规划》。党的十九大以来，深圳市在社会治理领域制定和修订党内法规和规范性文件23项，制定修订地方性法规71项，制定政府规章16项。抓住党内法规试点机遇，出台深圳市街道工作委员会工作规则、社区委员会工作规则，赋予基层更大自主权。出台全国首部平安建设专门立法《深圳经济特区平安建设条例》，规范平安建设工作责任主体，明确综治中心基本职能，固化社会风险研判、治安形势预警、网格化管理等实践成果。出台全国首部规范辅警管理的地方法规《深圳经济特区警务辅助人员条例》，辅警改革开全国先河，有效缓解警力不足的问题。推进《深圳经济特区数据条例》立法工作，对数据确权、个人隐私保护等方面进行系统规范。

2. 以法治方式解决矛盾问题

出台全国首部针对特定仲裁机构的地方法规《深圳经济特区国际仲裁院条例》，健全多元化争议解决机制，提升深圳仲裁国际公信力和竞争力。出台《深圳经济特区多元化纠纷解决机制条例》，夯实诉源治理、矛盾纠纷源头化解的法治根基。持续推动《深圳市物业服务企业参与基层社会治理办法》立法工作，明确物业企业的法定责任、委托责任、社会责任，引导物业企业参与矛盾纠纷化解。

3. 以法治力量引领社会风尚

出台全国首部个人破产法规《深圳经济特区个人破产条例》，引导企业和社会公众增强对信用价值的认识，打造开放包容的营商环境，推动社会信用体系建设。修订文明行为条例、控制吸烟条例、道路交通安全违法行为处罚条例，加强落实村规民约、行业规章、团体章程等一系列基层自治公约，用法治规范社会行为。建立宪法公园、民法公园，打造"中央支持深圳建设中国特色社会主义法治先行示范城市""深圳出台国内数据领域首部综合性立法——《深圳经济特区数据条例》"等"年度十大法治事件"和"民断是非"等法治宣传品牌，均深受群众好评。

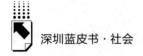

（四）突出强基导向，探索全要素的智慧治理

注重在科学化、精细化、智能化上下功夫，推动城市管理手段、管理模式、管理理念创新。

1. 有效提升智慧决策水平

推动综治中心规范化建设，对内整合其他平台社会治理功能，对外开展群众诉求服务工作，更好地发挥矛盾纠纷源头化解作用。深入推进"雪亮工程"建设，建成"全覆盖、全共享、全智能"的公共安全视频监控深度智能应用体系。在全国率先出台社会治理要素统一地址规范，打造了涵盖2000多万人口、430多万法人、62万栋房屋等社会治理要素的"块数据"智能底板。依托政法跨部门大数据办案平台建设，探索司法数据与社会治理数据深度融合路径。

2. 有效提升智慧管理水平

做大做强网格化治理，建立专职社区网格员队伍，按"一格一员"实施网格化管理，建成全市统一的社区网格管理信息系统，实现社区150多项事件自动分拨、智慧分办。建立出租屋楼（栋）长制度，实施出租屋分级分类管理。全面推动"块数据"智能底板部署应用，累计调用数据3.7亿次，在疫情防控、应急管理、社会治安防控、网格化服务管理等方面发挥了数据驱动业务模式创新的重要作用。在新冠肺炎疫情防控中，开发社区网格疫情防控指挥系统，出台中高风险地区人员等"五闭环"管理流程和工作指引，动员网格员1.8万人，全力做好人员排查、社区围合、居家隔离等工作，运用大数据、网格化手段助力筑牢疫情防控网。

3. 有效提升智慧服务水平

"i深圳"接入3个中直单位、40个市级单位和10个区级单位8230项服务，注册用户达1300万，基本实现政务服务全覆盖。在全国率先推出政务服务"秒批""秒报"改革，实现政府效率和群众便利度双提升、政府和群众双受益。推出全国首个"法治地图"，整合各类法律服务资源，为市民提供"指尖上的公共法律服务"。

二 深圳社会治理现代化面临的问题挑战

（一）深圳社会治理现代化存在的问题和不足

尽管深圳在社会治理方面进行了有益探索，但对标中央、省市有关精神要求，且与内地兄弟城市相比，深圳社会治理工作还存在以下问题和不足。

1. 社会治理结构还有待优化

在深圳的"两级政府、四级管理"架构中，制定政策、落实工作与资源配置和责任承担，有时呈现倒金字塔形，头重脚轻。另外，承担社会治理工作的专业机构还不能满足需要，社会组织的专业能力有待提升，专业人才队伍建设基础还比较薄弱。

2. 社会治理协同还有待深化

在区域发展、城市形态以及人口结构方面存在"二元化"现象，全域社会治理存在差异。如在交通、治安、教育、医疗以及基础设施等公共资源方面，区域不平衡特征仍较明显。政府、企业、社会尚需明确治理边界，社会治理资源有待对称下沉落地。

3. 社会治理精细水平有待提高

深圳目前人口严重倒挂，常住人口达到1768万人，实际管理人口超过2000万人，人口的密度远高于全国平均水平和其他一线城市，平均每个街道约27万人，每个社区约3万人，基层治理面临巨大压力。与城市自身的高速发展相比，与江浙等先进省份相比，深圳的治理模式仍显粗放，创新有余、精细不足。

4. 社会治理统筹力度有待加大

深圳地处意识形态、对敌斗争、改革开放"三个前沿"，是国家政治安全"南大门"，市域风险"防"的难度较大。深圳市近年来的社会矛盾数量持续在高位运行，社会矛盾"解"的难度较大。社会治理需要在党委领导

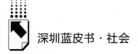
下，有关部门各司其职，形成合力，但目前深圳的快速响应、协调联动能力还不够。社会治理基础数据共享不足，各个治理单元功能整合还不够，存在信息孤岛、碎片治理等问题。

（二）深圳社会治理现代化面临的风险挑战

在世纪疫情冲击和百年未有之大变局加速演进的大背景下，推进深圳社会治理现代化面临的风险隐患仍然不少，同时还面临以下挑战。

1. 社会稳定风险交织叠加

受疫情冲击和经济下行交织影响，深圳各类重大矛盾风险传导联动态势更加明显，重点房地产企业涉稳风险突出，涉众金融风险存量远未出清，社会民生领域矛盾风险触点增多，问题楼盘、教育培训、劳资纠纷、环保"邻避"等领域的风险仍然较大。新商业模式快速发展，也蕴藏着一定社会风险，需要高度关注。

2. 公共安全风险持续承压

经过这几年的综合治理，深圳社会治安、公共安全形势总体向好，但深圳的新型犯罪活动多发高发，电信网络诈骗依然是深圳市最棘手的社会治安问题。严重精神障碍患者在册3.3万余人，个人极端案事件还时有发生，轻生事件也易发多发。随着互联网社会加速演进，新技术新业态衍生风险进一步凸显，如电子扫码等技术的广泛运用，导致敏感数据、个人信息泄露风险。关键设施和大数据安全保护压力增大，恶意投诉索赔、网络水军、恶意营销等网络黑灰事件呈现多发态势，利用"换脸换声"技术实施诈骗违法犯罪已有现实案例。

三　打造超大型城市社会治理现代化"深圳样本"的思路和展望

推动深圳超大型城市社会治理现代化建设，我们认为，需坚持五大理念、统筹好五对关系、聚焦五项工程，以先行示范的标准努力打造全国市域社会治理现代化标杆城市，加快建设更高水平的平安深圳，为党的二十大胜利召开创造安全稳定的政治社会环境。

（一）打造超大型城市社会治理现代化"深圳样本"需坚持的五大理念

理念是行动的先导，需深刻把握社会治理特点规律，坚持科学的治理理念。

1. 坚持政治引领理念

高度重视政治建设在社会治理中的决定性、根本性作用，加强社会各领域的政治建设，教育引导广大党员干部坚定拥护"两个确立"、坚决做到"两个维护"。严格执行请示报告制度，切实把政治建设贯穿于社会治理全过程和各方面。

2. 坚持人民中心理念

站稳人民立场，积极回应人民群众在民主、法治、公平、正义、安全、环境等方面的新期盼，着力解决人民群众"急难愁盼"问题，让人民群众切实感受到公平正义就在身边。贯彻好党的群众路线，让群众的聪明才智成为社会治理创新的不竭源泉。

3. 坚持依法治理理念

更好发挥法治固根本、稳预期、利长远的保障作用，善于运用法治精神审视社会治理、运用法治思维谋划社会治理、运用法治方式破解治理顽症难题，让法治成为社会共识和基本准则。

4. 坚持系统融合理念

推动重心下移、力量下沉、资源下投、保障下倾，不断加强基层组织、基础工作、基本能力建设。深化源头治理，从治理主体、结构、对象、功能等方面加强顶层设计、推进深度融合，实现政府、社会、市场等三大主体的协同性治理，规划、建设、管理三大环节的全过程治理，生产、生活、生态三大布局的全方位治理。

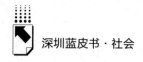
5.坚持精细智慧理念

强化"智治支撑",以"绣花功夫"为社会治理智慧化赋能。推进"深平安"试点建设,统一平安深圳建设门户,打造集政治安全、矛盾纠纷预防化解、立体化治安防控、公共安全风险防控、网格化服务管理等于一体的智能化平台,实现"一个平台管平安"。

(二)打造超大型城市社会治理现代化"深圳样本"需统筹好五对关系

推进社会治理现代化是一项系统工程,需运用战略思维、系统思维统筹推进,提高治理整体性、协同性。

1.统筹好发展和安全的关系

把握发展和安全的辩证统一关系,既要营造有利于经济社会发展的安全环境,又要在发展中更多考虑安全因素,让发展和安全在动态中实现平衡、互促共进。

2.统筹好整体和局部的关系

既要注重整体思维,加强社会治理现代化的宏观规划,实现社会治理资源整合、力量融合、功能聚合,又要注重过程思维,加强中微观治理,抓好阶段性任务的落细落小落实,推动社会治理由"点上盆景"转变为"全域风景"。

3.统筹好过程与结果的关系

既要突出目标导向,探索全周期授权,减少不必要的过程性干预,又要突出结果导向,实行全周期问责,激励广大干部在其位、谋其政、干其事、求其效。

4.统筹好活力与秩序的关系

既要将该由政府管的社会治理事务管好、管到位,又要避免"一刀切执法",让行政执法更有温度,注重激发治理主体活力,建设人人有责、人人尽责、人人共享的社会治理共同体,实现社会既生机勃勃又井然有序。

5. 统筹好守正和创新的关系

既要勇于改革、大胆创新，又要牢固树立法治意识、"授权"意识、"程序"意识，确保社会治理更加规范、高效。

（三）打造超大型城市社会治理现代化"深圳样本"需聚焦的五项工程

习近平总书记指出，百年未有之大变局必然带来许多不确定因素，增强忧患意识、防范风险挑战要一以贯之。2022 年将召开党的二十大，各种可预见的、不可预见的风险隐患会明显增多并交织叠加。与 2021 年相比，深圳面临的风险挑战会更加复杂严峻，因此需进一步强化底线思维，保持对"弱信号"的高度敏感，以"时时放心不下"的责任感，周密管控，严防死守，坚决防止各类"黑天鹅""灰犀牛"事件发生。

1. 聚焦防范化解政治安全风险首位工程

以落实维护政治安全专项行动为抓手，完善维护国家政治安全制度，严防境外敌对势力渗透破坏，严防香港负面因素倒灌，严防政治重点人捣乱滋事，严防非法宗教渗透和邪教活动，坚决防止发生有重大影响的涉政治安全案事件。

2. 聚焦防范化解社会矛盾风险底线工程

强化对涉疫、涉房地产、涉众金融、涉劳资等领域涉稳问题的摸排，对发现的风险隐患逐一列账、及时处置。强化对重点房企债务等突出风险个案的攻坚，坚持"一案一策一专班"，防止风险传导蔓延、叠加升级。强化对有重大矛盾隐患或现实危害的高风险人员的教育疏导，确保不聚、不串、不炒。

3. 聚焦防范化解社会治安风险基础工程

全面开展常态化扫黑除恶斗争，深入开展打击整治养老诈骗专项行动，依法严厉打击涉枪涉爆、拐卖妇女儿童等违法犯罪，集中整治社会治安重点地区和社会治安突出问题。全面落实社会面防控警力部署、武装巡逻和快速反应机制。全面加强对严重精神障碍患者等重点人群的服务管理。

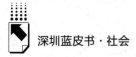
4. 聚焦防范化解公共安全风险底板工程

加强重点物品、重点场所、重点行业安全监管措施，强化道路交通、消防等安全隐患常态化治理，防范并遏制重特大安全事故发生。加强对新经济、新业态的分析研究，提高对新型风险的识别、预警、防控能力。加强公共卫生突发事件应急演练处置，严防疫情境外输入、境内反弹。

5. 聚焦防范化解网络安全风险清朗工程

健全完善打击整治工作机制，对电信网络诈骗、网络套路贷等犯罪活动保持严打高压态势，有力铲除黑灰产业链，坚决遏制新型网络违法犯罪多发高发态势。健全敏感信息闭环反馈机制，强化网上网下联动处置。健全网络辟谣联动机制，严格落实"三同步"要求，严防敏感案事件发酵成重大舆情事件。

社会治理篇
Social Governance Reports

B.2

多点突破、全面提升，奋力打造市域
社会治理现代化标杆城市

深圳市委政法委课题组*

摘　要： 从边陲农业县到一线城市，深圳创造了世界城市发展史上的奇迹。但由于身处改革开放最前沿，土地面积不足 2000 平方公里、实际管理人口超 2000 万人，深圳市域社会治理难度空前。习近平总书记深刻指出：经过 40 年高速发展，深圳面临城市治理承压明显、发展空间不足等诸多挑战。这就要求深圳树立全周期管理意识，努力走出一条符合超大型城市特点和规律的治理新路子。深圳坚持以习近平总书记视察广东、深圳时重要讲话、重要指示精神为指导，坚决贯彻中央、省有关部署要求，以建设全国市域社会治理现代化首批试点城市为抓手，把市域

---

* 课题组成员：胡庚祥，深圳市委政法委副书记；郑刚，深圳市委政法委基层社会治理处处长；刘关生，深圳市委政法委基层社会治理处副处长；高志翔，深圳市委政法委基层社会治理处工作人员；张耀江，深圳市域社会治理现代化试点工作领导小组专班工作人员。

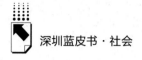
社会治理放在建设中国特色社会主义先行示范区的全局中谋划推进，对标最高最好最优，以赶考姿态奋力建设市域社会治理现代化标杆城市。

关键词： 社会治理　治理体制　风险防范

"努力走出一条符合超大型城市特点和规律的治理新路子"是习近平总书记 2021 年在深圳经济特区建立 40 周年庆祝大会上交给深圳的"时代考题"。市域社会治理现代化试点工作启动以来，深圳对照习近平总书记提出的"时代考题"，对标最高最好最优，按照"第一年夯基垒台、立柱架梁，第二年全面推进、积厚成势，第三年系统集成、高分挂牌"的思路，精心组织、严密实施。在深圳市委坚强领导下，各区、各部门以赶考的姿态奋力书写答卷，全力打造标杆，共同推动试点取得阶段性成果。试点经验在全国、全省试点推进会上被重点介绍推广，被收入中央、省工作简报，以及"长安剑"、南方日报、法治日报等多家媒体单位报道。

一　坚持党建引领，构建现代化社会治理体制

把党的政治优势、制度优势、组织优势转化为治理优势，进一步推进市域社会治理体制现代化。

（一）党委统揽力更强

成立由市委书记任组长的市域社会治理现代化试点工作领导小组，全市 11 个区均落实"一把手"责任，78 个街道（镇）全部配备政法委员，665 个社区党委书记具体抓实施，形成市委统筹协调、区委组织实施、街道党工委强基固本、社区党组织发挥战斗堡垒作用的四级党委领导机制，推动纵向治理架构权责明晰、上下贯通、运转灵活。出台 30 多项制度文件，搭建党

建引领基层治理制度体系的"四梁八柱"。市委政法委牵头制定试点实施方案，40 家成员单位共同参与绘制市域社会治理蓝图。

（二）政府执行力更实

将社会治理和平安建设纳入深圳市"十四五"规划纲要，广泛开展平安创建活动。坚持以人民为中心，用心用情用力补齐民生短板，持续将财政支出的近七成投向九大类民生领域，教育支出从 2012 年的 246 亿元增至 2020 年的 851 亿元，高校数量增至 15 所，职业教育全国领先，三甲医院增至 23 家，构建"4+2+2+2"住房供应保障体系，社会保障水平稳步提高。在全国率先推出政务服务"秒批""秒报"改革，取消一批依申请类权责事项，承接一批省下放、委托实施和重心下移行政职权事项，上线一批"秒报秒批一体化""免证办"服务，推出一批"一件事一次办"服务，实现政府效率和群众便利度双提升、政府和群众双受益。

（三）社会共治力更广

深入推进志愿者之城升级版建设，全市共有 283 万名志愿者、2431 支社区志愿服务队，有 40 万名社区志愿者深度参与公共安全、矛盾化解、平安互助等方面的志愿服务。全市 1 万余家社会组织积极参与心理健康辅导、矫正安帮、法律援助、纠纷调处，志愿者之城成为靓丽的深圳名片。

（四）综合保障力更足

将试点成效纳入年度平安建设考核，将重点项目纳入公共财政保障范围。78 家市直单位"一对一"联系街道（镇），实施精准帮扶，推动条块融合。开展重点行业专项整治，每年重点整治 2 个街道、挂牌整治 9 个街道。推广群众诉求服务"光明模式"、出租屋分类管理、平安建设中心改革等两批 16 个实践创新项目，有的创新经验做法已经通过立法被固化，上升为制度优势。

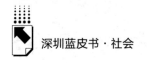

二 突出防范风险，探索社会治理新路径

深圳紧盯影响社会安全稳定的风险隐患，坚持以人民为中心，不断推进社会治理路径创新。

（一）织密诉求服务网

全面推广群众诉求服务"光明模式"，落实"街道吹哨、部门报到"，一站式高效解决群众所有诉求，群众通过拨打电话或者登录平台即可方便快捷地反映问题、表达诉求。累计建成各级群众诉求服务大厅 791 个、服务站点 226 个，做到服务阵地全市覆盖。2021 年，受理群众诉求 17.9 万余宗，化解 17.2 万宗，化解率达 96.1%，将大量矛盾纠纷化解"在早在小"，解决在基层。

（二）织密心理健康网

全国社会心理服务体系建设试点圆满收官，区、街道心理服务中心（站）设置率达 100%，社区心理服务室设置率达 99%。卫健部门积极打造医疗心理服务平台，二级以上综合医院精神（心理）科设置率达 81%，一类社康中心心理咨询室设置率达 100%。教育、共青团等部门积极打造校内外青少年服务平台，各级中小学心理辅导室设置率达 100%。公安、司法、信访、民政、残联等部门针对特殊人群积极建立心理服务站。市总工会在商圈、楼宇、工业园建立 50 余家"职工心灵驿站"。从全市范围来看，多部门多层级立体化心理服务网络已经建立，心理服务资源日趋丰富，便民程度明显提升。

（三）织密治安防控网

开展扫黑除恶专项斗争，打掉黑社会性质组织 20 个、恶势力犯罪集团 93 个。集中打击电信诈骗犯罪，2021 年电诈警情、诈骗警情、电诈立案、诈骗立案四项数据首次全部同比大幅下降，电诈和诈骗警情下降幅度居全省第一、全国一线城市首位。实施重点行业整治专项行动 100 余个，刑事治安总警情连年下降，全市社会治安秩序持续向好，群众安全感更有保障。加强分析研判，建立完善社会治安形势定期分析报送制度，提升数据支撑能力。

（四）织密矛盾化解网

开展矛盾纠纷排查化解专项行动，突出重点地区、重点领域、重点人群、重点时段，定期开展社会领域重大矛盾纠纷排查，建立工作台账，摸清底数、掌握动态，发现隐患或发生问题时及时协调办理。推进综合网格建设，加强网格员日常巡查和线索报告，持续提升基层发现矛盾纠纷的能力。深入推进专业领域调解，成立市知识产权联席会议、市欠薪保障基金、前海"一带一路"国际商事诉调对接中心，开展"三调联动"、家事情感纠纷智慧联调国家试点。创新开展诉源治理，全市 78 个街道（镇）全部建立非诉解纷中心，2021 年诉前成功调解案件 83886 件，相当于一个区法院一年的新收案件数量。

三　强化"五治联动"，推动社会治理方式变革

突出系统治理、综合治理，树立全周期管理意识，构建环环相扣、系统有序、运转高效的有机治理闭环，持续变革社会治理方式。

（一）强化政治引领力

坚持不懈用习近平新时代中国特色社会主义思想武装头脑，围绕经济特区建立 40 周年，协调各级媒体宣传推广深圳市社会治理领域取得的成就，推动广大群众听党话、跟党走，使追梦筑梦的同心圆越画越大。

（二）强化法治保障力

充分发挥经济特区立法权优势和"变通规定"利器，用法治思维和法治方式破解治理难题，通过"小切口""小快灵"的精细化立法，为社会治

理提供制度支撑。颁布施行国内同领域首部涉及全类型矛盾纠纷、囊括全种类化解方式、涵盖全链条非诉流程的《深圳经济特区矛盾纠纷多元化解条例》。2020年以来，累计制定修订地方性法规30余部，使社会治理"有法可依"、治理难题"有法可解"。

（三）强化德治先导力

培育和践行社会主义核心价值观，开展好青年、好少年、好家庭、抗疫先锋评选，实施"家家幸福安康"工程，公民道德水准稳步提升。大力倡导见义勇为，大幅提高见义勇为奖励慰问标准，2021年赴4省9市对19名见义勇为牺牲及伤残人员家庭进行走访慰问；自见义勇为基金会成立以来，表彰见义勇为先进群体71个、见义勇为勇士3517名，发放抚恤奖励慰问金5929.62万元。推广"优秀村规民约和居民公约"，让村规民约、居民守则、业主公约等，成为基层德治的一大法宝。

（四）强化自治激活力

建立"民情诊所""家庭顾问团""五老工作室"等议事平台，健全居民代表大会、居民议事等制度，开展群众说事、百姓议事、妇女议事等活动，使居民群众参与社会治理更加制度化、常态化。"党建引领带共建、群众参与促共治、盘活资源齐共享"，龙岗区龙岭社区以项目化形式打造了15个共建共治共享示范点，推动居民持续参与社区服务，形成了"美好生活 龙岭花开"民生幸福示范街。

（五）强化智治驱动力

依托"雪亮工程"形成"全覆盖、全共享、全智能"的公共安全视频监控应用体系。实现全市31个市直部门和11个区的政务服务事项100%进驻"广东政务服务网"，99.94%的政务服务事项最多跑一次，99.29%的行政许可事项零跑动办理。"i深圳"App整合8000余项服务，市民通过"掌上办"即可享受全部城市服务。全市部署520台市政务服务一体自助机，使 182 个事项"一机通办"。建立房屋、人口两大基础标准，建成涵盖 1800 万人口、430 万法人、62 万栋房屋的社会治理大数据库，打造基层治理"百平台""千应用"。"深平安"社会治理云平台试点建设全面启动并加速推进，探索"统一数据底座、统一平安门户、统一事件分拨、统一网格化管理、统一指挥调度、统一平安考评"，发挥智能化建设在社会治理和平安建设中的重要支撑和引领作用。

四 夯实基层基础，坚持重心下移资源下沉

坚持强基固本，持续增强基层服务群众的能力，提升社会治理原动力。

（一）抓综合网格

建立网格事项"一清单"、工作内容"一张图"、社区重点人员管理"一键通"，统筹信息采集、隐患排查和事件办理等工作，加快实现"以块为主、条块结合""上面千条线、下面一张网"。

（二）抓综治中心

推动综治中心规范化建设，对内整合其他平台社会治理功能，解决多头治理问题；对外开展群众诉求服务工作，使综治中心资源更整合、力量更下沉，更好地发挥矛盾纠纷源头化解作用。推广八卦岭平安建设中心工作经验。

（三）抓街道改革

街道的工作重心是抓党建、抓治理、抓服务，取消招商引资、产业规划、科技成果转化等考核。厘清街道权责边界，完善事项准入机制。建立"一个平台管执法"机制，赋予街道工作考核权等"六项权力"，增强街道条块整合力。

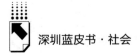

（四）抓社区治理

开展软弱涣散社区党组织排查整顿，重大事务全部落实"四议两公开"，将295名社区党委书记纳入事业编制。赋予社区党委人事安排、事务决策等权力，提升社区党委组织力。推进韧性社区建设，增强社区防范化解各类风险的能力。合理布局党群服务中心，打造1公里党群服务圈，服务群众更加精准。

2022年，深圳市将以打造"市域社会治理现代化试点合格城市"为统领，锚定冲在前、当标杆的目标，以滚石上山、爬坡过坎的勇气和韧劲，毫不松懈、抓紧工作，紧密协同、联合作战，全面总结三年试点工作成效，推动创新经验"盆景"变"风景"，培育更多长效管用的制度机制，奋力夺取试点工作的全面胜利，实现高分挂牌，为深圳先行示范区建设和综合试点改革贡献力量！

B.3

2021年深圳市社会治安形势分析与展望

罗小洪*

摘　要： 2021年，深圳市社会治安持续向好，110接报刑事治安警情连续多年下降，交通安全指数达到世界一流水平，全市群众安全感和群众对公安工作满意度取得了全省"双第一"的历史最好成绩。深圳市公安机关以做好建党100周年安保维稳工作为主线，集中力量开展"反电诈"攻坚行动、严打走私偷渡犯罪、完善治安防控体系、消除治安安全隐患、打造新一代合成作战中心、解决群众急难愁盼问题等，狠抓防风险、保安全、护稳定各项措施落实。针对2022年社会治安形势，本报告提出围绕党的二十大安保主题主线，全面强化社会面整体防控，着力防范化解各类风险，深入开展打击整治行动，全力营造安全稳定的政治社会环境。

关键词： 社会治安　公共安全　疫情防控

2021年，深圳市公安机关以做好建党100周年安保维稳工作为主线，狠抓防风险、保安全、护稳定各项措施落实，使得主要治安指标达到党的十八大以来最好水平。据广东省委平安广东建设领导小组办公室、省公安厅联合委托第三方机构开展的2021年度全省群众安全感和政法工作满意度调查，深圳市群众安全感和群众对公安工作满意度取得了全省"双第一"的历史最好成绩。

---

* 罗小洪，深圳市公安局一级警长。

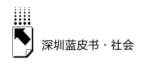
一　2021年深圳市社会治安特点

深圳市社会治安形势持续向好，110接报刑事治安警情大幅下降，交通安全指数达到世界一流水平。

（一）110接报刑事治安警情延续多年下降趋势，数量再创新低

2021年，深圳市110接报刑事治安警情9.68万起，比上年下降20.2%。

各区刑事治安警情均大幅下降，罗湖区降幅最大，其次是南山区、坪山区、福田区、龙华区，降幅均超过全市平均水平。从占比看，宝安区、龙岗区、龙华区仍是占比最大的三个区，合计占全市的60.3%，宝安区、龙岗区占比较2020年分别增加3.3个和0.6个百分点，宝安区占比升幅相对明显，治安防控压力相对较大。

（二）全年警情上半年先升后降、下半年走势平稳，诈骗警情仍为第一大类警情

针对年初全市刑事治安警情大幅上升的态势，深圳公安于2021年3月强力启动"春季攻势"专项行动，4月警情出现明显向下拐点，6月单月警情数量创下年内最低值，7月后走势平稳，往年夏季警情高发的传统规律得到遏制，年终未出现警情"翘尾"现象。

从刑事治安警情结构看，主要以诈骗、盗窃、殴打他人为主，三者合占总数的64.7%。其中，诈骗警情比上年下降33.3%，占刑事治安总警情的33.3%，占比最大；盗窃警情下降22.1%，占23.7%；殴打他人警情下降31.1%，占7.7%。

（三）诈骗警情防控效果突出，电诈警情案件首次实现"双下降"

深圳市各级反诈部门坚持"预警、宣传、劝阻、止付、打击、联动"

六条战线同步推出，通过全面提升劝阻反馈率，第一时间启动止付工作，出台反诈 App 安装推广工作规范等一系列措施，有效压降电信网络诈骗警情。电诈警情数、案件数和诈骗刑事警情数、案件数四项指标比上年分别大幅下降 42%、26% 和 28%、34%。

自 2021 年 3 月起，电诈警情连续 8 个月下降，其中，8~10 月与上年同期相比降幅均超过 50%。诈骗警情总量在全省排名前十的县区中深圳市从最多时的 5 个降至 3 个（分别为宝安区排第三、龙岗区排第六、龙华区排第七）。

（四）道路交通更加安全畅通，交通事故起数、死亡人数实现"双降"

通过开展压降交通亡人事故攻坚行动，全市发生一般程序道路交通事故 1360 起，比上年下降 17.4%；因交通事故死亡 208 人，死亡人数在 2020 年大幅下降 22% 的基础上再降 11.9%，万车死亡率历史性降至 0.56 人。

完成 528 个堵点的拥堵治理，查处交通违法行为 573.6 万起。全市交通文明指数于 2021 年 9 月首次突破 90 分，11 月达到 90.99 分，创历史新高。

二　2021年深圳市维护治安的主要措施

2021 年，深圳市公安机关深入开展春季攻势、社会面防控、严打突出违法犯罪专项行动，全力以赴做好降警情、压发案、保安全各项工作。

（一）抓住社会治安主要矛盾，集中力量开展"反电诈"攻坚行动

将反电诈作为"一把手工程"，调动最强力量、最优资源打造一支专业队伍，全局"一盘棋"联动发力，每周一次组织研究、强力推进。连续发起"拔钉""断卡"专项行动，严打整治"黑灰产"，案件实现"即发即破"。

以国家反诈 App 安装为切口，创新推出"宣传、预警、止付、断卡、打击、联动"六线齐发的组合拳打法，在全省率先迎来警情全面下降的拐点，电诈案件打击成效、紧急止付速度、止付资金总量、涉诈资金返还总额

均为全省第一。电诈犯罪高发势头得到了根本遏制，为全国反电诈工作创造了可复制、可推广的"深圳经验"。"反电信网络诈骗"攻坚高票入选深圳市直机关"十佳为民服务实事"，全民反诈专项行动群众满意度位居全省第一。

（二）持续高压严打走私偷渡犯罪，全力确保边海防环境"风平浪静"

纵深推进打击走私犯罪治理，成立护岸"夜巡队"，建立快奖重奖机制，创新推出打现行、打内鬼、打冻库、打市场、打链条"五打"技战法，全年侦破走私案件153起，刑拘468人，缴获涉嫌走私船只261艘，查获走私冻品1390吨。

聚焦冻品走私打冻库，对深圳冷冻仓库开展地毯式排查，有效预防走私冻品回流深圳。聚焦灰产打链条，对华强北市场开展多轮次专项整治，华强北专项治理被媒体称为"史上最严"。全年没有一艘走私"大飞"在深圳靠岸，没有一个冻库存储走私冻品，海警查获的重点涉案人员没有一人有深圳作案轨迹。形成了走私分子"不敢来、不愿来、绕道走"的良好局面。

（三）开展学校、医院等安保攻坚，实现重点部位防范更严密、更托底

以"大概率思维应对小概率事件"，尽最大努力维护最敏感脆弱区域的绝对安全，以"绣花"功夫开展校园、医院、商超等安全防控体系建设。

强化力量值守，常态化落实中小学、幼儿园周边"高峰勤务""护学岗"制度。强化联防联控，持续推动"十户联防"与"一个指挥，一个信道，一呼百应"模式落地。强化逢险必查，密集出台"校园安全十二个加强""医院安全八个严格"等制度，对全市中小学、幼儿园以及医院展开拉网式排查，使得5000多处隐患全面清零，"一键报警"、安检设备、防撞设施全面覆盖，"高峰勤务""动中巡控""最小应急单元"等实招硬招全面推广，全市重点场所新增"红袖标"7万余件、应急装备4万余个、安保力量1000余人，2.4万间商铺、6.6万余名从业人员参与群防群治，"一个指

挥、一个信道、一呼百应"模式实战化运作。实现了个人极端事件"零效仿、零发生",及时封堵了安全漏洞,补齐了历史欠账,治安基础防范水平得到全面提升。

(四)开展交通亡人事故"双降"攻坚,推动相应指标达到世界一流城市水平

始终把交通安全作为重大的民心工程,开展压降交通亡人事故攻坚行动,推出干部下沉、定期通报、每日调度、专项督导"四项攻坚机制",针对重点车辆、重点路段、重点时段和重点区域(宝安区)实行重点整治。

聚焦"管住人、管住车、管住路、管住风险",提升见警率、管事率、威慑力,竭力管控全市路面各类交通风险,实行电动自行车"3+3"常态化管理,全面排查清理校车、危运车、货车三类车辆隐患,推行泥头车隐患停证和"红线"底线惩戒措施,组织开展"春季攻势""斑马线文明秩序提升""泥头车专项整治""深莞惠酒驾"等专项整治行动,对各片区、各类型、各时段的重点违法行为进行全方位、全覆盖打击。

(五)打造新一代合成作战中心,实现打击更有力、防控更精准、指挥更高效

全力启用情报指挥中心新大楼、新系统、新机制并将其投入实战,打造"深度空间、极限连通、云上智能"三大技术体系,建成了集成、扁平、高效的"情指勤舆"一体化实战化合成作战中心,形成了最智慧的新一代公安指挥中枢,指挥抓获现行违法犯罪嫌疑人人数比2020年上升223%,快速处置了一批敏感案事件。

着眼于突破碎片式、孤立化、浅层次警务运作困境,聚焦真合成、最扁平、秒同步,全新打造"警务数据融合共享、警种应用合成作战、风险防控全面精准、决策指挥高效顺畅、网上网下同步应对"的警务运作新机制。聚焦资源力量真合成,汇聚全量数据,融合最强手段,集结最强力量,实体化运作,实现了一体作战、无缝合成。聚焦情报指挥扁平化,建立信息

"一报直报"、情报"主动推送"、警情"盯办到底"、舆情"同步导控"机制,有效消除指令下达时间差、信息传递差、执行反馈差,使得街面案件破案时间由平均 72 小时缩短至 5 小时。

(六)解决群众急难愁盼问题,推动群众满意度显著提升

全面推行"局长信箱、接诉即办",建立"快速响应、限时办结、要件督办"运作机制。对群众来信限时督办、领导带头一盯到底,4.1 万件诉求一件件无障碍处理,1 万多桩民生小事一桩桩无差别解决,有案不立、压案不查等执法问题第一时间得以纠正,办结率达 93%、满意度达 93.6%,收到感谢信 1154 封,有力解决了群众投诉难、响应慢和执法不作为、慢作为等突出问题,撬动执法质量、效率和公信力明显提升。

针对深圳外来人口多、走失警情频发的现实问题,专门成立失联人员查找中心,首创失联人员"不分时间长短、不分男女老少、不分失联原因、不分人员国籍"的全量接警工作机制,对"寻人"警情一律接报即查、有求必应,以最高规格、最快响应、最急状态、最全资源快速找回失联群众,平均用时 44 分钟,找回率达 99.4%。

(七)凭借公安机关先进性、专业化优势,为全市疫情防控工作大局提供强大支撑

始终把疫情防控摆在突出位置,坚持"外严防输入、内严防扩散、严防再输出"防控理念,持续为全市疫情防控工作大局做出公安部门的独有贡献。

全面落实"专班运作、封闭控制、提升技防、强化督导"等各项安保措施,外防输入、内防反弹,动态清零,全市各隔离点全部实行"一点一团队""一点一预案",科学配备民警、辅警、保安员等驻点安保力量,确保人员定点值守,实体化运作;建立市、区两级督导组,全面排查隔离人员基本信息,密切掌握动态,针对可能出现的困难和问题及时研判风险点,制定应对措施,确保了所有隔离酒店场所的安全有序。立足"安全稳定是战胜

疫情的前提",按照"一点一方案、一点一预案、一点一团队",每日安排警力在全市疫苗接种点和核酸检测点巡查值守,确保全市接种点、检测点平稳有序。

三 2022年深圳市社会治安形势与展望

当前,深圳市社会大局总体稳定、稳中向好,但也要看到,世纪疫情冲击下,百年未有之大变局加速演进,我国经济发展面临需求收缩、供给冲击、预期转弱三重压力,深圳面临的风险挑战亦严峻复杂,反映在社会治安上有以下情况。

(一)电信网络诈骗犯罪仍突出

2021年,全市电诈案件立案量占刑事立案总量的28.7%,涉案价值百万元以上的电诈案件仍时有发生。

(二)传统犯罪与新型犯罪交织反复

传统犯罪总量持续下降,但"黄赌毒"等问题尚未得以根治,严重刑事案件仍时有发生。同时,传统犯罪加速向新兴领域转移,平台经济、区块链、人工智能、数字人民币等新兴领域快速发展,安全监管漏洞和潜在风险隐患不容忽视。

(三)交通事故预防压力增大

2021年,全市交通事故死亡人数占全市各类安全生产死亡人数的30.91%,货车、电动车交通事故死亡人数分别占交通事故死亡人数的37.09%、40%,每公里现有车辆密度(530辆/公里)远高于国内其他城市,在重点驾驶人、重点车辆、重点道路隐患、隐患企业治理方面还需努力。

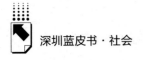

四 促进深圳市社会治安进一步改善的举措

2022年，深圳市公安机关将紧紧围绕党的二十大安保主题主线，全面强化社会面整体防控，着力防范化解各类风险，深入开展打击整治行动，全力营造安全稳定的政治社会环境。

（一）全力整治突出违法犯罪活动

常态化推进扫黑除恶斗争，深入推进"猎狐""捕蛇""昆仑""缉枪治爆""团圆"及打击利用离岸公司和地下钱庄向境外转移赃款、妨害国（边）境管理犯罪等专项行动；固化"六条战线"综合治理格局，持续重拳打击电信网络诈骗；大力侦破"黄赌"、"食药环"、"盗抢骗"、涉毒、非法集资、非法资本外流、侵犯知识产权、危害生态环境等领域的违法犯罪案件，确保社会治安平稳有序。

（二）全力打击走私偷渡犯罪

抓实海防打私基础建设，扎实推进打击治理粤港澳海上跨境走私偷渡工作，突出严打边海防线、仓储物流、市场流通"三个战场"，深挖幕后走私黑恶势力和保护伞，严防走私偷渡违法犯罪出现反弹。

（三）全力严防重点行业安全事故

固化"双降"攻坚经验，深化"减量控大"工作，持续加强重点车辆、重点时段、重点路段、重点违法专项整治，开展"微治堵"攻坚战，推广成熟新型交通组织和预约机制，实现万车死亡率持续下降、早晚高峰期通行效率逐步提升。健全网约车、无人机等新技术新业态安全管理措施，推动落实危爆物品、寄递物流、大型活动等安全管理责任，强化水、电、油等重要基础设施安全防范，严防发生重特大公共安全事故。

（四）全力推进社会面治安整体防控

加强立体化信息化社会治安防控体系建设，全力创建"全国社会治安防控体系建设示范城市"。牢固树立个人极端案事件可防可控理念，强化学校、医院、大型商超等重点部位和公交、地铁、机场、港航等关键设施安全防范，夯实"十户联防""最小作战单元"建设，完善"自救互救"应急防范体系，严防个人极端犯罪。落实公安武警联勤武装巡逻和"1、3、5分钟"快速反应处置措施，落实"三同步"要求，及时妥善处置各类突发情况。

（五）全力支撑常态化疫情防控

严格落实"外防输入、内防反弹"措施，持续做好跨境货车司机、重点地区来深返深人员管控和涉疫重点人员管理，强化全市集中隔离场所安保，严打快打涉疫违法犯罪，高标准抓好公安机关内部特别是公安监所疫情防控，有效支撑全市疫情防控大局。

B.4
2021年深圳市社区服务体系建设报告

钟汉 罗思颖 汤哲*

摘　要： 党中央、国务院高度重视城乡社区服务体系建设，国务院首次将
《"十四五"城乡社区服务体系建设规划》列为"十四五"时期
重点专项规划。2021年12月27日，国务院办公厅印发《"十四
五"城乡社区服务体系建设规划》（国办发〔2021〕56号），对
"十四五"时期城乡社区服务体系做出了全面部署。"十四五"
时期，是深圳实现建设中国特色社会主义先行示范区第一阶段发
展目标的五年。在新的征程上，深圳要强化使命担当，牢牢把握
城乡社区服务体系建设的关键期和机遇期，积极推动城乡社区服
务体系建设实现跨越式发展，全力打造城乡社区服务体系建设新
标杆。

关键词： 社区服务　民生　公共服务

社区是居民群众生产生活的共同家园，社区服务连着千家万户。习近平
总书记高度重视社区服务，多次强调坚持为民服务宗旨，强化社区为民、便
民、安民功能，做到居民有需求，社区有服务。针对此，深圳以推动社区服
务高质量发展为主题，立足新发展阶段，贯彻新发展理念，积极构建与新发
展格局相适应的社区服务体系，为全国社区服务体系建设树立先行示范标
杆，不断满足社区居民群众日益增长的美好生活需求。

---

* 钟汉，深圳市民政局养老服务和儿童福利处处长；罗思颖，深圳市民政局政策法规和规划财
务处处长；汤哲，深圳市民政局基层政权和区划处处长。

一 深圳市社区服务体系的发展基础

2020年深圳共有821个社区（村）居民委员会，常住人口约1756万人，其中流动人口约1244万人。"十三五"时期深圳以社区居民需求为导向，以改善民生为重点，以服务群众为中心，以改革创新为动力，大力推动社区服务体制机制创新，社区服务体系建设取得显著成效，基本形成了覆盖社区居民、服务功能完善、服务主体多元、服务形式多样、服务质量和水平较高的社区服务体系。

（一）社区服务内容逐步丰富

深圳以社区党委为核心，推动社会多元主体共同参与，并依托各类社区服务设施、社区党群服务中心及民生微实事项目，为居民提供种类丰富的服务。社会救助、劳动就业、法律援助、健康卫生、治安防范、文体教育等公共服务基本覆盖社区，针对重点群体的老年人服务、残疾人服务、青少年服务、儿童服务基本实现全覆盖。社区互助、志愿服务等公益活动在全市蓬勃发展，双工联动模式促进居民自助互助服务渗透到全市社区服务中。全市共有社区志愿者组织399家，社区志愿者人数2.2万人。社区便民利民服务和社区信息服务项目加速推进，社区便民商业服务设施覆盖率达98.8%，家政服务和婴幼儿托育服务等逐步进到社区，家政服务机构数达2.7万余家。养老、法律等专项社会服务全面铺开，全市建成社区老年人日间照料中心112家，星光老年之家600家，长者饭堂及助餐点263家，居家养老定点服务机构66家，基本实现居民社区养老服务全覆盖。全市705个村（社区）实现社区法律顾问全覆盖，社区法律服务体系全面形成。

（二）社区服务设施逐步完善

积极优化社区基础设施空间布局，重视老旧社区、城中村的基础设施建设，社区综合服务设施基本实现全覆盖。全市建成1个市级党群服务中心，10

个区级党群服务中心，1039个社区及商务楼宇、产业园区、商圈市场等新兴领域党群服务中心；配备包括人民调解工作室、文化图书档案室、社区多功能活动室、计生服务室、社区老年人服务与活动场所、残疾人康复场所等在内的各项服务设施。建成社区警务室718个，社康机构758家，儿童之家722家，社工服务站（点）746个；街道及以下基层图书馆698家，各类自助图书馆302台；社区综合性文化服务中心662个，社区公园992个；各类体育场地约3万多个，社会体育指导员服务点661个，社区健身设施100%覆盖，建成15分钟健身圈；公共文化体育服务网络基本建成。辖区内有便民超市、便利店等公共服务设施的社区614个，15分钟便民生活服务圈逐步形成。

（三）社区服务队伍不断壮大

"十三五"期间，深圳按照专业化、职业化的目标，着力构建数量充足、结构合理、管理规范、素质优良的社区服务队伍。全市选举产生新一届社区（村）党委书记704人，其他"两委"成员5572人；社区（村）党委书记平均年龄44.9岁，大专以上学历的达97.6%。出台专职工作者管理办法，建立完整的社区专职工作者职业体系，从源头解决社区工作者身份、待遇发展等问题。配备社区民警3886名，社区民警总数占派出所总警力的40.46%；每个社区均配备1名具有1年以上执业经历的律师，由其担任社区法律顾问，提供法律服务约30万件次。"十三五"期末深圳共有社区社会组织4824家，社工从业人员9732人，持有社会工作者职业水平证书者21106人。家政服务业从业人员总数约30万人，社会体育指导员33870人，物业服务企业从业人员68.13万人，社康机构卫生技术人员1.3万名，其中医师7212名、护士4617名。

（四）社区服务机制不断优化

持续推进社区党组织标准化建设、落实社区党组织"头雁"工程、推进社区专职工作者改革、推动党组织建设向社区以下末梢延伸，社区党组织成为社区服务的"主心骨"。积极建立党群联席会议、居民议事会等一系列社区协商平台，制定《深圳市社区居民议事会工作规程》，引领各类群众自发性组织、社会组织、小区物业等治理主体开展自治协商。全面开展非深圳户籍常住居民及党员参加社区"两委"选举试点，畅通外来常住人口参与社区服务的制度化渠道；2017年选举出非深圳户籍社区"两委"成员532人。2015年起，深圳积极通过"民生微实事"项目，让"百姓点菜、政府买单"，吸引社会组织、企业等多元主体参与社区服务；"十三五"期间累计投入60多亿元，实施民生微实事项目超过6万件，解决社区居民的"急难愁盼"问题。全市821个社区（村）居委会设立公共卫生委员会，实现全程全域全覆盖，全面统筹疫情防控与公共卫生服务。以社区党委为核心、居民自治为基础、多元主体参与的共建共治共享社区服务新格局逐步形成。

（五）社区服务手段不断创新

在全国最早一批推行"一门一网"政务服务模式，社区实体行政服务大厅实现100%覆盖，全面推进"综合窗口一口受理"。市、区、街道、社区四级行政服务大厅全面实现受（理）审（批）分离，综合受理率达98%，基本实现政府服务事项"应进必进、集中办理"。将互联网、大数据分析、5G网络等现代化信息技术应用到社区服务领域，探索建立社区智慧微中心、块数据社会治理中心、智慧社区、智慧民政等；各区探索出"网格化+块数据""透明物管""智慧停车""反向办"数据治理新服务模式、24小时智慧服务站等信息便民服务项目，广泛推行智能门禁、智慧停车、智能配送等智慧便民服务。各社区还积极探索建立社区服务综合信息平台、社区信息资源库、社区微信群、社区公众号、社区网站，为居民提供便民信息服务，开发社区服务App、小程序等为居民提供线上服务，完善社区居民需求档案、社区服务地图，为居民提供精准化的社区服务。

二　深圳市社区服务体系建设中存在的问题

"十三五"时期，深圳的社区服务水平得到较大提升，社区服务建设进

一步巩固、提升和发展。然而，相对于基层民众的热切期待和先行示范区发展定位而言，深圳社区服务体系建设仍然存在一些不足。

（一）社区服务供需不平衡

由于深圳市人口结构不断变化，深圳市居民对社区服务的需求也不断变化，并呈现出不断增长的态势，而社区服务的供给机制却没能随着需求的变化做出及时相应的调整，因而存在一定程度的供需失衡情况。社区老年人服务、邻里纠纷协调服务、物业管理服务、法律援助服务、劳动就业服务、青少年服务、残疾人服务、医疗保健、婴幼儿托育服务等供需矛盾大。

（二）社区服务机制不顺畅

社区服务仍然存在部门协调联动不足，社区服务职责边界不清晰，社区工作事项准入制度未发挥出理想作用，社区行政管理事务多、任务重，社区自治功能弱化，社区服务能力和责任不匹配等问题。社区资金投入机制不够多元化，民间资本参与不多。社区服务供给决策机制不顺畅，难以有效反映居民的需求，社区服务内容与居民的需求匹配度不高。社区服务评估机制不够完善，难以有效对社区服务进行评估考核，导致部分服务质量不佳。

（三）社区服务设施存在短板

部分社区服务设施老旧和服务设施不健全，存在"重建设和轻管理"问题，社区服务设施利用率不高。同时社区服务设施便利程度不高，步行15分钟到达社区文体广场、社区公园、社区图书馆、社区警务室的比例均未超过2/3。医疗等社区服务设施也不达标，全市社区卫生服务中心平均面积不足1000平方米，远低于国家的最低设置标准1400平方米，福田区、南山区、大鹏新区等区域的社康机构平均面积均在700平方米以下。

（四）社区服务队伍支撑不力

社区专职工作者队伍中非社会工作或相关专业的人员占比较大，部分政府购买服务人员素质不高，且社区工作较为繁杂，大多工作人员身兼数职，工作专业性难以保证。社区工作者薪酬水平低、工作压力大、流动率高，医疗、体育、文化等专项社区服务人员不足，导致部分服务内容和质量难以满足社区居民的服务需求。

（五）社区服务信息化不深入

社区服务信息系统整合不够，服务数字化思维不强，大数据、物联网、人工智能等信息技术在社区服务中的应用推广较少。社区信息资源库、社区服务综合信息平台、社区公众号、社区网站、社区服务 App、社区需求档案、社区服务清单和社区资源清单仍然具有较大的提升空间。

三　促进深圳市社区服务体系进一步改善的措施

到 2025 年，深圳市要基本建成与中国特色社会主义先行示范区经济社会发展水平相适应的社区服务体系，使得社区供给更加充分、运行机制更加顺畅、设施更加高效利用，服务队伍更加专业，社区为民、便民、安民服务功能更加健全，不断增强社区居民的获得感、幸福感、安全感。

（一）打造便捷高效的社区公共服务体系

1. 构建便捷可及的公共服务平台

根据人口分布特点，科学合理布局各类社区公共服务平台（站、网、点）。形成以社区党群服务中心为依托、专项服务设施为补充、信息化平台为支撑的社区服务设施网络。强化社区政务服务信息平台建设，完善"窗口办""一站办"政务服务模式，拓展全城通办、自主服务事项，为群众就近办事提供规范、透明、高效、便捷的"家门口"服务。

2. 织密扎牢基本民生兜底保障网

推进重点人群社会服务的常态化，在社区提供救助帮扶、安全防范、康复护理、心理疏导等服务。加强社区救助，适度扩大最低生活保障范围，健全低保标准动态调整机制，逐步提高最低生活保障待遇。实施深圳兜底民生服务社会工作双百工程，充分发挥社会工作在基本民生保障、基层社会治理、基本社会服务等方面的积极作用，健全完善具有深圳特色的兜底民生服务体系，全面加强基层兜底民生经办能力和社会工作服务能力建设，实现全市街道（镇）社会工作服务站（点）100%覆盖、实现困难群众和特殊群体社会工作服务100%覆盖。健全孤儿和困境儿童基本生活养育标准动态调整机制。完善困境儿童医疗康复、辅具配置、教育、安全和关爱服务政策，逐步扩大保障范围。

3. 提升社区公共服务水平

一是构建优质整合型医疗卫生服务体系。优化社康机构设置，按照国家标准，修订社康机构设置标准，推进社区医院、社康中心、社康站多层次、多元化、便民化、特色化发展，到2025年全市社康机构达1000家以上。优化社康机构设施设备配置。加强社区医务人员队伍建设，壮大社区医疗人员规模，加强全科医生培养和引进，到2025年每万常住人口全科医生达5人以上，增加社康机构公共卫生医师配置，到2022年底前确保每个社康中心至少配备1名公共卫生医师以及1名经过专业培训的流行病学调查员。健全强基层体制机制、完善居民健康管理制度、优化服务模式、加强服务质量监管，推动社康服务扩容提质，夯实市民健康管理基础平台、分级诊疗的基层网底、公共卫生服务基层堡垒。

二是建设全方位和全覆盖的社会心理服务体系。加强精神卫生与心理健康服务，完善街道、社区心理健康服务网络，到2025年，街道心理服务中心（站）设置率达100%，社区心理服务室设置率达100%，一类社区健康服务中心心理门诊建成率达100%，社区全面提供心理咨询、筛查和转介等服务。

三是以养老托育为重点提升社区和家庭照护服务水平。以社区和家庭为本，提升社区照护体系的普惠性。加快养老设施供给，实施居家社区养老强基工程，形成"市—区—街道—社区"养老服务网络，以街道长者服务中心为养老服务综合体，统一链接、调配和转介辖区服务资源，与社区长者服务站、小区服务点形成"一中心多站点"联动服务模式。开展老年人居家适老化改造，大力发展家庭养老床位，支持养老机构将养老服务延伸到家庭，探索建设老年康复辅具租赁服务点，推进老年康复辅具进机构、进社区、进家庭。到2025年，街道长者服务中心努力实现100%覆盖，全市老龄化社区（60岁及以上老年人占比超过10%的社区）实现社区长者服务站点100%覆盖，长者食堂和助餐点实现社区100%覆盖，打造"家门口"的养老圈。统筹规划新建、改扩建一批嵌入式、分布式、连锁化、专业化的社区托育服务设施，提供定时性、临时性等多样化普惠性托育服务。规范家庭托育点管理，鼓励开展互助式服务。鼓励和引导社会力量依托社区提供婴幼儿照护服务，发展集中管理运营的托育网络；鼓励幼儿园（幼儿中心）开设托班，建立托幼服务一体化模式。推动托育机构专业化、规范化发展，实行登记备案制度，规范托育行业管理，加强托育机构卫生保健和安全监管。2022年，将实现每个街道至少建成1家具有示范效应的普惠性托育机构，至少1家幼儿园（幼儿中心）开设托班。2025年，将实现每个社区均有提供全日托、半日托、计时托、临时托等婴幼儿托育服务的机构。全市托幼服务一体化的幼儿园（幼儿中心）达200家以上，每千人口托位数达4个。

四是打造民主法治示范社区。深入实施"法律明白人"培养工程，重点从社区工作者、人民调解员、网格员、退休教师、退役军人等人群中培育"法治带头人""法律明白人"，实现每个社区至少有3名以上"法律明白人"，引导居民通过法律途径解决纠纷、维护权益。深化社区法律顾问工作，创新服务形式，积极开展团队化服务模式；提升社区法律顾问履职能力，提升法律服务质量。深化社区公共法律服务工作室标准化建设，通过政府购买、志愿服务、资源共享的方式，增强服务力量，优化服务形式、丰富服务内容，为社区群众提供更为优质高效便捷的法律服务。

五是推动学习型社区全覆盖。完善社区教育网络，推进区、街道社区学院（学校）建设，到2025年建成至少700所。建立社区教育联动机制，推动社区教育资源共享。加大社区经费投入，鼓励社会资源参与社区教育，为居民提供多样化社区服务。利用现代信息技术发展"互联网+社区教育"，加强社区教育线上平台建设。建立健全服务全民终身学习的社区教育体系，创建学习型社区，到2025年实现全市"学习型社区"全覆盖。建立健全"市—区—街道—社区"四级老年教育办学网络，探索发展"学养结合"。

六是构建全方位社区就业服务体系。完善公共就业服务平台，全方位开展公共就业服务，提供就业信息咨询和政策咨询服务，大规模开展职业技能培训。鼓励社会力量多方参与社区就业服务。完善就业困难人员就业援助政策体系，优化就业促进帮扶长效机制，加强就业困难人员分类帮扶和实名制动态管理，提供个性化的"一对一"援助。加强失业人员职业指导和职业技能培训，鼓励适应性、订单式培训，通过提高技能水平，提升失业人员再就业竞争力。

七是打造文化体育示范社区。实施基层文化公共设施攻坚做强工程，加快补齐补强基础设施和服务短板，编牢织密社区公共文化设施网络，优化"15分钟文化圈"。完善全民健身设施，推进城市社区运动场地设施建设试点城市建设。充分利用城市空间建设健身场地和设施，稳步推进室外智能健身房建设试点工作，到2025年建成300套室外智能健身设施。全面提升社区公益性文化场馆服务效能，优化免费错时开放、夜间服务等措施，丰富社区文体惠民活动。完善社区文化业务人员、文体旅游志愿者队伍建设，到2025年全市文体旅游志愿者占常住人口比例达到4.5‰。支持文体类社会组织和民间文艺团体深入社区，为居民提供优质文体服务。加强全民健身科技创新平台和社会体育指导员服务站建设，培养一批社区社会体育指导员，全面推进科学健身指导服务进社区，到2025年实现全市每千人社会体育指导员27人。

4. 建设智慧平安社区

推动社区网格"多网合一"，完善以信息化为支撑、互联共享、及时响应的社区网格管理服务平台，建构突发性、公共性事件"发现问题、智慧分拨、处置督办、研判预警、协调联运"的全流程网格化、数字化、智能化工作模式。深入推进社区"雪亮工程"，开展社区安全防卫设施设备的智能化升级改造，强化社区治安技防能力。推广智慧警务"南园模式"，推进智慧新警务与社区安全防范能力提升对口接轨,加快推动智感安防小区建设,通过智能采集信息、自动预警提示、提前防范处置,提高辖区群众社会治安满意度。打造新时代群防群治队伍,指导帮助群防群治组织健全落实运作制度规范,促进社区治保会、楼栋长等群防群治力量健康发展。

(二)打造邻里守望的互助志愿服务体系

1. 拓宽社区居民参与自助互助服务渠道

健全基层党组织领导下的基层群众自治机制,拓宽居民参与自助互助服务渠道。健全社区议事协商平台,组织居民参与社区服务项目协商、决策、实施和监督,解决社区群众关切的问题。充分发挥社区居委会下设的人民调解、公共卫生、环境和物业管理等专业委员会的作用,到2025年底前实现社区居民委员会下设环境和物业管理专业委员会全覆盖。完善居民公约,鼓励以居民小组、小区、网格、楼栋等为单位成立居民互助组织,开展社区公共区域维护管理和互帮互助活动。加强社区党组织、居民委员会对业主委员会和物业服务企业的指导和监督,发挥业主大会、业主委员会监督和促进住宅小区物业管理服务的作用。

2. 发展和培育社区社会组织

完善社会组织分类管理,完善社区社会组织的登记注册和备案制度,探索以街道为责任主体的管理体制,加大对服务性、公益性、互助性、志愿服务类社区社会组织的支持力度。依托社区党群服务中心,建设社区社会组织综合服务平台或培育基地,在办公场所、设施设备、组织运作、活动经费、人才培养等方面对社区社会组织给予支持。支持枢纽型社区社会组织建设,到2025年全市每个街道至少有1个枢纽型社区社会组织,为辖区社区社会组织提供资源支持、业务咨询、培育孵化、资金代管、人员培训、能力建设等方面的综合服务和指导支持。积极支持社区社会组织开展公益创投、品牌创建活动,参与提供养老、托幼、助残、社区教育、群众文体等服务。

3. 发展社区志愿服务和公益事业

依托街道社会工作服务站和社区综合服务设施,完善补充志愿服务和慈善捐赠站点或平台，推动慈善、志愿服务和社会工作融合发展。深化"双工联动"工作机制，完善"社工引领志愿者，志愿者协助社工"协同服务机制。全力打造"志愿者之城4.0"，完善社区志愿者招募、培训和激励制度，鼓励和支持社会力量参与社区志愿服务，形成服务需求与志愿服务紧密对接的志愿组织体系，推动社区志愿服务常态化和专业化；到2025年全市注册志愿者占常住人口的比例达15%。完善社区公益慈善激励机制，健全社区公益慈善项目财政资金补助机制。加大社区基金（会）培育力度，引导社区基金投向社区服务领域。

（三）打造高品质的便民利民服务体系

1. 打造社区商业生态示范品牌

将社区便民商业服务场所纳入社区规划、改造工作中，合理布局社区公用事业社区服务网点；加快社区商业网点统一规划、定位、布局、管理，优化社区商业网点建设布局，完善社区生活服务商业网点体系，支持市场主体提供社区便民服务、公用事业单位驻点社区，支持有实力的企业运用连锁经营的方式到社区设立便民利民网点，满足不同类型和层次的消费群体需求。鼓励创建社区商业生态示范品牌，推动社区商业形态创新升级，营造社区商业消费新场景。支持电子商务企业整合线下社区商业网点和便民服务网点资源，搭建智慧社区商业平台和社区共享服务平台，开展定制配送、物流分拨、快件收取、电子缴费等服务。

2. 借鉴菲律宾家政服务评价标准提升家政服务业水平

大力推进家政服务进社区，支持家政企业在社区设置家政服务点，为辖区居民提供更加便捷更加专业的服务。引入菲律宾家政服务评价标准与培训课程，支持职业（技工）院校开设高端家政服务专业，制定对标菲律宾家政服务的家政类职业技能等级认定评价规范和考核大纲，引导家政培训机构、家政企业开展标准化、专业化培训；安排职业（技工）院校、家政企业到社区开展家政服务技能培训。全面推进"南粤家政"服务项目，高质量建设"南粤家政"综合服务示范基地。到2025年全市各街道分别建成2

家以上"南粤家政"基层服务站，全市开展家政职业技能培训23万人次以上，建成市级家政服务培训示范基地10家以上。构建家政行业监管体系，强化家政信息运用，建立家政企业红黑名单制度，引导消费者优先选用诚实守信的家政企业和家政服务员。

3. 引导物业服务企业参与社区服务

出台物业服务企业参与基层社会治理办法，健全社区党委、居委会、业主委员会和物业服务企业四方协调机制，督促物业服务企业、业主履行物业服务合同内容，促进物业服务企业提升服务质效，美化、绿化社区环境。鼓励物业服务企业开展老人日间照料、长者食堂等服务小区居民的公益服务事项；鼓励物业服务企业举办公益事业、组织开展志愿活动，为居民提供多样化的服务。

（四）建设一体化和智慧化的综合服务设施

1. 建设一体化社区综合服务设施

将社区党群服务中心与城市更新项目、棚改项目一体规划建设，在城市更新、棚改、招拍挂和土地整备等城市建设项目中，整合集成原有的碎片化公共服务设施及其配套空间，同步设计、同步建设一体化社区党群服务中心。紧密结合社区现有资源、人口规模、年龄结构、职业分布等实际情况，因地制宜建设各具特色、功能各有侧重的社区党群服务中心。全面整合各级各部门在社区设置的各类机构、工作力量和阵地资源等，向群众集中提供一站式、综合性、多功能社区公共服务的共享空间，建设社区服务综合体。统筹汇聚各方资源和力量，实现下沉资源、管理与服务在社区的"物理聚合"，精准高效地管理社区、服务群众。

2. 建设智慧社区

出台全市智慧街道和智慧社区规划、建设指引和评价指南，在全市一体化、区级一体化的基础上进一步健全智慧街道和智慧社区的建设范围、平台系统和标准规划等。完善全市"一网统管"体系，加快形成市、区、街道、社区四级治理体系，实现社区、街道治理数据与市、区综合治理平台的互联

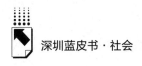
互通。打造智慧社区平台，提升党建工作、政策宣传、民情沟通、便民服务效能，建设高质量、服务型、智能型、宜居型的"有温度的智慧社区"。

（五）打造专业化的社区服务队伍

1. 打造专业化社区工作者队伍

健全社区专职工作者职业发展体系，完善薪酬待遇动态调整和职业晋升机制。科学合理设置社区工作者岗位等级序列，建立岗位、等级晋升机制和与之相适应的工资薪酬体系，到2023年全市社区工作者平均薪酬达到本地区上年度全口径就业人员平均水平。健全完善社区工作者培训制度，鼓励社区工作者参加社会工作者职业资格考试，提高专业化服务能力。

2. 强化社区服务相关人才队伍支撑

加强驻社区法律顾问、心理咨询师、社会工作者、专职人民调解员、社区教育人员、家政服务人员、社会体育指导员等专业技术队伍建设。健全社工人才职业保障，完善社会工作者职业资格及评聘制度、薪酬保障、培训体系，健全持证上岗制度，实现政府购买服务项目社工全员持证上岗。到2025年全市社工人才达到30000人，中、高级社工师从业人数达到2000人。稳步推动粤港澳大湾区社会工作行业交流、合作、互鉴。

（六）打造协调联动的社区服务机制

1. 完善党建引领的"五社联动"机制

发挥基层党组织对各类服务组织、机构、人才的引领作用，健全以基层党组织为核心的社区服务体系。在基层党组织的牵头下，统筹各类资金资源，落实惠民政策，开展社区服务项目设计、协商决策、实施和评价问效等工作。建立完善基层党组织领导下的"五社联动"机制，形成以社区为平台、社会组织为载体、社工专业人才为支撑、社区志愿者为协助、社会慈善资源为特色的"五社联动"新型社区服务模式。

2. 打造高效精准的政府购买社区服务机制

放宽社区基本公共服务投资、运作的准入机制，完善政府向社会购买服务的制度，优化社区党群服务中心购买项目服务标准，进一步鼓励社会资本和力量参与社区公共服务提供，通过政策规划、资金支持、鼓励宣传等方式将适合采用社会化、市场化方式提供的公益性、专业性、技术性服务交由社会组织、企业、志愿者团队等社会力量承担。优化政府购买"民生微实事"工作体系，聚焦社区共性服务需求，每年推出一批规模化品牌项目，集约化向社区投放。健全"集中+动态""线上+线下""群体+区域"的问需机制，优化项目审批流程，拓展项目实施主体，强化项目监管，建立以群众满意度评价为主的考评机制。

3. 建立深圳社区服务标准化体系

探索建立社区服务规范化、标准化体系，在服务内容、服务面积、配套设施、人员配备、服务流程等方面进行规范，建立"15分钟社区服务圈"规划建设标准，引导社区根据标准打造"15分钟服务圈"和"一站式"综合服务体。

4. 健全高效联动的社区应急服务响应机制

推进以"应急指挥、安全防控、安全宣传、应急救援"为核心的"社区应急一体化"体系建设，统筹整合辖区应急力量，以社区指挥中心为平台，组织处置各类紧急事件。加强社区应急服务能力建设，形成社区常态化服务与应急响应、应急服务有效衔接的制度机制，筑牢联防联控、群防群治体系。加强社区应急队伍培训，定期开展应急演练。建立健全社区公共卫生、公共安全等应急预案，及时有效应对各类公共突发事件，提高社区应对公共卫生、公共安全等突发事件的应急处置能力和居民组织化参与能力。

B.5
以展会慈善打造社会力量助力
乡村振兴的"深圳样本"

陈丽娟　郭云霞　王维泱　李嘉渝*

摘　要： 2021年，第九届中国公益慈善项目交流展示会围绕"汇聚慈善
力量，助力乡村振兴"的主题，首次采用全面线上的方式成功
举办。本届展会通过提供展示交流平台、资源对接服务平台、慈
善文化传播平台、生态协作共创平台等，展示了慈善力量助力乡
村振兴成果、促进了全要素资源对接。展会期间，创新开展了
"云游百县百景""我是家乡推荐官"等系列活动助力文旅振兴。
同时，为营造公众积极参与慈善的良好氛围，本届展会还开展了
"百里挑益、益览无遗"线上答题游戏、"好物出山、云上助农"
直播带货等互动活动。未来，中国公益慈善项目交流展示会将继
续引导慈善力量服务国家战略，推动各类慈善主体积极参与社会
治理，引领慈善行业数字化转型升级，为促进慈善事业高质量发
展贡献力量。

关键词： 慈善资源对接　乡村振兴　社会治理

　　实施乡村振兴战略是以习近平同志为核心的党中央做出的重大决策部
署，是新时代"三农"工作的总抓手。为建设中国特色社会主义先行示范

---

* 陈丽娟，深圳市民政局慈善事业促进和社会工作处处长；郭云霞，深圳市中国慈展会发展中
心秘书长；王维泱，深圳市中国慈展会发展中心研究分析部副部长；李嘉渝，深圳市中国慈
展会发展中心研究分析部高级专员。

区，深圳在乡村振兴等重要领域积极探索有效路径，发挥示范引领作用，除了对口帮扶、科技助农等方式，深圳以中国公益慈善项目交流展示会（下文简称"慈展会"）为依托，充分调动企业、社会组织等各类慈善主体，激发其参与乡村振兴的潜能，打造了建设新时代共建共治共享社会治理格局和推动全面乡村振兴的"深圳样本"。

一 慈展会举办的背景

作为国内唯一的国家级、综合性、国际化的慈善行业盛会，慈展会是民政部、国务院国资委、国家乡村振兴局、全国工商联、中国红十字会总会、中国宋庆龄基金会、广东省政府、深圳市政府和中国慈善联合会等主办单位大力推进慈善事业创新发展所取得的可喜成果。自2012年举办以来，慈展会始终坚持服务国家大局，发挥国家级平台使命，精准定位、精准发力，联动各类社会组织，汇聚社会力量，有力促进社会慈善资源的高效对接，持续激发慈善创新发展动能。

2018~2020年，慈展会聚焦脱贫攻坚，为慈善力量助力脱贫攻坚事业提供了成果展示平台和资源对接服务平台，推动了全要素资源向贫困地区倾斜，带动了各类机构与贫困地区的合作，为促进贫困地区发展做出了积极贡献。2021年是巩固拓展脱贫攻坚成果同乡村振兴有效衔接的起步之年，第九届慈展会继续发挥国家级平台的使命担当，在常态化疫情防控背景下，采用全面线上的举办方式，围绕"汇聚慈善力量，助力乡村振兴"的主题，为慈善力量助力乡村振兴搭建了全景展示平台及资源对接服务枢纽平台，广泛引导并汇聚慈善力量融入和服务乡村振兴战略大局。

二 深圳市以慈展会助力乡村振兴的路径

面对新征程、新挑战，第九届慈展会围绕"汇聚慈善力量，助力乡村振兴"的主题，担起了全面推动乡村振兴的新使命。展会积极动员企业、社会组织等社会力量助力乡村新产业、新业态、新模式和新经营主体的快速培育，参与并融入基层公益交流平台的搭建和运营，为巩固脱贫攻坚成果、助力乡村振兴事业注入了创新、多元、可持续的慈善力量。据统计，第九届慈展会吸引了4492个项目、机构和产品申报参展，共促成项目捐赠、消费帮扶产品采购及乡村振兴产业投资项目等意向对接金额逾37.4亿元；开展了1场国际公益主题研讨会，8场分议题研讨会和社群圆桌派，汇聚了80多位国内外关注乡村振兴和可持续发展的专家学者，交流分享了世界范围内乡村发展的前沿智慧与创新实践。展会期间，线上观展、参会及参与互动人次累计超2550万，相关媒体报道逾6750篇次，新闻点击量达9546万次，启动行动等展会重要活动全网曝光量超6000万次，生动展现了慈善力量助力乡村振兴的新蓝图，深刻演绎了善美中国的动人故事。

（一）打造慈善助力乡村振兴成果展示平台

为全面展示慈善助力乡村振兴的创新成果，第九届慈展会设置了慈善与乡村振兴展示馆、公益赋能美丽乡村体验馆、慈善文化科普馆3个线上展馆，吸引了来自全国31个省、自治区、直辖市以及港澳台地区的916家机构、1339个项目以及2237种产品申报参展。通过场景化、主题化、交互式的呈现方式，第九届慈展会生动呈现了慈善力量在服务乡村振兴国家战略和助推社会发展中的创新实践，引导慈善力量探索推动乡村振兴的可持续路径，为社会公众了解和参与乡村振兴提供了全新体验。

（二）凝结慈善助力乡村振兴的智慧力量

第九届慈展会紧扣乡村振兴战略与联合国可持续发展目标，围绕巩固拓展脱贫攻坚成果同乡村振兴有效衔接、乡村可持续发展、发挥慈善第三次分配作用等议题进行深入研讨，重点打造了1场高端化的国际公益主题研讨会，直播全网曝光量超6000万，吸引了130余万人次观看，点赞数量近5万；开展了8场分议题研讨会和社群圆桌派活动，以及1场总结凝练成果的闭门会议，汇聚了 80 多位专家学者、一线实践者、地方基层代表等参与交流分享，梳理、提炼了社会力量参与乡村振兴的创新方案及可行路径，为不断探索慈善行业参与推动国家重大战略实施的有效模式贡献了智慧力量。

（三）搭建慈善资源对接服务平台助推产业振兴

一是搭建智能匹配和云上磋商系统。第九届慈展会依托智能数据分析、数字化通信等工具技术，为慈善资源供需双方提供个性化推荐、线上即时洽谈等服务，推动了机构、爱心企业等多种慈善主体之间的互联互通，共实现机构收藏、线上名片交换、即时沟通近万次，有力提升了资源对接效率，促进了各类慈善要素资源尤其是乡村振兴领域资源与项目的精准匹配。二是打造枢纽型资源共享平台。为提升脱贫地区公益项目和助农产品的资源链接能力，第九届慈展会全面深化平台合作，联动 20 余家互联网公益平台共同发起慈善力量助力乡村振兴联合行动，吸引逾 1420 万人次参与线上捐赠，为各类公益项目尤其是乡村振兴领域项目募集善款逾 2.47 亿元；针对参展的助农产品，联合淘宝、抖音、快手等直播电商平台，携手王小潮、吴云波、文怡等主播达人，以"好物出山、云上助农"为主题开展了 17 场直播带货专场活动，吸引了逾 806 万人次参与，销售总额达 292.7 万元。三是持续开展重大项目对接。展会联动企业、行业协会等社会力量，聚焦主题开展重大项目签约对接活动。据统计，第九届慈展会共促成项目捐赠、消费帮扶产品采购及乡村振兴产业投资项目等意向对接合作近 230 项，意向对接金额逾 37.4 亿元，其中消费帮扶产品采购及产业投资等项目达 20 多亿元。此外，还组织开展专题领域的线上资源对接活动，吸引了 216 个申报项目，遴选开展了 145 场信息发布及路演推介活动，融合线上和线下方式的优势为各类慈善主体提供多元化的展示平台及更丰富的资源对接通道。

（四）开展研学计划赋能乡村社会组织

组织振兴方面，第九届慈展会创新推出常态化行业赋能项目——知行合

"益"乡村振兴赋能研学计划，围绕"可持续发展""社区治理""社会创新""乡村振兴"4 大主题，通过线上赋能知识培训、线下实地参访交流相结合的创新模式，持续开展了 30 多场参访交流活动。行程覆盖 5 大慈善城市及周边区域，共联动了近 300 家行业伙伴，邀请到近 50 位来自不同领域的专家、学者、负责人为学员增值助力。研学计划通过深化公益机构与乡村发展相关领域实践者的交流互动，为关注、服务乡村的行业伙伴提供了深入观察乡村实践的独特视角，引导慈善力量找准推动乡村发展的切入点，促进慈善资金、项目、人才、技术等资源与脱贫地区乡村振兴需求的有效衔接，推动脱贫地区的可持续发展。

（五）创新推出系列品牌项目助力文旅振兴

文旅振兴方面，创新开展"云游百县百景""我是家乡推荐官"等系列活动，邀请社会公众以短视频、创建文旅路线等形式推荐乡村特色风景，在云展会期间向观众展示自身所收集的视频和路线，充分融合互联网、人工智能、新媒体等技术手段，让观众足不出户就能"云游"祖国大好山河，以本土化视角欣赏美丽乡村，感受乡土风情。通过慈展会平台的推广，更多的城市公众将视线聚焦乡村，推动乡村文旅产业的发展。

（六）营造社会公众参与乡村振兴的慈善氛围

第九届慈展会秉持"人人公益，随手公益"理念，充分融合各类互联网技术手段，创新推出了一系列主题丰富、形式多样的线上公益体验活动。展会前期开展了"我是家乡推荐官"百县百景短视频征集活动，遴选出一批创意短视频上线展示，使公众在家就能够感受乡土风情，体味各地习俗；展会期间，推出多元化、交互性强的展会活动，结合线上打卡等方式串联线上展馆，以更具互动性、艺术性的表现方式向公众传递公益理念，为社会大众提供了多元互动的公益参与新体验。据统计，该板块共吸引逾 300 万人次参与线上体验，为助力乡村振兴营造了良好氛围。

（七）打造赋能慈善行业发展的多元矩阵

一是以"支持社会力量兴办公益事业，推动乡村振兴和可持续发展"为主题，开展 2021 中国公益慈善项目大赛，重点遴选和展示在助力乡村振兴和可持续发展领域具有引领性和示范性的公益新锐项目，助力我国公益项目高质量、高水平发展。本届项目大赛共收到 1207 个申报参赛项目，经过三级评审，最终评选产生 30 个优秀项目，汇聚近 500 万元资助金，助力农业和农村现代化建设，推动可持续发展项目实施。二是继续秉持"看见爱，看见未来"的理念，举办 2021 中国公益映像节，重点围绕"乡村振兴""红色传承""生命守护"三大主线，从收到的 416 部作品中评选出 51 部获奖作品，展现了大众创作下的公益文化魅力。三是推出 TIFP 公益新力量计划。为吸引更多公众关注慈善事业、助力乡村振兴，慈展会发起 TIFP 公益新力量计划，邀请在乡村振兴、可持续发展等领域开展创新实践的公益新锐力量，解锁乡村振兴等公益实践的新理念、新模式、新方法，以期影响和带动更多的社会公众更好地认识和助力乡村振兴。目前，该计划已吸引中国青年报、新周刊、新浪微博、抖音、腾讯视频、荔枝 FM、B站、知乎等 130 余家媒体平台予以关注报道和上线支持，多渠道同步推送总点击量达 1460 万。

三　深圳市以慈展会助力乡村振兴的经验

永久落户深圳经济特区的慈展会，将慈善项目引入会展业，通过展会的形式，开辟了一条开放共享、合作共赢的慈善发展新路径，为联动社会力量助力和服务国家发展大局提供了重要的平台。

（一）坚持服务大局，引领慈善力量服务国家战略

从决战脱贫攻坚到助力乡村振兴，慈展会始终坚持服务国家大局，充分发挥引领带动作用，汇聚了一大批慈善力量投入巩固拓展脱贫攻坚

成果同乡村振兴有效衔接的事业中，并取得了良好的成效。未来慈展会将继续深入贯彻落实党中央、国务院关于慈善事业发展的战略部署和要求，深入学习贯彻党的十九届六中全会精神，大力弘扬和传播现代慈善文化，宣传贯彻《中华人民共和国慈善法》，强化行业平台建设，持续赋能和支持慈善行业发展，联动更多慈善主体为充分发挥慈善第三次分配作用、助力国家发展战略贡献力量。

（二）发挥平台作用，联动慈善主体参与社会治理

党的十九大报告提出，要"打造共建共治共享的社会治理格局"，实现社会和谐稳定、人民安居乐业的目标。社会组织是社会治理的重要参与者和实践者，在解决社会问题、扶助困弱群体方面发挥着重要作用。然而目前不同社会组织之间存在沟通互鉴意识不足、协同合作机制不够通畅的问题，制约着社会组织协同联动形成更大的合力。为此，慈展会作为国内唯一的国家级、综合性、国际化慈善行业平台，将不断深化行业协作共创的平台作用，探索慈善行业合作交流的新模式、新路径，为各类慈善主体搭建协作共创、行业联动的平台枢纽，助力社会组织系统性发挥服务效能，提升动员能力、形成服务合力，更高效地参与社会治理。

（三）运用科技赋能，推动慈善行业数字化转型

加快数字社会建设步伐是推动现代化发展的必然要求，是贯彻新发展理念的题中应有之义，也是常态化疫情防控时期化挑战为机遇的重要手段。第九届慈展会突破创新，采取全面线上的方式成功举办，为慈善行业信息化和数字化转型提供了示范案例，未来展会将继续借助数字化办展方式，为各类慈善主体和社会公众提供常态化展示窗口与合作平台，提升慈善资源配置、利用效率，并不断引领慈善行业迈出向数字化方向转型的步伐，进一步推动慈善事业高质量发展。

参考文献

［1］中国慈展会:《中国慈展会以"三年之约"助力脱贫攻坚》,2021年2月28日,
  https: //mp. weixin. qq. com/s? ＿ ＿ biz ＝ MzkwODI4MTEwNg ＝ ＝ &mid ＝
  2247506151&idx＝1&sn＝08b724d1b1300d254fa84070955472bd&source＝41#wechat＿
  redirect。
［2］中国慈展会:《第九届中国慈展会成果丰硕　对接慈善资源逾37亿元》,2021-
  11-26,https: //mp. weixin. qq. com/s/6sfiXYIUaViX5a6YY0VkjA。

B.6
特大城市发展路径与深圳治理模式研究

周礼红*

摘　要: 特大城市发展一般分为五个阶段,现在深圳正处于快速城市化进程中第三阶段的相对离心化时期;面对城市治理存在的问题,深圳应采用国际化城市治理的模式,从大都市城区建设、法治政府建设、基本公共服务建设、常住人口融入的管控、社会和谐建设、企业社会责任感培育、"幸福社区"建设等方面全力推进深圳高质量发展。

关键词: 国际化城市治理　多元主体　市场化　法治化

深圳经过 40 年的快速城市化发展,由一个小渔村迅速蝶变成拥有1756.01 万人口的特大城市①。特大城市的发展一般分为五个阶段,即胚胎阶段、郊区城市人口聚集阶段、郊区持续聚集阶段、城市发展中的郊区化阶段、都市区发展的最高阶段,这五个阶段分别呈现出绝对的城市中心集聚化、绝对的城市中心集聚化、相对离心化、绝对离心化、离散不经济现象出现的特征 (见表1)②。深圳现在基本处于郊区持续聚集阶段的相对离心化时期,如何选择适合深圳城市特点的治理模式对高质量推进深圳 "双区" 建设具有重要意义。

---

* 周礼红,博士,深圳市社会科学院国际化城市研究所研究员。

① 深圳市统计局:《深圳市第七次全国人口普查公报》,http: //tjj. sz. gov. cn/zwgk/zfxxgkml/tjsj/tjgb/content/post_ 8771993. html。

② 黄俪:《国外大都市区治理模式》,东南大学出版社,2003,第 214 页。

表 1　特大城市发展阶段与治理模式的选择

时　期	特大城市发展阶段	治理主要特征
胚胎阶段	绝对的城市中心集聚化	出现大都市,提供简单的区际服务
郊区城市人口聚集阶段	绝对的城市中心集聚化	形成大都市政府
郊区持续聚集阶段	相对离心化	大都市政府结构调整,产生区域服务协调组织和专门的公共服务组织
城市发展中的郊区化阶段	绝对离心化	明确大都市政府区域职能;地方政府合并与兼并
都市区发展的最高阶段	离散不经济现象出现	政府更大范围和幅度的整合

一　国内外治理模式的比较

国外治理模式主要分为：皮埃尔的城市治理模式（管理模式、社团模式、支持增长模式和福利模式)①、城市伙伴制治理模式②、新公共管理模式③。国内治理模式主要分为：客户导向型治理模式（政府服务型治理模式）、企业化治理模式、城市运营模式和国际化治理模式四种模式④。若将国外的福利模式、支持增长模式、社团模式、管理模式四个模式和国内的客户导向型治理模式、企业化治理模式进行比较，我们不难发现国内外治理模式的异同。国内外治理模式的相同点是私企部门和非营利性团体都是参与主体，政府不再是唯一权威，不同点体现在参与者、目标、手段和结果等各方面（见表 2、表 3）。

---

① 李忠民、汤哲铭：《国内外城市治理模式与我国实践性选择》,《广西经济干部学院学报》2006 年第 2 期。

② 李杨、宋聚生：《英国城市更新的伙伴制治理模式启示（下）》,《城乡建设》2018 年第 24 期。

③ 刘雨果：《新公共管理的基本特征与主要模式》,《管理观察》2009 年第 9 期。

④ 踪家峰、王志峰、郭鸿懋：《论城市治理模式》,《上海社会科学院学术季刊》2002 年第 2 期。

表2　国外四种城市治理模式

特征	管理模式	社团模式	支持增长模式	福利模式
参与者	职业管理者	大众与利益组织	商界精英、高管	地方政府、国家政府
目标	提高公共服务的生产与传递效率	保证组织成员的利益	持续不断增长	国家支持地方经济
手段	与私营部门合作、公职招募、提高公务员素质	使社会主要成员参与到城市治理中	城市规划、改善基础设施、改善投资环境、吸引投资	政府的政治和管理网络
结果	提高了服务生产率、对服务市场和消费者选择的效率作用不大	削弱了财政平衡，私营部门与其他组织不平等	对地方经济起到了主要作用	中央政府的财政赤字不断增长，地方政府权力下降

表3　企业化治理模式和客户导向型治理模式

特征	企业化治理模式	客户导向型治理模式
参与者	政府官员	行政人员与市民
目标	发展城市经济，以企业精神重塑政府	建立顾客导向型政府
手段	引入竞争机制，借鉴企业管理方法	实行顾客关系管理
结果	政府功能的企业化，提高了城市竞争力	城市城府流程再造，降低政府成本，提高了服务质量

二　深圳国际化城市治理模式的选择

城市的快速发展影响着城市治理模式的变化，这里着重展示深圳选择国际化城市治理模式的可能性及特点。

（一）国际化城市治理模式的特征

按照 Friedmann 等人的标准，国际化城市治理模式有以下特点：①城市运行规则的国际化与现代化，城市运行规则受国内制度和国际组织与跨国公司的游戏规则的双重制约；②城市分工的国际化，城市在国际分工中具有持续的城市价值与竞争力；③城市管理主体的多元化和国际化，城市管理主体

包括市民、政府、私人营利性组织和非政府组织，与城市利益相关的区域与
城市、跨国公司和国际组织等；④国际化城市所依赖的是城市集团。①

（二）深圳选择国际化城市治理模式的可能性

过去 40 多年的发展为深圳建设国际化城市奠定了扎实的基础，市民社
会相对比较发达。市民社会是"大都市治理的社会载体"，是大都市独有的
社会现象，是一种不同于其他社会类型的多元化、自主性的社会。② 这样就
决定了深圳要选择国际化城市治理模式。深圳具备建设国际化城市的有利条
件主要体现在以下几个方面：一是经济综合实力比较强；二是独特的区位优
势和立体交通优势；三是产业优势；四是诞生了许多旗舰企业和支柱品牌；
五是会议会展初具规模；六是深圳文化包容性强；七是深圳市民社会较发
达，公民参与意识较强。

（三）深圳国际化城市治理模式的多主体结构

在深圳国际化城市治理模式多主体结构中，我们把社会进一步具体为市
民和民间组织，将城市治理结构分为四个方面：政府、市民、市场（企业）
和民间组织（见图1）。它们共同促进了城市治理的高效率。多元主体共同
参与城市治理的过程本质上是城市发展的民主化、市场化与法治化的过程。

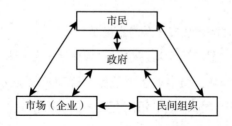

图1 政府、市场（企业）、市民、民间组织多主体结构

---

① 傅约翰、吴比娜：《西方民主国家治理论述：城市—区域案例》，《城市与设计学报》2003
年第 6 期。

② 鲁哲：《论现代市民社会的城市治理》，中国社会科学出版社，2008，第 26 页。

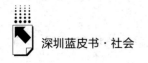

三 特大城市深圳的城市治理现状

（一）深圳城市治理的优势

深圳城市治理的优势主要包括：一是"依法治市"治理理念深入人心；二是"以人为本"服务思想日渐普及；三是"城乡统筹"共治方法得到贯彻；四是"服务型政府"理念逐步落实；五是"城市可持续发展"理念受到高度重视。

（二）深圳城市治理存在的问题

深圳市委市政府提出了深圳到2025年要建成国际化城市的奋斗目标，但是深圳是一个刚过"不惑之年"的城市，和纽约、巴黎、东京相比，在城市治理方面还有一定的差距。

1. 深圳区域治理能力相对较低

在目前我国构建双循环新发展格局的背景下，深圳城市和城市政府受到国内制度和国际性机制的双重挑战。在双重约束下，深圳在如何设计国际组织、跨国公司的经营机制，以及跨国公司和国际组织如何参与城市的发展方面经验不足。

2. 深圳城市治理法律法规体系尚不健全

深圳至今没有完善的城市治理法律法规体系，依旧按照行政要求治理城市；城市管理存在运营人员专业水平较低、管理权限交叉不明等问题，城市治理的法治水平与全球标杆城市相比有较大的提升空间。

3. 民生需求与供给矛盾依然突出

深圳人口结构严重倒挂，基本公共服务均等化的压力、财政投入的压力依然比较大。主要表现在两个方面，一是每个阶层的基本公共服务差距较大，深圳户籍人口与非深圳户籍人口的工资差异致使他们得到的基本公共服务不均衡；二是特区内外收入差距较大。

4. 深圳社会利益结构分化对社会和谐产生一定影响

深圳社会利益结构的分化，即利益主体的多元化、利益需求分化、区域利益分化、社会阶层分化，相较于其他城市而言可能速度更快，而由社会利益结构分化导致的社会问题可能更多，进而影响社会和谐的因素也更复杂。

5. 常住人口融入深圳面临制约和阻碍

掌握流动人口的基本特征，了解目前深圳常住人口融入城市所面临的制约与障碍，是深圳在建设国际化城市背景下进行城市治理的重要基础，目前主要存在两个问题。一是资源的有限性与常住人口数量规模之间的矛盾。《深圳市第七次人口普查公报》① 显示，2020 年深圳常住人口 1756.01 万人，户籍人口约为 578 万人，非户籍人口是户籍人口的 2 倍多。而城市资源具有有限性，深圳对于流动人口子女教育、社会保障和公共服务配备等方面的问题都还未有完美的解决方式。二是城乡户籍制度对常住人口融入深圳造成阻碍。户籍制度是关系到常住人口管理服务的重要问题，也是长期以来一直存在的历史问题。城乡二元社会结构制度，是制约人口流动的重要因素。

6. 深圳的市场机制存在一些缺陷

深圳的市场经济发展还不够完善，国际化、法治化的营商环境还没有形成，企业对社会责任的承担还不够充分。具体表现为：市场分配机制易造成财富结构呈金字塔形；市场机制无法满足公共服务的供给要求，也无法解决经济外部效应问题，经济生活中时常出现"搭便车"现象。

7. 深圳城市社区治理存在着困境

当前社区存在的主要问题为：社区治理主体不完整，社区居委会作为现有城市基层治理的主导者，同时扮演着"政府的腿"和"居民的头"的角色，双重角色的扮演会影响其工作效率，阻碍其正常功能的发挥；社区功能定位不清晰；社区治理法规不完善；社区治理中居民参与被动。

---

① 深圳市统计局：《深圳市第七次人口普查公报》，http://tjj.sz.gov.cn/zwgk/zfxxgkml/tjsj/tjgb/content/post_ 8771993.html。

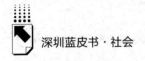

四 特大城市深圳构建国际化城市治理模式的具体策略

特大城市深圳构建国际化城市治理模式的核心在于构建参与主体之间相关利益的分配和调整机制，让每个参与主体的考量和行为都是基于特定利益需求之上。本报告从城市治理的外部体系和内部体系出发提出以下七个方面的建议。

（一）加强深圳大都市城区建设，提高深圳城市的国际竞争力

深圳可以借鉴伦敦和纽约等国际大都市的做法，建立深圳都市圈，提高深圳参与国际事务的竞争力。

1. 与周边区域合作，增强城市集群化发展趋势

首先，与香港"联姻"。在粤港澳大湾区建设的背景下，紧紧把握香港北部都会区建设机遇，与香港全方位进行合作。其主要措施为：一是完善深港合作的政府合作机制；二是共同建设深港科技创新圈；三是建立融合的金融专业市场；四是联合打造亚太区域物流中心；五是完善深港合作的法律法规；六是共建大鹏湾/印洲塘生态旅游区。其次，积极促进深莞惠汕合作，形成以深圳为中心城市的都市圈，带动粤港澳大湾区发展。大力促进深莞惠汕经济融合，推动产业梯次转移，实现资源整合，变竞争关系为竞合关系。最后，开展与泛珠江三角洲的合作。深圳与泛珠江三角洲的合作主要可在以下四个重点领域推进：一是区域交通、能源等基础设施合作提速；二是区域投资贸易合作提速；三是区域旅游开发与合作提速；四是全面落实 CEPA，提升内地九省区与港澳的合作水平。

2. 建立更多的跨国公司以发展总部经济

在全球化背景下，城市运行规则受国内制度和国际组织与跨国公司的游戏规则的制约。深圳要进一步完善市场经济制度，建立更多的像华为这样的跨国公司以发展总部经济。具体措施是，继续保持经济的持续稳定发展；正确引导企业调整产业结构；搞好基础设施建设；搞好环境建设；采取有效办

法降低总部经济的运营成本；认真落实吸引总部经济的优惠政策。

3. 加快发展非营利性国际组织

发展非营利性国际组织是深圳建设国际化城市不可缺少的环节。加快发展非营利性国际组织的策略为：完善相关政策法规，明确非营利性国际组织的法律地位；积极建立政府、市民和非营利性国际组织之间的三元关系；主动借助社会大事件，建立非营利性国际组织良好的公信力；规范和完善非营利性国际组织的内部运行机制；建立非营利性国际组织多渠道筹资体系。

4. 培育国际化城市的公民素质

一是通盘考虑，创立开放的国际化公民教育体系；二是兼容并蓄、以人为本，构建国际化城市的文化服务体系；三是典型示范、约束管理，树立国际旅游城市的文明形象和良好风尚；四是集思广益、疏通渠道，培育畅通而有效的民主参与机制。

（二）建设法治政府,实现深圳城市治理法治化

1. 建立健全城市治理法规体系和执法体系，提高政府行政效率

一是要以立法推动行政改革进而提高政府行政效率；二是汇聚深圳法律和城市管理等领域的专家学者，集中力量制订《深圳城市治理条例》的基本纲领；三是在城市治理法规的制订和修订过程中必须广泛征求意见。

2. 建设以"法治"为基础的公共服务型的有限政府

认真贯彻落实《行政许可法》和国务院《全面推进依法行政实施纲要》精神，提高办事效率，提供优质服务，实现由"全能政府"向"有限政府"的转变，由"管理型政府"向"服务型政府"的转变。

3. 建立和健全法治型责任政府

依据宪法精神，通过质询、述职和信任案等系统的、实质性的制度安排，提高政府行政权力的权威。加强政府督查工作，完善政务督查信息网络，提高督查实效。

4. 创新行政管理方式，建设高效政府

政府要提高行政效率，必须推进政府的民主化，加强与市民的有效沟

通。市民可以通过市民论坛、市民听证会、社区对话等参与渠道，充分表达其个人倾向、愿望和信念，公平公开地参与到政府重大决策和行政管理中来，维护公共利益，实现社会公平正义，从而提高政府的效率。

5. 强化和完善对政府的监督和制衡机制，建设廉洁政府

认真落实政务公开制度，使政府在行使公共权力时接受社会监督。按照权力和责任对称原则，加强政府系统内部上级对下级的督查，严格履行行政复议职责，充分发挥政府审计与监督部门的作用，使政府内部自行发现、纠正违法行政行为。加强对政府"外部"的制衡，进一步发挥人大对"一府两院"的监督职能，充分发挥公众舆论的监督作用，扩大社会参与度，不断提高政府的公信力。

6. 大力培育社会中介组织为政府职能转变提供载体

社会中介组织应该在日常工作和管理机制中充分地体现出独立性，降低官民二重性带来的负面影响，发挥自身的主观能动性，挖掘自身在城市治理中的潜能。社会中介组织也应寻求更多的资源支持，更多与企业、市民及政府进行互动，不依赖单一的资金支持，利用自身理念和机制吸引更多的优秀人才、发掘更专业、富有特色的服务内容。

（三）基本公共服务均等化：探求非福利国家公共服务的优化配置模式

1. 加快建设服务型政府

一是强化政府公共服务职能；二是完善社会管理体系；三是推动政府治理结构创新，营造和谐的政府服务和治理环境。

2. 夯实公共服务体系保障基础

一是进一步完善基本公共服务体系；二是改进社会管理政策体系；三是加强公共服务设施建设；四是加快社会事业单位改革。

3. 充分发挥公民社会组织的作用

一是扩大公民社会组织的公共治理职能；二是发挥行业公共服务的积极作用；三是提升公民社会组织的社区公共服务能力；四是发挥公民社会组织

增进社会公平和福利的作用。

4. 健全公共服务绩效管理和评估体系

一是进一步完善公共财政支出机制；二是不断完善公共服务政策法规和制度；三是坚持依法行政，开展绩效评估。

（四）来了就是深圳人：城市常住人口的融入与治理

1. 提高深圳常住人口的管理水平

一是加快推进城乡户籍制度改革工作；二是通过产业升级优化常住人口结构；三是加快常住人口管理机构改革；四是进一步摸清底数，加强对常住人口的纳管水平；五是加强动态监控，减少常住人口社会不稳定隐患。

2. 提高深圳常住人口的服务水平

一是推进常住人口服务的社区化、社会化、事务化；二是完善常住人口的社会保障体系；三是改善常住人口的居住环境，加快常住人口安居乐业；四是为常住人口融入城市创造良好氛围。

（五）城市社会和谐：探索社会利益格局整合的方式

1. 政府要不断完善公平的利益分配机制

建立公正的利益分配机制，以此进行利益整合，使各阶层收入差距趋向合理化。在深圳建设国际化城市的过程中，要建立公平的利益分配机制，在税收、财政、社会保障、慈善救助等方面做到对特区外各区（龙岗区和宝安区）、困难人群的保障，实现共同富裕。

2. 企业要参与完善社会保障机制

在城市社会利益分化的状况下，企业要承担社会责任，以捐赠的方式参与并完善养老保险、失业保险、医疗保险等社会保障机制，为全体社会成员构建一张社会安全网，只有人人有保障，国际化城市才能真正建立。

3. 要发挥民间组织的利益整合作用

深圳在建设国际化城市的过程中，必须充分发挥民间组织的利益整合作用。一是发挥民间组织的利益表达作用。二是发挥民间组织的利益协调作

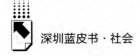

用。民间组织水平状、扁平化的组织结构便于凝聚个体力量、促进横向联系。

4. 健全工会组织，化解矛盾纠纷

要充分发挥工会组织的作用，健全工会保障劳务工权利的功能。现在深圳相当多的私营性质的企业没有工会组织可代表工人维权，作为弱势群体个体的劳务工维权之路过于艰难，容易引起矛盾激化。因而，通过政策、法律或政权力量健全工会组织尤为重要，可以由工会代表劳务工一方参加核心协调小组，有组织地参与协调各方利益，平衡各方关系，化解纠纷和冲突，把矛盾解决于基层。

（六）鼓励企业自愿捐赠，大力培育企业的社会责任感

1. 政府要制定比较完善的法律法规体系

政府可以制定比较完善的法律法规体系，从机构、政策和投入三方面保证企业承担社会责任。政府要持续在政策制定、企业奖励和社会引导方面加大投入，以规范企业的经营行为，利用不同的手段为企业履行社会责任指明方向。

2. 企业要提高社会信誉度

企业应该高度关注信誉的社会价值，加强对信誉度的培育。企业在生产过程中应该遵法依规充分保护劳动者的利益，保护自身形象；企业在经营过程中也应该以诚实为原则反对欺诈，维护客户的权益。

3. 通过市民参与完善企业评估制度

市民参与监督企业的环境污染、公共服务捐赠状况可以起到良好效果；市民参与企业的"社会会计"和"社会审计"活动正在发挥积极的作用。前者是对企业的社会责任进行评价，后者是明辨企业对社会所做出的承诺的真假。

4. 发挥社会、企业、非政府组织合力，为企业捐赠奠定基础

一是要优化公益捐赠的社会环境；二是企业要健全自身的公益捐赠机制；三是慈善类非营利性组织要提供优质服务；四是政府要在政策设计方面奠定良好的制度基础。

（七）建设"幸福社区"：实现城市基层社区自治

1. 继续创新和完善社区管理体制

一是政府制定完善相关的法规和政策；二是推行"一站多居"体制；三是推进股份公司和社区居委会分离；四是探索完善社区自治模式；五是倡导市民以民主的方式参与社区治理。

2. 完善社区服务和保障功能

一是推动社区居委会的工作从管理向服务转变；二是研究、制定社区服务政策措施；三是探索社区服务的新方式和新手段；四是建立专业社工队伍；五是建立社区志愿服务机制。

3. 加强社区文化建设

社区文化活动是联系社区居民与社区文化设施的纽带，是实现居民参与社区事务，增进社区交流、改善邻里关系、凸显文化创造力的重要载体，文化建设在和谐社区建设中具有重要作用。一是构建社区文化共建格局；二是努力构筑社区"一公里文化圈"；三是积极开展学习型社区建设活动；四是发挥文化社团的中介作用。

B.7
龙华区探索共建共治共享的
青年集聚型城中村社区治理模式

周　斌　游晓庆　秦琪娟*

摘　要：　城中村是深圳房屋租赁市场最重要的供应主体。在大量来深青年集聚的城中村中，矛盾关系和安全隐患错综复杂，城中村社区综合治理极其重要且必要。深圳市龙华区在大浪街道元芬新村开展"青平乐园"项目，从物理空间、社会空间和精神空间等三个维度的空间创建出发，通过空间生产和空间治理来推动社区综合治理和平安建设，探索共建共治共享的青年集聚型城中村社区治理模式，为完善新时代基层治理的"最后一米"提供"元芬经验"。

关键词：　城中村　青年社区　社会治理　空间生产

一　创新城中村社区治理模式的必要性

（一）城中村社区治理的重要性和复杂性

社区作为社会的基本单元，是党和国家各项战略与政策落地的重要一环。党的十九大报告指出，要加强社区治理体系建设，推动社会治理重心向基层下移，发挥社会组织作用，实现政府治理和社会调节、居民自治良性互

---

* 周斌，深圳市龙华区委政法委基层社会治理科科长；游晓庆，深圳经济特区社会工作学院研究员；秦琪娟，深圳经济特区社会工作学院助理研究员。

动。党的十九届四中全会对推进国家治理体系和治理能力现代化做出全面部署，其中基层治理是国家治理体系和治理能力的重要体现。城中村社区是我国城市化进程中的既特殊又普遍的存在，其特殊性在于，相较于城市、乡村，城中村的居住环境、社会结构、生产关系等都有其自身特点，而其普遍性在于，城中村在我国城市中的体量较大。以深圳为例，根据《深圳市城中村（旧村）综合整治总体规划（2019—2025）》数据，深圳城中村用地总规模约 320 平方公里，占深圳土地总面积的 1/6，而深圳城中村租赁住房约占深圳总租赁住房的 79%，是租赁市场最重要的供应主体。因此可以说，城中村社区治理是我国基层治理体系不可或缺的重要组成部分。

城中村作为城市发展的特殊载体和重要单元，由于基础设施和公共服务相对薄弱，普遍存在着安全隐患较多、市容环境较差、责任主体缺失等各种复杂的治理难题，是众多城市进行城市更新的重点空间区域。从 2004 年开始，深圳市持续推进城市更新，开展了多轮城中村综合整治工作，改善了城中村的人居环境，与此同时，不断推进城市基层管理体制的变革，使城中村基本完成了从村落向城市社区的过渡。尽管如此，城中村一方面依然不同程度地存在公共空间和公共服务不足等问题；另一方面则面临着居民高度流动性、居民结构复杂性等带来的社区关系疏离等问题，因此，城中村错综复杂的矛盾关系以及所蕴藏的安全隐患不容忽视，城中村的综合治理和平安创建成为一项紧迫且重要的任务。

从实践来看，城中村治理是一个复杂的过程，传统的治理思路主要是从政府角度来采取相应的策略，如社区的治理制度体系和结构的制定、社区管理体制的变迁、相关政策规划的制定和出台等。随着我国城市各方面的发展以及相应的治理精细化等新要求的提出，城中村治理必须适应当前的政策背景和社会环境，这就要求加快推动和探索新的城中村治理思路及方案。在我国构建共建共治共享的社会治理新格局背景下，一些理论和实践都表明，城中村的综合治理可以转变思路，在不大拆大建的前提下，消除安全隐患、完善配套设施，城中村可以结合自身的设施需求特征，合理设定综合整治目标，如通过专项改造，从人防、物防、技防等方面提升城中村的治安水平，或通过综合治理，加强防范、教育、打击、管理等方面的工作，从根本上预防和治理违法犯罪，化解不安定因素，维护社会治安持续稳定。

2020 年，根据龙华区委区政府推进党建引领基层治理改革重要工作部署，龙华区决定开展城中村全面提升工作，并印发了《龙华区城中村治理全面提升工作方案》，提出要"打造一批具有龙华特色的城中村样板"，并强调要"构建一核多元之治模式，提升党建引领共建共治水平"。大浪街道拥有 67 个城中村，城中村数量约占龙华区城中村总数的 1/5，是城中村数量较多的街道之一，因此，在大浪街道推进城中村社区治理的实践与探索，不仅有利于持续提升城市发展能级和品质，促进城市高质量可持续发展，助力打造安全、干净、有序、和谐、文明的平安、幸福家园，也能有利于总结输出基层治理的龙华经验，通过经验辐射，进一步推动国内其他省（区、市）看清利弊，更快地解决城中村治理难题。

（二）元芬新村的现实状况

元芬新村归属龙华区大浪街道陶元社区工作站，陶元社区下辖陶吓、元芬 2 个居委会，属于一站多居的管理模式。陶元社区面积约 8.121 平方公里，总人口 6.24 万人，其中户籍人口仅 5084 人，非户籍人口占比达 92%，辖区内共有出租屋 2140 栋，包含元芬新村等多个大型城中村片区。元芬新村占地约 10 万平方米，毗邻深圳地铁 6 号线元芬站和 4 号线龙胜站，交通便利，临近阳台山绿道，园区环绕，吸引众多来深青年在此栖居，村内共有村民自建楼 261 栋，平均层数 7.3 层，建筑面积 29.5 万平方米，居民超 2.5 万人，租户占比在九成以上。

由于缺乏科学和整体的规划，随着入住居民日益增多，元芬新村公共空间缺乏、生活服务设施不足、专业性的物业运营管理和服务欠缺等问题日益凸显，居民流动性大，认同感、归属感、家园意识相对薄弱。针对上述问题和矛盾，2019 年，在大浪街道党工委主导下，经由陶元社区党委、元芬社区股份合作公司党支部筛选、牵线，陶元社区引入专业运营企业，与元芬社区股份合作公司达成战略合作，以整村统租方式，对元芬新村实施整体规划、全面改造、空间重塑、风貌提升以及物业服务供给。经过三年的改造和运营，在社区党委、政府的支持下，一座时尚宜居、充满青春灵动气息，集社区食堂、健身房、烘干室、篮球场等生活服务设施于一体的"微棠新青年社区"在元芬新村内初具规模。随着元芬新村村容村貌的升级，村内经过改造后的出租屋受到了更多年轻外地来深求职者的青睐，到2021年底，"微棠新青年社区"已覆盖居民逾9000人。调研发现，"微棠新青年社区"的居民群体以单身的年轻人为主，年龄在30岁以下的占比72.54%，未婚的占比72.55%；居民流动性较强，84.31%的调研对象在社区居住时间不满3年，且51.96%还不满1年；居民以普通工薪阶层为主，学历水平较高，62.75%的调研对象为普通员工，83.33%的学历为大专或本科及以上。

综上所述，大量年轻租客的涌入，给元芬新村的社区治理和平安建设带来了挑战和机遇。一方面，元芬新村与其他城中村社区一样存在着居住人口密度大、人口流动性大、人口结构复杂的特点，且外来人口占比大于本地人口，两者之间形成了相互隔离的二元社会，居民的社区认同感和归属感低；与此同时，外来人口庞杂且流动性大带来的安全隐患不容小觑，居民对电信诈骗、邻里矛盾、心理健康等方面的认识不到位，宣传工作难以深入，而伴随租赁经济而来的衍生经济等一系列管理难题更加剧了小区的治理压力。另一方面，社区租赁经济的发展推动了社区公共设施和公共服务的升级。调研也发现，社区居民的安全感相对较高；且不同工作、学历背景的青年租客为城中村注入了新的活力，他们不仅从生活方式方面对城中村带来了冲击和碰撞，也为城中村社区治理带来了潜在参与力量。

为深入贯彻习近平总书记关于"枫桥经验"的重要批示精神，深入贯彻国家、省、市党委和政府关于社会治安综合治理的相关文件要求，根据国家质检总局、国家标准委发布的《社会治安综合治理综治中心建设与管理规范》（GB/T 33200—2016），龙华区委政法委制定《居住小区综合治理基本标准体系建设实施方案》，提出进一步加强各类小区综合治理工作，夯实基层综治工作和平安建设基础，探索建立小区型综合治理基本标准体系，推动形成基层治理长效机制，把基层治理"最后一米"做实做活。在此基础上，2021 年，龙华区委政法委以项目化方式在元芬新村开展城中村社区综合治理模式的创新探索，打造共建共治共享的社会治理格局，由龙华区平安创建专项经费扶持，深圳经济特区社会工作学院具体实施的"青平乐园"项目在元芬新村落地。该项目从空间生产和空间治理角度出发，通过在元芬新村打造一个综治服务平台，挖掘和激活社区内外多元化资源，探索形成共建共治共享的城中村社区治理模式，为元芬新村居民创建平安居住环境，营造和谐社区氛围，同时也为创新基层治理、探索新时期平安建设路径提供"元芬经验"，推动龙华区在创新发展新时期"枫桥经验"中发挥引领作用。

二　空间生产理论框架下的青年集聚型城中村社区治理

空间蕴含着社会性，体现了生产关系和社会关系的脉络。根据空间生产理论的观点①，空间生产不仅是物质空间的再生产，也是社会关系的再生产。"青平乐园"项目将空间生产理论框架与青年集聚型城中村社区综合治理相结合，尝试基于空间治理的视角分析城中村社区治理面临的问题和应对的策略，在推动共建社区综治服务平台"平安苑"——这一物理空间的同时，进行城中村社会关系的再生产、社会空间的再改造以及社区精神空间的塑造，在三重空间的建构中探索城中村社区治理和平安创建的可行性路径。城中村社区综治服务空间的创建从政策层面来看，是推进社会治安综合治理体系向基层下沉的一项重要探索，而从实践层面来看，则表现为政府、市场、社会等多元力量围绕基层治理和平安建设在城市社区进行空间生产的互动过程。

（一）以自下而上路径打造物理空间

一般来说，空间规划是以一种自上而下的方式，由政府主管部门、规划

---

① 〔法〕亨利·列斐伏尔：《空间的生产》，刘怀玉等译，商务印书馆，2021。

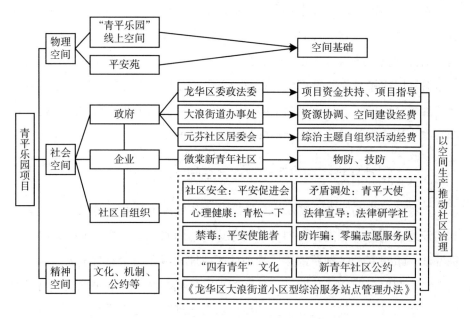

图1 青平乐园项目推动打造元芬新村治理机制

设计师、相关领域专家等共同组成空间规划设计团队，生产空间并最大限度地保证规划的专业性和科学性，但从以往的实践经验也可以发现，这种方式之下，作为空间使用者的居民通常只是被动的接受者，而不是参与者，意味着空间的生产没有经过充分的协商，因此不一定是最适合空间使用者的，往往造成的后果是空间成为"空"间。在元芬新村建设综治服务平台即"平安苑"的过程中，主管部门及各参与主体在空间选址阶段就充分考虑到整合社区资源及居民需要，在街道的统筹下，打破固有的"场地租赁式"及"政府自有物业式"的场地选择方式，协调股份合作公司及物业公司的公益资源来实现场地供给。在空间规划的过程中，更是采取多种方式推动居民参与，依靠居民智慧，听取居民意见。项目组本着"我的空间我做主"的理念开展空间设计工作坊，邀请社区居民代表置身待建的毛坯空间，共同点亮空间，并依托沙盘模型进行空间规划。此外，还举办了多场空间营造联席会议，邀请龙华区委政法委、大浪街道办事处、陶元社区工作站相关领导及社区代表出席会议，讨论确定各参与主体的责任和空间功能的实现，并通过开展"平安苑"建设推进会议，促进"平安苑"设计和建设。可以说，"平安苑"通过多元共建来共同筑牢社区安全防线，是对社区资源的有效整合，也是对社区居民意见和愿望的有效整合。"平安苑"空间的共建为之后空间的共治共享奠定了基础，也为空间真正成为居民群众的诉求窗口、公检法司的落脚驿站、青年群体的活动空间打造了良好的基础。

（二）以社区自组织培育构建社会空间

元芬新村作为一个大型城中村社区，仅依靠政府和社区难以实现面面俱到的管理和服务，因此，在推进"平安苑"建设的过程中，项目组通过居民发动、组织联动、资源链接，推动社区内外的多元力量参与进来，以合作共建、协同服务等方式共同助力社区的平安创建，而一些居民也在参与过程中逐步成为骨干力量。为夯实元芬新村综合治理和平安建设基础，探索青年参与社区平安创建工作的新模式，"青平乐园"项目组进一步凝聚青年骨干力量，孵化培育社区自组织，推动青年住户实现从单纯的"综治服务对象"向同时成为"综治服务参与者"转变。项目组对社区自组织的培育主要分为两个步骤。一是培育自治能力。为提升社区自组织骨干人员的业务能力，促进社区自组织骨干人员互动交流，引导社区自组织骨干人员根据组织定位进行社区公益服务项目设计，"青平乐园"项目组围绕"社区自组织发展现状和备案管理办法""社区服务项目的设计思路""社区服务项目方案的撰写技巧及实践""公益项目的实施技巧和成效体现"等内容，让骨干人员对社区自组织的发展前景、服务项目设计及服务项目实施等有了更加清晰、全面的认识，加快骨干人员成长和进步，鼓励骨干人员着手撰写社区服务项目方案，激发社区基层"平安细胞"，筑牢平安建设根基。二是推进自治行动。项目组为社区自组织骨干人员提供了不少于18次的一对一督导服务，引导其修改和完善项目书，使社区自组织具备社区平安创建功能，促进项目思路科学合理，推动项目实施落地有声。社区自组织骨干人员充分发挥"人"的作用，结合自身专业特色和能力，号召居民共同参与到综治服务中，并以此促进社区参与，使居民在社区公共事务的参与和互动中加强联系，增强价值认同，共同参与社区建设。

（三）以共创社区公约营造精神空间

如果说物理空间重在平台的建设，社会空间重在关系的建设，那么精神空间则让物理空间和社会空间具备了可持续的内生动力。"青平乐园"项目组从不同维度来打造社区精神空间。一是进行统一的视觉形象设计。项目组在进驻小区后，首先着手打造项目符号，完成"青平乐园"视觉体系设计。项目形象主体为一颗"平安扣"，象征着项目围绕社区平安建设工作开展，整体设计由灵动丰富的色彩和升腾的气泡构成，寓示着青年的激情与活力，这样一种视觉形象，让项目在小区亮相之初，就受到了青年居民的关注和青睐。二是共创新青年社区公约。项目组通过举办线上、线下公约内容征集活动，以线上线下相结合的方式，运用调查问卷、网络社群、社区宣传等方式进行内容征集，共征集到超过200条来自社区青年的意见。随后又组织开展"新青年社区公约"内容研讨会，并邀请龙华区委政法委、陶元社区工作站、元芬社区居委会、微棠新青年社区相关人员及居民代表，共同探讨公约内容和呈现方式，形成公约初稿。在此基础上，邀请居民骨干开展青年议事会，就"新青年社区公约"的初稿进行修改意见征集，并经过专家的修改和润色，最终形成"新青年社区公约"。公约内容立足社区实际、贴近居民，遵循"易记、易懂、易行"的原则，以解决问题为导向，从法律宣导、矛盾调处、禁毒、心理健康、防诈骗、社区平安等六个视角出发，充分体现社区自治管理的广泛性、民主性。此外，项目还通过举办社区"四有青年"评选、"平安创建、青年同行"社区嘉年华等活动激发社区居民共同参与平安建设的热情，营造联防联治、共保平安的良好社区氛围。

三 青年集聚型城中村社区综合治理所取得的成效

综上所述，龙华区以共建共治共享推进青年集聚型城中村社区综合治理

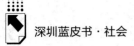
模式创新，从大型城中村社区的治理现状和复杂形势出发，将元芬新村作为被生产或被治理的对象，结合社区资源和社区需求，积极动员多方力量，通过"空间、组织、服务、机制"等四个方面来稳步推进创新实践，并取得了初步成效。

（一）完成社区型综治服务平台的空间构建

"青平乐园"项目着力挖掘和激活社区内外部的正式和非正式资源，以自下而上的路径来推动打造青年集聚型城中村社区综治服务平台"平安苑"，在空间选址、空间设计、空间建造、空间运维等不同环节充分发动居民参与、充分听取居民意见、充分借助社区各方力量，并初步建立了"平安苑"的视觉体系、功能划分、服务体系和运行机制，使之成为守候在群众身边的、24小时发挥作用的综治指挥平台，小区各方主体交流的内部协商平台，了解社情民意的信息汇集平台以及与政府联动力量协作的内外联动平台。

（二）培育出六个平安建设主题社区自组织

为凝聚青年骨干力量，巩固居民自治水平，"青平乐园"项目孵化培育了六个社区自组织，这些社区自组织的骨干主要是社区的青年居民，他们将自身兴趣或特长与社区自组织的使命、愿景相结合，使社区自组织具有密切联系居民、了解居民需求和偏好的优势。经过项目的孵化培育，社区自组织能够围绕心理健康、法律宣导、禁毒、防诈骗、社区安全、矛盾调处等六大综治主题，逐步产出社区服务项目，成为推动社区综治服务发展的一支可持续的力量。

表1 "青平乐园"项目培育的社区自组织清单

序号	名称	主题	使命
1	法律研学社	法律宣导	宣传法律思想,普及法律知识,增强法治观念,增强法律意识
2	青平大使	矛盾调处	倡导和谐理念,培育和谐精神,享受和谐生活

序号	名称	主题	使命
3	青松一下	心理健康	预防心理疾病,提高心理素质;培养健全人格,促进身心健康;倡导和谐氛围,营造欢乐社区
4	平安使能者	禁毒	弘扬爱国主义精神,遵守国家法律、法规,遵从社会道德风尚,奉献自我,精诚团结、齐心协力服务于社区禁毒工作,组织、协调禁毒志愿者参与各项禁毒工作,开展志愿者爱心公益活动,为建设美好平安社区做出贡献
5	零骗志愿服务队	防诈骗	精诚团结、齐心协力服务于社区反诈骗工作,开展志愿者爱心公益活动,组织、协调反诈骗志愿者参与各项反诈骗宣传工作,提高全民防范意识,共筑"零骗"环境和有爱社区,为建设美好平安社区做出贡献
6	平安促进会	社区安全	珍爱生命,共建平安社区。开展安全知识宣传、急救知识普及等活动,为居民提供安全防范、安全救助等方面的服务

(三)搭建一套青年集聚型城中村社区综治服务体系

空间的活化离不开服务体系的建设,而服务体系的建设必须充分考虑到社区资源和社区需求。鉴于元芬新村社区关系和居民群体的独特性,经过"青平乐园"项目的实践探索,元芬新村逐步形成了由综治服务平台提供的专业性服务,项目培育的社区自组织开展的主题服务,引入的政府职能部门、社会组织等各类综治服务资源的下沉服务等三大模块组成的服务体系,仅试点建设的第一年,就完成心理健康、矛盾调解相关的个案服务20件,引导社区自组织开展普法、禁毒、反诈骗、心理健康等方面的宣传和教育活动约36场。

(四)初步形成小区型综治服务空间试运行管理机制

基于近一年的试点建设,并结合国家和地方的有关政策规定,"青平乐园"项目组从小区型综治服务空间的创建目的、主要功能、主要任务、管理职责、工作职责以及运行机制等方面对"平安苑"的日常管理进行了梳理和规定，并初步形成了一套小区型综治服务空间试运行管理机制，确保参与小区平安创建的各方主体能够清晰了解各自的角色和承担的责任，增强空间的凝聚力和约束力，并为空间的持续运行和复制借鉴提供了依据。

四 青年集聚型城中村社区治理经验

从"青平乐园"项目的实践可以看出，从空间创建和空间治理的角度去深入推进复杂型城中村社区的治理，打造共建共治共享的基层治理格局，能够取得一定的实效，增强社区居民的活力和凝聚力，并有效联动社区内外部力量形成社会治理共同体。但在实践过程中，项目也发现，由于缺乏综合治理服务资源向基层小区下沉的制度机制，在建设小区型综治服务空间时存在一定的资源统筹困难，在综治服务空间建成后，如何实现可持续运营也需要进一步的实践探索。总体来看，在此次项目推进过程中形成了以下几点经验。

一是坚持党建引领，以目标为导向，紧扣平安创建主题。项目组进驻小区后，面临的问题和居民需求错综复杂，在这种情况下，需要围绕项目的宗旨和初衷，坚持党建引领社区综合治理和平安建设，制定合理的总体目标和阶段性目标，确保项目达到预期的效果。因此，项目组于2021年7月底至8月初，通过调查问卷和访谈的形式，开展了专项调研活动，深入了解社区居民对社区安全状况和建设"平安社区"的认知和态度，了解社区居民的安全意识和能力，并形成《社区居民安全评价及安全意识调研报告》，为项目的具体实施方案提供科学有效的依据。根据调研报告，结合社区资源，项目组在龙华区委政法委的指导以及大浪街道党工委的统筹下，确定了心理健康、法律宣导、禁毒、防诈骗、社区安全、矛盾调处等6个平安创建主题，并紧扣6大主题开展组织培育和服务活动。

二是发扬"枫桥经验"，以自治为动力，自下而上推动空间创建。与以往政府职能部门创建服务平台或阵地的路径不同，项目组在元芬新村推动创建综治服务空间时打破了自上而下的社区规划过程，在空间选址、外观和功能设计等方面都广泛动员社区居民参与，通过开展社区场地资源调研、举办空间营造工作坊、开展空间设计联席会议等，进行自下而上的空间创建。通过这样一种路径，居民的需求得到了充分的表达和尊重，居民与空间建立了先天的关联，空间在建造伊始就具有"接地气"的特征，更有利于综治服务空间真正成为社情民意的传递窗口和多方主体内部协商的平台。

三是加强社会协同，以共治为基础，广泛联动内外部资源。元芬新村作为一个大型城中村社区，在经过整村改造后，仅社区内就涉及多个利益相关方，如陶元社区工作站、元芬社区居委会、元芬社区股份合作公司、愿景微棠公司以及小区内的房东、商户、租客等，这些主体都拥有独特的资源优势，可以且应该成为社区综合治理和平安创建的参与力量。与此同时，社区外的政府职能部门、企业、社会组织同样拥有丰富且能够下沉到小区的资源。因此，项目组从创建小区治理共同体的角度积极与各方联动，协同推动小区型综治服务空间的创建，协作开展综治主题嘉年华等活动，强化社区内外资源的整理利用，将党委领导、政府负责、社会协同、公众参与、法治保障的基层小区治理模式做深做实。

民生保障篇

Ensuring People's Livelihood Reports

B.8
2021年深圳市未成年人保护事业发展状况分析与2022年展望

钟 汉　向木杨　叶慧敏*

摘　要： 为贯彻落实《中华人民共和国未成年人保护法》等法律法规要求，进一步加强对未成年人保护工作的统筹、协调、督促和指导，更好地保护未成年人身心健康、保障未成年人合法权益，2021年深圳出台《深圳市困境儿童分类保障工作指引（试行）》，推动成立深圳市社会福利服务指导中心和深圳市未成年人救助保护中心。未来，深圳将全面履行儿童兜底保障和未成年人保护法定职责，落实落细未成年人保护、儿童福利、儿童关爱三项重点工作任务，建立贯通衔接的儿童工作机制，加强儿童福利服务机构和专职人才队伍建设，建好家庭、学校、社会、网络、政府、司法"六大保护"的未成年人保护工作新格局，引导社会力量广泛参与，构

---

* 钟汉，深圳市民政局养老服务和儿童福利处处长；向木杨，深圳市民政局养老服务和儿童福利处二级调研员；叶慧敏，深圳市民政局养老服务和儿童福利处四级调研员。

建社会主义现代化高水平的儿童福利服务体系。

关键词： 未成年人 救助保护 儿童福利

儿童是祖国的未来和希望。近年来，党中央、国务院对儿童福利和未成年人救助保护工作做出了一系列决策部署，广东省委省政府提出构建广东特色"大儿童保障"体系。结合中国特色社会主义先行示范区建设要求，深圳加快顶层规划设计，推进体系机制建设，提升服务保障能力，积极防范化解风险，推动未成年人保护工作健康安全发展。

一 2021年深圳市未成年人保护事业发展状况

（一）加强制度建设，未成年人保障服务达到新水平

2021年，深圳市出台《深圳市困境儿童分类保障工作指引（试行）》，进一步健全分工负责、协调联动、社会参与的工作机制，保障困境儿童在生活、医疗、康复、教育、住房、就业等方面所应享有的基本权益和救助服务，更好地维护困境儿童的合法权益。以"儿童利益最大化"和"收养是帮儿童找最合适的家庭"为原则，进一步规范深圳市收养登记工作，引导群众树立依法收养的法律观念。将孤儿养育标准调整机制改革为每年调整一次，孤儿最低养育标准调整至每人每月 2432 元，较 2020 年提高了 5.8%，事实无人抚养儿童生活补贴标准参照孤儿标准执行。"残疾孤儿手术康复明天计划"项目共投入市级公益金 155 万元，共有 360 名残疾孤儿得到及时、有效的手术治疗和康复训练。成功安置 35 名社会福利机构年满 18 周岁孤儿，鼓励促进其自立自强、回归和融入社会。

（二）压实属地责任，坚决守住儿童福利领域安全底线

自新冠肺炎疫情发生以来，深圳切实加强未成年人疫情防护和儿童关爱

服务的各项工作部署，实现了儿童福利机构"零感染"的防控目标。一是落实照料责任，形成合力监护。制定《深圳市儿童福利领域服务机构疫情期间防控指引》，明确要求对因疫情影响造成监护缺失的儿童，由未成年人救助保护机构、街道和社区落实临时照料、提供关爱服务。二是加强救助帮扶，强化物资保障。将因疫情而陷入生活困难的儿童纳入临时救助范围；困境儿童补贴申请实行"容缺办理"。三是强化检查督导，排查风险隐患。通过"四不两直"、防控知识考核等检查方法，防范化解儿童福利领域服务机构疫情管控风险；全面推行"一线三排"工作机制，杜绝机构存在安全生产风险隐患。

（三）加强能力建设，建立未成年人保护工作体系

成立市、区两级未成年人保护工作领导小组，进一步加强对未成年人保护工作的统筹、协调、督促和指导。推动成立深圳市社会福利服务指导中心和深圳市未成年人救助保护中心，有力支撑全市未成年人保护工作。构建市、区、街道、社区"四级"未成年人保护网络，各区挂牌设立区级未成年人救助保护中心，74个街道挂牌成立未成年人救助保护工作站，74个街道儿童督导员、665个社区儿童主任实现区域全覆盖，初步建立未成年人救助保护多部门联动机制。依托"三级服务阵地+三类服务主体+三大服务场所"的"三三制"模式（市、区未成年人救助保护中心和街道未成年人救助保护工作站三级未成年人保护工作阵地，儿童督导员、儿童主任、儿童社工三大服务主体组成的基层未成年人保护工作队伍，"家庭、学校、社区"三大服务场所），开展家庭走访、信息更新、强制报告、政策链接、强化家庭监护主体责任及家庭教育等重点工作，有效整合层级资源，形成了独具特色的未成年人关爱保护工作的深圳样本。其中，龙华区建立未成年人保护专家库、成立专项基金、积极申报全国首批未成年人保护示范区、发布未成年人保护十项服务清单、在观湖街道开展社区专职儿童主任试点等各项工作，取得明显成效。

（四）找准服务对象，精准帮扶最为需要的未成年人

在全市范围内开展困境儿童精准排查，做到底数清、情况明，全面落实强制报告制度，对排查的1.4万名困境儿童落实分类帮扶保障。依托"12345"政务服务热线平台，开通运行24小时未成年人保护热线，受理信息咨询、个案管理、心理援助等服务事项153宗。支持和引导社会力量参与未成年人关爱服务，举办"深爱儿童、圳在行动"儿童关爱服务项目大赛，打造具有深圳特色的儿童关爱品牌项目，遴选出20个优质项目在各区落地，将关爱送达到最有需要的儿童家庭。"益起护童"儿童关爱服务资源平台也正式上线，完成全省首例"跨省通办"的事实无人抚养儿童认定申请审批业务。

（五）提升保护意识，营造未成年人保护社会氛围

为切实做好未成年人保护宣传工作，加大对新修订的《中华人民共和国未成年人保护法》（以下简称《未保法》）的宣传力度，引导未成年人提高自我保护意识，给未成年人营造健康良好的成长环境，深圳举办未成年人保护宣传月系列活动，启动首趟"护童号"地铁专列，打造"未成年人保护"主题站，组织近3000人次参加线上《未保法》知识竞赛，发放4000册《未保法》单行本，上线"益起护童"儿童关爱服务资源平台，为儿童福利社会支持体系建设和儿童志愿服务匹配搭建公益平台，引导更多爱心组织关注有需要的儿童。此外，深圳还通过"学习强国"平台、《深圳特区报》加强宣传报道，同时结合送法进社区、楼宇灯光展示等全方位、立体化、多渠道地开展未成年人保护宣传。

二　深圳市未成年人保护事业发展困境

（一）未成年人保护协调机制有待加强

深圳未成年人保护工作协调机制虽然已全部成立，但工作力量不足，部

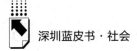

门间协作联动还不够顺畅，联动机制有待完善。未成年人保护工作涉及民政、公安、教育、卫健、住建等政府部门及妇联、残联等群团组织，部门之间职责边界仍有待明晰。

（二）未成年人保护政策法规有待完善

《中华人民共和国民法典》《未保法》虽已颁布施行，但配套的法律法规仍有待完善。六大保护工作措施还需要细化，指定监护、长期监护、临时监护的工作程序、评估办法、认定条件等规定尚未有细则；未成年人保护工作信息化水平相对落后，服务对象的翔实情况尚不能被及时精准掌握。

（三）未成年人保护区级能力有待提升

深圳市、区级未成年人救助保护中心虽然都已经成立，但部分中心离"六有"标准仍有差距。体现在：工作力量不足，专职人员少，部分只是由区民政部门工作人员兼任，专业能力有待提升；有针对性的宣传活动开展频率不高；部分中心设施设备不够齐全，对满足实际服务需求仍有差距；少数未成年人救助保护中心位置较为偏远，不便于群众办事等。

（四）未成年人保护基层力量总体较弱

基层对未成年人保护业务重视程度不一，推进力度不大。各街道未成年人救助保护工作站虽已全面挂牌成立，但部分并不能提供有效的服务；儿童督导员和儿童主任队伍虽已全面组建，但92%以上为兼职，且存在人员变动较多的现象，相关人员职业认同感不强，对儿童福利和保护工作最后一公里的落实造成了一定影响。

（五）未成年人保护工作形势严峻复杂

当前，未成年人保护走到了一个新的发展阶段，面临许多新的要求和挑战。首先，服务对象多。作为移民城市，深圳户籍和非户籍未成年人总数达300多万人。其次，工作内容广。服务内容从物质保障为主拓展到物质精神全面兼顾，服务层次从关注未成年人个体发展提升到关注家庭监护质量和社会保障水平。最后，风险责任大。人民群众对未成年人保护工作高度关切，而未成年人自我保护能力弱、求助意识低，容易遭受侵害，一旦发生问题便容易引发舆情炒作，冲击道德底线，甚至上升为政治性问题。未成年人受侵害的潜在风险大，实时掌控难、应急处置难，而现有基层工作力量不足、信息来源少、防范措施有限，增大了排查防范的难度。

三 2022年深圳市未成年人保护事业展望

面对未成年人保护工作的新形势、新挑战，《深圳市民政事业发展"十四五"规划》提出，要在构建高质量未成年人保护和儿童福利保障体系，深化儿童关爱服务方面先行示范。坚持以儿童利益最大化为首要原则，全面履行儿童兜底保障和未成年人保护法定职责，落实落细未成年人保护、儿童福利、儿童关爱三项重点工作任务，建立贯通衔接的儿童工作机制，加强儿童福利服务机构和专职人才队伍建设，建好家庭、学校、社会、网络、政府、司法"六大保护"的未成年人保护工作新格局，引导社会力量广泛参与，构建社会主义现代化高水平的儿童福利服务体系。

（一）强化未成年人保护工作协调机制，合力构建未成年人保护工作新格局

通过召开未成年人保护领导小组第一次全体会议、推进会等凝聚部门合力，规范工作流程，搭建未成年人保护服务信息平台，逐步推动数据共享，加强各部门单位工作联动与协同，将各成员单位的未成年人保护工作纳入重要工作安排，探索建立成员单位考核机制，构建"政府主导、民政牵头、部门配合、社会参与"且规范、科学、高效的未成年人保护服务体系。

（二）增强未成年人保护工作队伍力量，全面提升未成年人保护工作能力

推动市未成年人救助保护中心重新选址或改造升级，打造未成年人保护

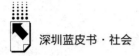

工作示范窗口。以申报全国未成年人保护示范区为抓手，推动各区（新区）加强区级未成年人保护机构建设。依托"双百"工程，配备专职人员负责儿童业务，夯实街道未成年人救助保护工作站基础。制定未成年人保护工作清单和服务标准，做好社区最后一公里未成年人保护工作。

（三）不断提升困境儿童保障水平，切实做细做实困境儿童关爱保护工作

稳步提高孤儿、事实无人抚养儿童的基本生活养育标准。加强政策找人措施办法，精准保障孤儿、事实无人抚养儿童的生活水平，杜绝错保、漏保问题发生。完成《收养能力调查评估工作规范》修订工作，帮助儿童找最合适的家庭。推进儿童福利机构优化提质，提高机构服务保障能力。完善指定监护、临时照料等事项的操作程序和行政确认文书，规范强制报告、应急处置、救助帮扶、监护干预等工作程序。制定未成年人保护三年行动方案，创建儿童关爱服务先行示范区。

（四）防范化解儿童福利领域风险，坚决守住疫情防控和安全生产底线

进一步提高儿童福利领域风险防控和应急处置能力，不折不扣地落实落细儿童福利政策法规，强化儿童福利机构疫情防控、消防、食品、医疗、监护、内部管理等各项工作措施，监测排查未成年人尤其是散居孤儿、事实无人抚养儿童在养、治、康、教等方面面临的风险隐患，不断健全安全工作体系，杜绝松懈麻痹思想和侥幸心理，最大限度地减少案件事故发生，切实保障儿童的合法权益。

（五）强化未成年人关爱保护合力，常态化开展未成年人保护专题宣传活动

把未成年人保护宣传工作作为当前和今后一个时期的工作重点，推

动各级各部门将未成年人保护宣传工作纳入重要工作安排。通过制作公益宣传片、宣传册，发布未成年人保护标识和吉祥物形象，在儿童节、世界儿童日举办系列活动等形式，积极宣传未成年人关爱保护法律法规及政策。

（六）引导社会力量投身未成年人保护工作，建强未成年人保护社会支撑体系

积极动员社会力量参与，引导鼓励未成年人社会组织发展，动员社会公益慈善资源参与支持，构建具有针对性的社会支撑体系。引导社会力量协助做好未成年人关爱保护人才队伍建设、业务培训等工作。为全市未成年人关爱保护类社会组织搭建交流、研讨、考察的活动平台，促进对外合作交流，积极宣传未成年人关爱保护先进事迹和经验，扩大未成年人关爱保护的社会影响等。

B.9
家庭养老床位与家庭病床"两床"联动模式探讨

唐睿　唐睿楠*

摘　要： 本报告系统阐述了人口老龄化背景下家庭养老床位与家庭病床"两床"联动的养老模式，并研究分析了老龄化程度较高的主要省、市支持家庭养老床位及家庭病床发展的相关政策。其中，对于北京市推出的"两床"联动模式进行了重点解读剖析，并根据深圳老龄化实际情况及未来养老服务发展趋势，建议加快推进形成特色鲜明、功能显著的中国特色社会主义先行示范区家庭养老床位与家庭病床"两床"联动模式，有效解决广大居家老年群体面临的各类医养痛点、难点问题。

关键词： 老龄化　家庭养老床位　医养结合

一　人口老龄化背景下，建设家庭养老床位和家庭病床的必然趋势

目前我国市场上的养老服务主要有社区养老、居家养老、机构养老三种方式。现阶段机构养老以提供高品质的专业康复理疗、医养照护服务为主，主要面向高知、高干、高管等拥有较强消费能力的人群。社区

---

* 唐睿，深圳市幸福健康产业（集团）有限公司业务经理；唐睿楠，深圳市幸福健康产业（集团）有限公司高级经理。

养老则主要以提供普惠性、公益性服务为主，一方面帮助广大家庭在一定程度上减轻养老负担，另一方面缓解众多空巢老人及失能、失智老年人的照护难问题。但是社区养老服务在发展过程中，仍面临着专业照护人才短缺，服务机构质量参差不齐，难以满足老年群体的医养照护刚性服务需求，各类支持保障措施不全面等问题。未来，随着老龄化时代的全面到来，老年人口增长速度急剧攀升，仅依靠中高端机构养老服务及普惠性的社区养老服务将难以最大限度地保障各类老年群体，尤其是患有慢性病，同时不愿意远离自己熟悉的生活环境的老年群体。此外，老年人的医养照护、健康管理、康复理疗等多层次、个性化的服务需求也不能得到充分满足。

（一）"十二五"时期，国家卫计委鼓励开设"家庭病床"

早在"十二五"时期，国家卫计委就提出通过鼓励开设"家庭病床"，为老年人提供专业护理服务。上海市人民政府在《"十二五"深化医药卫生体制改革实施方案》①中明确将增设"家庭病床"作为优化整合老年医疗护理服务资源的重要工作。近年来，国家逐步加大力度支持开展家庭医生签约服务的一级医疗机构在患者居住场所内建立"家庭病床"，为符合住院条件，但是到医疗机构有困难的患者提供居家诊疗、护理和康复服务。

（二）"十三五"时期，全国范围内开展社区居家养老服务改革试点

随着老龄化程度的持续加深，"十三五"时期，民政部、财政部提出在全国开展社区居家养老服务改革试点。随后，江苏、北京、浙江、四川等地逐步探索发展以养老机构为依托，以社区养老服务中心为重要支点的"家庭养老床位"，通过把机构的专业养老服务延伸到家庭，向失能、失智的老年人家庭提供适老化改造、专业护理、远程监测等养老服务。一是可以缓解

---

① 上海市人民政府网站，2013 年 7 月 9 日，https：//www.shanghai.gov.cn/nw12344/20200814/0001-12344_36545.html。

养老机构一床难求的难题，满足老年人在家享受养老照护服务的需求，有效降低服务成本，让广大老年人付得起且能享受到优质服务；二是可以减轻全社会在养老服务方面的投资建设成本。

"发展家庭养老床位"、建设"家庭病床"已经被纳入《"十四五"国家老龄事业发展和养老服务体系规划》[①]，这是国家首次同时将"家庭养老床位"和"家庭病床"纳入老龄事业发展规划之中，体现了国家对于家庭病床和家庭养老床位建设的重视。

二 家庭养老床位、家庭病床发展现状

经过多年探索，各地家庭养老床位建设已初具规模，北京、上海、江苏在"十四五"期间将全面铺开建设家庭养老床位，厦门、太原、南昌、银川、西宁也在逐步启动家庭养老床位试点工作，《家庭养老床位设置和服务标准》全国行业标准也即将面世。

（一）家庭养老床位发展现状

现阶段，各地的家庭养老床位建设标准差异不大，对于服务内容及服务模式，各地则结合本地老年群体实际养老照护需求情况，在保证基本服务需求的基础上进行了相应的调整和改善。此外，各地相关政府部门在充分考虑财政负担和本地老龄化程度的基础上，还有针对性地出台了相应的补贴政策。

在建设标准方面，各地家庭养老床位的建设标准基本都包含居家环境适老化改造、护理床位建设等基础性建设要求，此外，康复器具和辅助设备、呼叫响应等智能设备和信息管理系统的支持也在基础建设标准中。就服务内容而言，各地家庭养老床位基本都涵盖生活照料、康复服务、医疗服务、精神慰藉和远程监测服务等受众范围广泛的基础保障型养老照护服务。此外，相较于其他省、市，杭州市对上门服务的时长和标准做出了更为详细的规

---

① 中国政府网，2022年2月21日，http://www.gov.cn/xinwen/2022-02/21/content_5674877.htm。

定，苏州市则创新性地推出夜间照护服务项目，解决了高龄独居老人夜间照护服务需求难以满足的难题，北京和上海还为家庭成员提供家庭照护护理技能培训提升等增能服务。在补贴政策设置方面，各个地区补贴政策的范围基本都涵盖了服务提供、机构运营、建设改造等方面，但是因为各省、市的财政负担、老龄化程度不同，补贴政策存在一定的差异，北京、上海、南京、青岛、成都的家庭养老床位享有同养老机构一样的运营补贴，青岛、广州、杭州的家庭养老床位享有建设补贴，上海、成都将家庭照护床位纳入养老服务机构综合责任保险保障范围。此外，北京、上海、青岛的老年人家庭还享有居家适老化改造补贴，上海、广州、杭州、成都的老年人同时享有服务和护理补贴，青岛和上海的家庭养老床位与长护险挂钩，北京则将家庭养老床位纳入医保结算范围之内。

（二）家庭病床发展现状

家庭病床是一种创新的照护服务模式，它以家庭为单位，为患者提供专业的上门检查、治疗和护理服务。随着我国老龄化程度持续加深，老年群体对于健康管理、慢病管理、康复理疗等各类医养照护刚性服务的需求快速增长，北京、上海、福州、西安、天津等地已陆续加快开展家庭病床建设工作。各地的家庭病床一般均包括评估、诊断、治疗、结床等服务过程。以上海为例，上海依托分布在市内的各个社区卫生服务中心或全科诊所，经过对老年人的健康状况进行全方位的综合评估后，为满足家庭病床建床条件的老年人提供上门服务，包括检查项目、基础护理项目、康复项目、中医项目、药品服务项目、指导评估服务项目、安宁疗护服务项目等八类六十四项服务，待老年人完全康复且经进一步评估不需要再进行持续性医疗照护服务后，由社区卫生服务中心为老年人办理结床服务。

（三）家庭养老床位和家庭病床联动发展模式

2021 年 3 月，由北京市委社会工作委员会、北京市民政局、北京市财政局、北京市卫健委、北京市医保局、北京市残联共同印发的《北京市养老家庭照护床位建设管理办法（试行）》① 第十八条明确指出"符合家庭病床条件的可申请开设家庭病床"，鼓励支持家庭养老床位和家庭病床联动发展模式。此外，北京市卫健委在2022年北京市老龄工作会议上进一步提出探索建立"医养康养联合体模式"，为享受养老家庭照护床位的老年人提供家庭病床和家庭医生签约服务。北京市作为国内老龄化程度较高的城市之一，为解决广大老年群体居家医养照护服务问题，已率先探索建立家庭养老床位和家庭病床"两床"联动模式。北京市各区从自身实际情况出发，依托区域内的养老机构和社区卫生服务中心，分别承担"家庭养老床位"和"家庭病床"的建设工作，在理清各自服务范围边界的基础上，同步实现老年人服务需求等各类信息资源的有效共享，并在民政和卫健部门的指导下，由街道安排相关工作人员统筹推进在辖区内开展的相关服务。可以预见，随着国内老龄化程度的持续加深，经过实践检验的"两床"联动模式将逐步在全国老龄化程度较高的重点城市推广开来，以充分满足广大老年群体的基本养老服务需求及医养照护、康复治疗等刚性服务需求。

三 深圳家庭养老床位、家庭病床发展趋势

随着早期来深建设者成批步入老年行列，深圳市老年人口增长速度在"十三五"期间进一步加快。截至2020年底，深圳市户籍老年人口达35.9万人，深圳市实际服务管理老年人超百万人，其中高龄、独居、失能或半失能老年人数量明显增多，"养老问题"成为中国特色社会主义先行示范区民生事业发展所面临的全新挑战。预计到2035年，深圳60周岁以上老人将接近400万人，超过常住人口的20%以上，由此将催生大量的医养照护、慢病管理、康复理疗等较为迫切的刚性照护服务需求。

一方面，面对未来在老龄化影响下持续增长的医疗护理服务压力，2021

---

① 北京市民政局网站，2021年12月30日，http：//mzj.beijing.gov.cn/art/2021/12/30/art_6112_14806.html。

年2月，深圳市卫健委和深圳市医保局联合出台《深圳市家庭病床管理办法（试行）》，明确指出鼓励医疗机构开展家庭病床服务，为因疾病需要卧床或者身体衰弱、生活不能自理的老年群体，定期上门提供诊疗、康复或者护理服务。在政策的鼓励支持下，深圳市基层医疗机构持续加大力度推广家庭病床服务，其中，位于南山区白石洲片区的沙河医院已组建起12支家庭医生专业服务团队，2021年，这些家庭医生专业服务团队总计服务1万余户家庭。此外，在服务过程中，家庭医生专业服务团队积极推广家庭病床签约服务，截至2021年底，已建设完成40张家庭病床，为片区居民提供治疗型、康复型及舒缓照顾型医疗护理服务，统计数据结果显示，服务对象中60岁及以上的老年人比例高达62.5%，且服务内容多为老年人常见的慢病管理、康复理疗等。

另一方面，现阶段，深圳市提供的家庭医生及家庭病床仅能满足老年群体的医疗护理、康复理疗、药品服务等刚性就医服务需求，难以满足大部分失能、失智、空巢老年人所需要的上门送餐、协助进食、家务料理、卫生清洁、陪同外出、精神慰藉、辅具佩戴等基本生活照护服务需求。自2019年以来，深圳市陆续印发了《深圳市构建高水平"1336"养老服务体系实施方案（2020~2025年）》[①]、《深圳经济特区养老服务条例》[②] 等一系列政策措施，进一步明确支持开展家庭养老床位试点建设项目，充分满足各类老年群体多层次、差异化的养老服务需求。

然而，现阶段家庭病床和家庭养老床位还未能形成很好的联动模式，难以充分有效满足居家老年群体的医养照护需求。一是"两床"建设及相关服务提供仍处于起步阶段，还未建立起有效的联动模式，尚不能完全满足居家老年群体的医养照护等刚性服务需求。家庭病床的建设及相关专业医护服务的提供普遍由基层医疗机构负责，家庭养老床位的建设及相关照护服务的

---

① 深圳市民政局，2020年7月30日，http：//mzj. sz. gov. cn/cn/xxgk_ mz/mtgz/content/post_ 7964641. html。

② 深圳市民政局，2020年11月5日，http：//mzj. sz. gov. cn/ydmh/xxgk/ydmh_ zcfg/jjyl/content/post_ 8292119. html。

提供则由专业养老机构负责，对于有医养护理及生活照料等多样化服务需求的老年人而言，他们需要与社康机构及养老服务机构签订不同的服务协议，选择建设两种不同的床位，这便增加了老年群体的支付成本。二是"两床"联动不足增加了整个社会的供给服务成本，降低了整体运行效率。家庭养老床位及家庭病床的建设及运营需要政府持续的财政补贴支持，然而，完全独立的发展模式，将进一步增加财政补贴的支出压力，难以实现全社会供给服务资源的有效配置。

四　家庭养老床位与家庭病床"两床"联动模式探讨

（一）"两床"具体建床流程及服务内容说明

家庭病床服务主要分为3个阶段：①社区健康服务中心派遣专业医疗团队对患者健康情况进行综合评估，确认患者是否符合建设家庭病床的基本标准。②若符合相应建床标准，则建设床位并建立个人健康档案。③由医疗团队为老人提供6大类的医疗护理相关服务，包括健康管理、健康监测、医疗服务（诊疗、护理、康复服务）、药事服务、会诊和预约转诊，待患者通过检查确认已经具备康复的基础条件之后，再由医疗团队为此患者进行相应的结床服务。在收费方面，建床患者将被收取100元的建床费，每次医疗团队上门收取出诊费77元，对于其余医疗服务则按照社区健康服务相关标准进行收费。关于费用结算，患者可通过自行申请医保报销诊疗费用，也可以自行支付相关费用。

家庭养老床位服务主要分为两个阶段：①养老机构派遣专业团队对老人健康及家庭环境进行整体综合评估，为老人建立个人健康档案，并与老人签署建床服务协议。②协议签署后，为老人的生活环境提供适老化改造及生活照料护理和医疗护理服务直至协议结束日期。在收费方面，已经建床的老人根据所享受的每项服务分别支付相关的费用。关于费用结算，一般是由老人先将费用支付给提供相关服务的养老机构，再由养老机构向政府主管部门进行统一报销。

（二）"两床"联动模式探讨

因家庭病床和家庭养老床位的服务提供主体和收费方式存在一定差异，我们建议同一辖区内的养老机构与社区健康服务机构通过签署合作协议，建立以"双向转介、相互引流"模式为主的家庭养老床位和家庭病床联动模式。

1. 老年人结合需求情况，灵活选择

没有慢病管理、康复理疗、健康管理等医疗护理服务需求的老年人，可先行与养老服务机构签订建设家庭养老床位的协议，由养老服务机构为老年人提供基础的生活照料护理服务，满足老年人的助餐、助浴、助洁等基本服务需求。在为老年人建床的同时，可以向老年人提出签约家庭医生服务的相关建议。由此，当老年人有医疗护理服务需求时，可通过养老护理服务人员联系签约家庭医生，使其前往老年人家中为老年人提供专业的医疗照护服务，此外，若签约家庭医生经过综合评估认为老年人有建立家庭病床的必要，则应进一步与老年人沟通建立家庭病床的相关安排。关于术后或者病后，经过签约家庭医生提供的长期医护服务，已经达到康复标准，满足家庭病床撤床标准的老年人，社区健康卫生服务机构可将此类老年人引流给辖区内的养老服务机构，并由养老服务机构安排专业服务人员上门为老年人建设家庭养老床位，通过采用智能化的手段，更好地监测老年人的身体健康状况，为老年人提供全方位的生活照料护理服务。

2. 关于"两床"联动模式的建议

现阶段，在对全国已推行家庭养老床位和家庭病床建设的相关省、市的具体实践情况进行深入研究后，我们建议深圳参照北京模式，根据实际情况，开展家庭养老床位和家庭病床联动模式。目前最核心的问题是医疗服务团队和养老服务团队属于两个不同的管理团队，供给侧双方之间并未能很好地衔接，直接导致"两床"联动的效能下降。要解决这个问题，一方面，可探讨将"两床"的建设工作及后期服务交由同一辖区内同时具备养老服务能力和医疗护理能力的机构统一推进，在一体化管理的框架下实现资源的

最优配置和协同；另一方面，可借鉴北京经验，由街道进行统筹规划安排，推动辖区内养老服务机构与社康机构或者全科诊所等基层医疗卫生服务组织建立联动的沟通机制，并结合老年群体需求，灵活转化床位和服务内容，建立以双向转介、相互引流为主的"两床"联动服务模式。

B.10
深圳市托育行业人才培养现状、实践及展望

郭宇航　易阳　陈琰*

摘　要： 《中共中央　国务院关于支持深圳建设中国特色社会主义先行示范区的意见》把民生幸福标杆作为深圳的战略定位之一，并将"幼有善育"列为深圳"民生七有"之首。深圳发展托育行业对促进人口长期均衡发展、助力城市综合竞争力提升、探索民生建设可复制的"深圳样本"等具有重要意义。近年来，深圳托育事业发展成效初显，但在人才队伍建设方面仍然存在人才队伍缺口大、培训机制不健全等问题，托育行业快速健康发展受到制约。本报告基于深圳市托育服务协会开展的调研分析了托育行业人员素养现状及培训现状，总结了深圳在建立培训课程资源库、开展行业培训、探索校企合作模式等方面的成功经验，并就未来深圳托育行业人才队伍建设提出了一系列建议。

关键词： 托育行业　人才培养　深圳市

一　深圳市发展托育行业的重要意义

近年来，党中央、国务院高度重视婴幼儿照护服务工作。党的十九大报

---

* 郭宇航，深圳市幸福健康（集团）有限公司托育教研负责人；易阳，深圳市幸福健康（集团）有限公司战略研究员；陈琰，深圳市幸福健康（集团）有限公司托育教研员。

告在保障和改善民生的蓝图中,将"幼有所育"排在首位。在 2019~2022 年的《政府工作报告》中均提及要加快发展托育服务。0~3 岁是人生开端,0~3 岁婴幼儿照护服务及其质量对儿童身心发展、家庭幸福、国民素质提升及社会可持续发展具有重要意义。深圳市委市政府 2019 年将"幼有善育"作为中国特色社会主义先行示范区的民生建设目标,深圳市第七次党代会报告明确提出"构建高质量婴幼儿照护托育体系""建设儿童友好型城市"。

发展托育行业对深圳具有重要的社会意义,主要表现在以下三个方面。

(一)促进深圳人口长期均衡发展

近年来,生育率持续下降已经成为制约人口长期均衡发展的突出问题。根据《深圳市统计年鉴 2021》,深圳出生率和人口自然增长率自 2017 年达到峰值后持续降低。带养成本过高是生育意愿降低的重要原因之一。深圳是一座高消费水平的移民城市,职业女性生育机会成本高,祖辈隔代带养需异地迁徙,保姆带养成本高且质量难保证,0~3 岁婴幼儿的带养难题尤为突出。大力发展多层次、多元化的托育服务供给体系能有效降低 0~3 岁婴幼儿养育成本,减轻深圳家庭"有人生、没人带"的后顾之忧,促进生育意愿释放,保持人口红利,为高质量可持续发展提供有力支撑。

(二)助力城市综合竞争力提升

0~3 岁是儿童体格发育、品格形成、思维与情感发展的关键时期。大量的研究及事实证明,科学、优质的 0~3 岁婴幼儿照护服务有利于个体在身体发育、行为习惯、性格养成、思维逻辑等方面的良性发展[1]。0~3 岁婴幼儿照护服务可为城市发展提供人力资本的原始积累,其发展质量和成效不仅直接影响着个体市民化、社会化过程,也在很大程度上影响着人口素质的

---

[1] 高彩红:《深圳市 D 区 0~3 岁婴幼儿早期教育公共服务发展策略研究》,硕士学位论文,华中师范大学,2015。

整体提升。此外，深圳建设国际化、现代化、创新型城市对人才需求极大，而教育、医疗等公共服务是吸引高素质人才的重要影响因素。高质量的托育及科学育儿指导服务能切实缓解年轻父母的带养压力，既避免其陷入工作生娃两难全的窘境，又有效弥补其在带养经验方面的不足。深圳是一座尊才、爱才、敬才的城市，构建完善的托育服务体系是深圳保持人力资源优势、培育创新发展活力、提升城市综合竞争力的重要举措。

（三）探索民生建设可复制的"深圳样本"

《中共中央　国务院关于支持深圳建设中国特色社会主义先行示范区的意见》提出深圳应打造民生幸福标杆，"幼有善育"位列深圳"民生七有"之首。深圳常住人口年龄结构相对年轻，出生率全国排名靠前，出生人口规模仍然较大，双职工家庭数量多，0~3岁婴幼儿照护服务需求人群基数大。根据深圳市3岁以下婴幼儿托育服务需求定量调查的结果[1]，全市托育需求率为34.8%，而实际入托率却只有5.1%，说明目前深圳现有托育服务供给并未完全满足家庭的多元化需求，存在供需错配、资源闲置情况。从全国来看，目前我国0~3岁婴幼儿约4200万人，其中1/3有比较强烈的托育服务需求。但调查显示，我国3岁以下婴幼儿入托率仅为5.5%左右，供需矛盾同样突出。[2] 因此，推动托育事业高质量发展不仅是为了回应深圳作为年轻超大移民城市的民生诉求，更是为了给全国各地探索政企联动、创新驱动、供需匹配的中国特色托育发展方案提供"深圳答卷"。

二　深圳市托育行业发展现状及人才培养现状

自2019年《国务院办公厅关于促进3岁以下婴幼儿照护服务发展的指

---

① 深圳市卫生健康委：《深圳市3岁以下婴幼儿托育服务需求定量调查报告》，2019年9月24日，http://wjw.sz.gov.cn/tpxw/content/post_ 3194920.html。

② 国务院新闻办公室：《国新办举行优化生育政策促进人口长期均衡发展新闻发布会》，2021年7月21日，http://www.scio.gov.cn/xwfbh/xwbfh/wqfbh/44687/46355/index.htm。

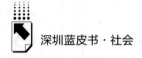

导意见》出台后，深圳市积极搭建托育服务政策体系，各类主体充分发挥首创精神，培育市场力量、推动行业发展。截至2021年底，全市注册登记提供托育服务的机构达到300多家，可提供托位约2万个，各区至少建成1家质量有保障、价格可承受、方便可及的具有示范效应的普惠性托育机构。然而，托育行业仍处于起步阶段，与国家和深圳市"十四五"规划纲要设定的目标（千人托位数4.5个）相比还有明显差距。

托育行业的本质属性是以人为核心的服务业，人才队伍的储备及质量是影响托育行业发展规模、速度及质量的决定性因素。当前，托育行业人才缺口大、流失率大，推动深圳市托育行业人才队伍高质量建设迫在眉睫。

当前深圳市托育行业仍处于人才供给严重不足的状况。第七次全国人口普查数据显示，深圳市常住人口为1756.01万人。在达成每千人4.5个托位的具体目标下，以2020年深圳常住人口及托育机构最低师生比1∶5（乳儿班师生比为1∶3）初步估算，深圳市需至少提供79020个托位和15804位保育师。而未来，托育人才需求也将随深圳市常住人口的持续增长而增加。目前，深圳市托育机构从业人员不足4000人，托育行业的保育人才存量、社会机构及院校每年能够向社会输送的保育人才数量远不能填补需求缺口。究其原因，一是职前、职后人才培养路径较少，职前仅少数院校开设相关保育专业，职后缺乏规范化、专业化、规模化的社会培训；二是托育行业从业人员特别是基层保育员普遍存在社会认同度低、薪酬待遇低等问题，且职业发展通道不明朗。

三　深圳市托育行业人才培养实践

（一）开展人员素养现状及培训现状调研

为促进深圳市托育机构保育人员队伍建设和培训工作，在深圳市卫生健康发展研究中心的支持下，深圳市托育服务协会（以下简称"协会"）与北京师范大学学前教育研究所课题组从保育人员素养现状和培训需求角度出发，在 2020 年对深圳市龙岗区、宝安区、南山区、龙华区等在内的 10 个区，共计 540 名托育机构保育人员开展问卷调查。

结果显示，62.2% 的保育人员从业时间在 3 年以内，56.7% 的保育人员拥有大专学历，59.6% 的保育人员所学专业为学前教育专业；在拥有的资格证方面，幼儿园教师资格证占比最大（42.8%），其次为育婴员职业资格证（28.0%）和保育员职业资格证（24.4%）。从调研结果来看，托育行业人才资质杂乱，与岗位需求匹配度低。虽然持幼儿园教师资格证及育婴员职业资格证的从业人员占比较大，但是幼儿园教师资格证的考察内容不包含 0~3 岁婴幼儿营养与喂养、睡眠等相关专业知识；在适应产业发展以及市场需求的过程中，育婴员职业资格证的考察重心逐渐向月子中心、家政服务等工作场景倾斜，在知识和技能掌握方面更偏重考察婴幼儿护理及孕产期照护。因此，这两类主流持证人员的知识和技能储备均难以满足当前托育机构保育人员的实际工作需要。在转换这类技能人员时，用人单位需要花费较大的时间和人力资源成本。因缺乏常态化培训机制，部分机构仅简单培训保育人员后便让其直接上岗，安全风险大，严重影响托育行业的社会声誉及认可度，对全市托育机构的规范运营带来不利影响。

调查结果还显示，深圳市托育机构保育人员素养整体得分在 3.3~3.8 分（总分 5 分），处于中等水平。同时，保育人员各方面素养水平发展较不均衡，职业道德素养表现相对较好，然后为生活照料、早期发展支持素养。深圳市托育机构保育人员在以下方面存在不足：疾病预防和安全防护能力最为薄弱，专业反思与规划能力明显不足，与家庭社区合作能力较弱，尤其缺乏沟通与指导能力。数据显示，49.8% 的保育人员反映在婴幼儿意外事故处理方面存在较大困难；52.8% 的保育人员对婴幼儿认知发展特点了解不足；56.3% 的保育人员表示并不了解不同月龄婴幼儿的饮食需求及营养膳食、辅食添加的相关知识与方法；61.1% 的保育人员对国家托育政策不了解，法治意识较为薄弱；50.4% 的保育人员表示尚不具备对托育实践进行反思的能

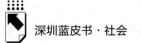

力，难以针对托育服务工作的现实问题进行探索研究。

培训是提升人员专业素养与能力的重要途径。调查发现，97.0%的保育人员参与过专业培训。其中，培养类型以托育机构内部组织的培训居多（75.0%），高校组织的培训最少（12.4%）。培训内容以卫生消毒（74.4%）和安全防护（71.9%）最多，与家庭、社区的沟通合作和专业成长方面的培训相对较少（31.1%）。

调查托育机构保育人员的实际需求是有效开展培训的重要前提。调查显示，目前深圳市托育机构保育人员对培训的期待呈现"多领域，高需求"的特点。保育人员普遍期待获得专业培训，培训内容需求从高到低依次为疾病预防、安全防护、专业成长、职业道德、早期发展支持、与家庭社区合作、生活照料。

保育人员在培训方式、培训时间、培训者方面的需求呈现出多样化的特点。在培训方式方面，69.4%的保育人员最期待线上线下相结合的培训方式，68.3%的保育人员期待能够有外出参观学习的培训机会，57.4%的保育人员期待集中讲授和托育机构内部培训的方式。在培训时间上，55.4%期待每月或每学期定期培训，48.5%希望自主选择培训时间。在培训者方面，78.0%期待本领域专家、教授、高校教师开展的培训，58.5%期待专业培训机构的教师开展的培训，56.5%期待卫生保健专家的培训。

（二）探索建立人才培训课程资源库

基于深圳市托育机构保育人员专业素养现状及培训需求现状，北京师范大学学前教育研究所课题组提出了针对深圳市托育机构保育人员的培训课程建议框架，建议以职业道德、卫生保健、安全防护、生活照料、早期发展支持、活动实施与观察评价、与家庭社区合作、专业成长八大维度作为培训课程框架（见图1），并对每个维度下的关键培训要点做出了详细描述。深圳市幸福健康（集团）有限公司托育课题组基于该建议框架，初步编写了课程资料，并针对深圳市托育机构保育人员制定了总计60课时的培训方案，初步建立了培训课程资源库，为深圳市托育机构保育人员培训的开展提供内容上的有力保障。目前该培训课程已经应用于深圳市托育行业培训、托育企业内部培训等。

图 1　深圳市托育机构保育人员培训课程建议框架

（三）发挥协会凝聚力量，推动行业人才培养

作为深圳市卫生健康委的托育行业发展抓手，协会自成立以来，通过走访、电访、公众号征集等多渠道招募会员，现有会员单位 75 家，包括小马快跑、哈巴谷、菲司迪、豌豆花、婴乐佳、芽咪·格林等业内知名连锁品牌。在推动行业从业者队伍建设方面，协会积极整合业内资源，举办 2021 年第一届托育国际论坛，以课程录播形式在线上举行，线上观看量超过 20 万人；开展深圳市托育机构保育人员培训，培训紧紧围绕《托育机构保育人员培训大纲（试行）》，邀请国内外 12 名行业专家教授相关课程，线上参与人员超 3000 人，有 47 人参与线下培训并通过考核。为解决疫情下托育从业者培训难题，协会面向全行业开通直播课堂及系列公益讲座，包括政策法规解读、标准规范、保教体系研发、机构运营等方面的

十余场专业培训及专家讲座，截至目前已完成累计600名托育从业者职业道德和岗位能力的提升。

（四）探索建立校企合作人才培养模式

2021年，以深业幸福家、小马快跑等为代表的托育品牌，与以深圳职业技术学院等为代表的职业院校积极联动，增进校企双方在托育人才培训课程与实践方面的了解，共同大力推进校企合作。通过职业院校在企业挂牌建立实习基地形式，由职业院校派遣相关专业学生在托育企业内参加实训，同时托育企业派遣内部优秀讲师在职业院校进行授课，共同推动企业高技能人才和职业院校教师双向流动。

四 深圳市托育行业人才培养经验

（一）链接专业化科学化社会资源是重要前提

托育人才队伍培训体系建设"从无到有"，离不开专业化社会资源的支撑，特别是托育从业者职业培训标准、规范及资源库的搭建。协会引导托育行业的优质企业与相关院校积极开展战略合作，有效链接高等院校的丰富学术资源，组建专家智库，实现行业与院校在托育人才队伍建设上的协同互助、联合发力，构建强力的社会资源支撑系统。

（二）组建一支专业讲师队伍是核心任务

托育从业人员培训推动工作需要长期全面的讲师队伍的支撑，应从托育服务指导中心负责人、骨干教师、高校学前教育专业教师等专业人员中，选拔组建一支全方位多层次的培训师资队伍，有序开展能力提升培训，并为不同类型的托育从业人员设置形式多样且有针对性的实操训练课程，加快培训一批师德高尚、热爱儿童、业务精良的高素质托育从业人员，进而有效提升托育行业的服务质量和专业化水平。

（三）搭建智慧化高效化线上平台是强力支撑

在常态化疫情防控的当下，线上线下教学融合模式已是大势所趋。线上平台能够快捷地推动优质培训资源流动，打破时间和空间的限制，使"停工不停学"得以实现。利用智慧化线上平台，开发一批网络线上课堂，探索教学、考核、统计"三位一体"的线上培训模式，可以实现随时学、随地学以及有效学。

B.11
2021年深圳市卫生健康事业
发展状况、问题及趋势

方添栋　陈　瑶　谭洋洋*

摘　要： 2021年以来，深圳深入贯彻落实习近平总书记关于深化医药卫生体制改革的系列重要指示精神，着力统筹抓好疫情防控和卫生健康事业高质量发展，通过加快构建公共卫生体系、完善整合型优质高效医疗服务体系、深入推进公立医院改革和高质量发展、加快推进健康深圳建设，促使卫生健康事业逐步迈向高质量发展新阶段。阻击新冠变异病毒株实现"双战双胜"，未发生医务人员院内感染和医院聚集性疫情；"两融合一协同"的基层医疗集团建设经验成为国家发展改革委向全国推广的深圳先行示范区47条建设经验之一；现代医院管理制度建设获中央深改委肯定，相关经验在中央深改委改革简报和中央政策研究室主办的《学习与研究》杂志上刊发；香港大学深圳医院被纳入委省共建高质量发展试点医院、国家建立健全现代医院管理制度试点医院。2022年，深圳将进一步从严从实抓好常态化疫情防控，聚焦民生关切，加快优质医疗资源扩容；坚持绿色医疗文化，加快公立医院高质量发展；紧盯薄弱环节，加快推进健康深圳建设；强化创新驱动，加快卫生健康改革示范引领；优化支撑保障，加快打造人才、信息、科技创新高地，全面推进居民健康水平进一步提升。

---

* 方添栋，深圳市卫生健康委员会体制改革和基层健康处副处长；陈瑶，深圳市卫生健康委员会体制改革和基层健康处干部；谭洋洋，深圳市卫生健康委员会体制改革和基层健康处干部。

关键词： 公共卫生服务体系　公立医院改革　健康深圳建设

深圳市坚持以习近平新时代中国特色社会主义思想为指导，深入学习贯彻党的十九大以及十九届历次全会精神，以及习近平总书记对广东、深圳工作的重要讲话和重要指示批示精神，采取切实有效的行动和举措，不断完善优质高效医疗卫生服务体系，推动深化医药卫生体制改革工作取得新成绩，"十四五"高质量发展实现良好开局，医疗服务水平显著提高。

一　2021年深圳市卫生健康事业发展状况

截至2021年12月31日，全市共有各类卫生机构5241家。其中，医院145家、公共卫生机构62家、门诊部859家、私人诊所3748家、企事业内部医务室242家、其他卫生机构185家。全市共有在岗卫生工作人员139781人，包括卫生技术人员113284人、其他技术人员9691人、管理人员6313人和工勤人员10493人。常住人口孕产妇死亡率、婴儿死亡率指标持续改善，分别降低至1.91/10万、1.06‰。市民健康素养水平达45.98%，"清华城市健康指数"评价结果显示，深圳为引领型城市，健康服务和健康行为的领先程度突出。

（一）强大的公共卫生体系加快构建

1.抓紧抓实抓细常态化新冠肺炎疫情防控

在完善常态化新冠肺炎疫情防控措施方面，贯彻"外防输入、内防反弹"总策略，落实"动态清零"总方针，坚持人、物、环境同防，严格落实入境人员、国内中高风险来抵深人员隔离医学观察、健康管理、核酸检测措施，落实重点场所风险管控措施，做好重点行业从业人员定期核酸检测工作，筑牢常态化疫情防控网。全面落实院感防控属地责任、主体责任、主管责任，督促各医疗机构严格落实院感防控工作清单100条，推出13项强化院感防控举措，开展常态化医疗机构院感防控分片区指导，未发生医务人员院内感染和医院聚集性疫情。在有序做好新冠肺炎疫情应急处置方面，实现应急响应零迟滞、医疗救治零死亡、院感事件零发生、重点场所零感染、宣传引导零舆情，经验做法获国务院副总理孙春兰、广东省委书记李希等领导的高度肯定。在全面推进大规模人群疫苗接种方面，日最大接种能力达 60 万剂，成为广东省首个疫苗第一剂、第二剂接种人数超千万的城市。

2.加快健全公共卫生应急管理体系

在完善重大疫情防控体制机制方面，贯彻落实《深圳经济特区突发公共卫生事件应急条例》《关于完善重大疫情防控体制机制健全公共卫生应急管理体系的实施意见》，落实属地管理、行业管理、用人单位和企业管理、个人和家庭自我管理"四方责任"，健全及时发现、快速处置、精准管控、有效救治的常态化疫情防控体制机制。在加快提高应急处置能力方面，市、区两级政府立项投资 14 亿元，全面完成全市二、三级医院传染病防控救治设施升级改造。建成两个平急结合大型健康驿站，具备同时隔离医学观察 8500 人的能力。强化市、区核酸检测力量统筹调度，日最大核酸检测能力达到混采混检 715 万份，具备 2 日内完成全员核酸应急筛查能力。全市流调队伍规模达 1135 人，创新应用"五个风险圈层"分类管控举措，迅速搭建基因测序平台，实现 1 小时完成病例核心基本信息建档，6 小时内发布初步流调报告，27 小时内测定病例全基因组序列。本土研发的康泰生物新冠灭活疫苗实现量产，产能达 1 亿剂。

3.改革完善公共卫生服务体系

研究起草《关于构建强大公共卫生体系有关建议》，加强疾控工作力量配备，市疾控中心增加 1 名领导职数，32 名事业编制。基层公共卫生治理能力加快提升，龙岗区率先实现街道级专业公共卫生服务机构全覆盖。推动在全市社康机构加挂"社区疾控中心"牌子，配足配齐社康机构工作人员。开展健康社区创建，发布《智慧健康社区建设规范》，新增健康场所近 200 个，总数达 1400 个。创新基层公共卫生治理体系，开展社区公共卫生委员会建设，赋予其"宣传国家卫生健康政策、普及卫生健康知识、协助居民健康管理、实施重大疫情防控、开展爱国卫生运动、畅通居民诉求渠道"等 6 项职责，实现全市 810 个居委会 100% 设立公共卫生委员会，将公共卫生宣传、发动、服务功能延伸到城市基层治理的末梢。

（二）建立健全整合型优质高效医疗服务体系

1. 完善医疗服务体系顶层设计

以卫生健康事业发展"十四五"规划为抓手，规划布局建设以"市级医疗中心+基层医疗集团"为主体的整合型优质高效医疗服务体系。以市属医院为主体设置市级医疗中心，按照学科分类，承担全市相关学科领域急危重症、疑难病症诊疗服务以及学科建设、人才培养、科学研究、重大疾病防治体系建设等任务。以区属综合医院为牵头单位，联合社区健康服务机构、护理院、康复机构等组建基层医疗集团，主要承担行政区（管理区）或若干街道内的居民健康管理和常见病、多发病、慢性病的诊疗、康复、护理、急诊急救服务。

2. 加强基层医疗集团规范化建设

"两融合一协同"（医院与社康机构融合发展的运行机制、医疗与预防融合发展的学科发展模式、全科与专科协同服务的分级诊疗模式）的基层医疗集团建设经验成为国家发展改革委向全国推广的深圳先行示范区 47 条建设经验之一。夯实基层医疗集团"立地"根基，制定《关于推进基层医疗集团高质量发展的若干措施》，提出 5 大任务 12 项具体举措，为推进基层医疗集团高质量发展提供政策保障。制定《深圳市基层医疗集团建设规范》地方标准，明确基层医疗集团的建设目标、主要功能、组建方式、管理体制、运行机制、服务模式及评价标准。

3. 推进社区健康服务扩容提质

2021 年，全市新增社康机构 91 家，总数达 833 家，其中社区医院 2 家。新增全科医生超过 1500 人，总数近 7000 人，基层健康服务能力不断提升。一是落实《深圳市社区健康服务管理办法》，强化社康机构建设管理责任。将社康机构诊疗量占比、社康机构规划建设完成率、每万人拥有全科医师数、高血压患者规范管理等指标纳入政府绩效考核指标体系，以绩效考核为抓手，全面提升社康机构建设管理工作效能。实施基本公共卫生服务绩效考核、社康机构服务质量星级评价，促进加强质量管理，提升群众满意度。二是修订出台社康机构设置标准。新增社区医院设置类别，推动社区医院、社康中心、社康站多层次、多元化、便民化、特色化发展。将社区医院业务用房建筑面积由国家规定的不少于 3000m^2 标准提升至 4500m^2；将社康中心业务用房建筑面积从原来的一类社康中心不少于 1000m^2、二类社康中心不少于 400m^2 统一提高到不少于 1400m^2；将社康站业务用房面积从不少于 150m^2 调整为不少于 90m^2，支持机关事业企业单位医务室、村卫生室转型为社康站，鼓励在人员密集的工业园区、办公楼宇、商业综合体、大型机关企业事业单位和城中村等开办社康站。三是完善社康机构规划布局。督促各区落实"十四五"社康机构新建、改建、扩建网点规划，确保在常住人口超过 10 万人且辖域内无区级综合医院（含中医院、中西医结合医院）的街道至少设置一家社区医院，常住人口超过 2 万人的社区至少有 1 家社康中心，其他社区至少有 1 家社康站。推动深汕特别合作区 4 家乡镇卫生院全部转型为社区医院。四是提升社区健康服务能力。加强社康机构装备配置，明确社康机构设备配置建议清单，在设置标准基础上，对社康机构装备配置标准进行升级，由各区结合实际需求开展设备配备及更新。加强社康机构用药保障，扩充社康机构药物品种，印发《深圳市社区健康服务机构诊疗常见慢性病用药目录（2021 版）》，社康机构慢性病药品目录在原来 2 种疾病 63 种药品基础上，扩充至 8 种疾病 233 种药品。建立基层医疗集团内部用药衔接机制，推进医院与社康机构药品目录统一化、药品采购和配送一体化，对于用量小的药物，通过预约取药、集团配送、快递到家等方式保障用药供给。

4. 建立健全强基层引导机制

委托第三方开展罗湖医院集团医保基金总额管理评估，制定《紧密型城市医疗集团医保支付方式综合改革实施方案》，进一步优化"总额管理、结余留用"医保基金结算方式，促进基层医疗集团主动"强基层、促健康"。出台

52个门诊特定病种政策，切实减轻市民门诊看病负担，总体待遇保障水平处于全省前列。社康机构门诊补助最低标准提高到40元/人次，人均基本公共卫生服务补助标准提高到134元。在实行"二档/三档参保人绑定社区首诊、一档参保人在社区首诊打七折"政策的基础上，持续完善社康机构医保引导机制，新增慢性阻塞性肺气肿、冠心病、脑血管疾病后遗症等6种疾病患者在社区首诊可享受233种药品打"五折"、签约家庭医生打"两折"的医保用药优惠政策。将针灸、拔罐等71项中医类治疗项目以及中药纳入一档参保人社康"打七折"范围，引导群众优先到基层就诊并使用中医药服务。

（三）多措并举推动公立医院高质量发展

1. 全方位推进公立医院改革

在强化依法治理方面，修订《深圳经济特区医疗条例》，起草公立医院管理办法，依法明确政府办医的权责利以及公立医院的功能定位和职责任务，完善13项现代医院管理核心制度，全面贯彻落实党委领导下的院长负责制，全市70%的公立医院完成章程印发。在推进人事薪酬制度改革方面，印发公立医院党政主要负责人目标年薪制试点方案，由主管部门核定目标年薪、履职目标要求，将年薪与履职考核情况挂钩、与医院的收入脱钩。建设职业化管理队伍，开展公立医院院长及后备人才职业化培训和遴选，落实总会计师制度，提升公立医院精细化管理水平。深入推动绩效考核全覆盖，全面实施各级各类公立医院绩效考核，引导公立医院进一步落实功能定位，推动公立医院在发展方式上由规模扩张型向质量效益型转变。深圳市现代医院管理制度建设[1]得到中央深改委肯定，相关经验在中央深改委改革简报和中央政策研究室主办的《学习与研究》杂志上刊发，省领导批示要总结推广。香港大学深圳医院被纳入委省共建高质量发展试点医院以及国家建立健全现代医院管理制度试点医院；市中医院、市儿童医院入选广东省建立健全现代医院管理制度试点医院。

---

[1] 《深圳全面推进现代医院管理制度建设》，《学习与研究》，第7页。

2.提升公立医院能力水平

以推进高水平医院建设和实施公立医院高质量发展行动计划、三甲医院倍增计划为主要抓手，提升市级医疗中心急危重症救治水平，促进医教研协调发展。省高水平医院新增市中医院、市儿童医院2家，总数达7家。三甲医院新增7家，总数达26家。国家临床重点专科新增2个，总数达16个，其中3个专科进入全国前十。香港大学深圳医院成为国家公立医院高质量发展12家试点医院之一，市第三人民医院首次入选复旦大学中国医院排行榜百强医院。国家三级公立医院绩效考核成绩较上年有所提高，11家医院获评A级以上，占比达到36.7%，高于全国平均水平，其中8家医院进入全国同类医院百强，2家医院进入全国同类医院十强。

3.持续深化"三医联动"改革

在创新医保支付方式改革方面，聚焦临床需要、合理诊疗、适宜技术，全面推进国家区域点数法总额预算和按病种分值付费（DIP）试点工作，稳步推动按疾病诊断相关分组（DRG）付费改革，持续优化按床日、按人头等其他补充付费方式，加快完善康复医疗医保支付政策，促进医生合理诊疗，医保基金使用效能进一步提高。在香港大学深圳医院试点推行全科门诊打包收费，住院按病种打包收费。2021年，医疗服务收入占医疗收入比例达32.52%，药占比下降到22.4%；按病种付费支出的医保基金占住院医保基金支出总额的91.50%。在优化药品供应保障制度方面，深化药品耗材招采制度改革，首次以地区（市）牵头组织跨省联盟带量采购，预计首年可节约采购费用17亿元。落实国家和省组织药品、医用耗材集中带量采购任务，对221种国家谈判药品实施限价挂网采购，累计节省采购金额9.79亿元。

4.持续规范行业综合监管制度

在完善卫生健康法规标准体系方面，用好用足特区立法权，持续健全法规标准体系，推进《深圳经济特区医疗条例》《深圳经济特区中医药条例》修订工作。发布卫生健康地方标准2项，切实提高行业标准化水平。在加大卫生监督执法力度方面，深入开展"民营医院管理年"活动，整顿民营医疗机构违规执业行为，立案处罚案件614宗，罚没款1128.11万元，责令停业整顿16家。持续推进扫黑除恶斗争常态化，累计立案查处4273宗，罚没款7982万元，关停整顿各类医疗机构1042家。在科级赋能卫生监督执法方面，加快建设市医疗机构执业监管平台，深圳卫生监督AI智能人脸识别监管系统项目入选国家卫生健康委规划司"人工智能社会实验"项目，"智慧卫监"新型"互联网+监管"模式获国务院、广东省医改办推广。

（四）强化健康城市建设

1. 健康深圳政策及制度保障持续完善

编制《健康深圳行动计划（2021—2030年）》，推动实施健康知识普及等20个具体行动。出台《深圳市居民健康管理服务协议书（范本）》，制定《居民电子健康档案管理办法》《居民健康管理办法》等规范性文件，加快建立居民健康管理制度。制定居民健康积分管理办法，上线健康积分商城管理系统，推广健康积分应用，积分兑换量同比增长240.1%。2021年市民健康素养水平达45.98%，比2020年提升1.11个百分点。

2. 健康氛围营造成效明显

开展首届深圳健康活动月活动，首次向社会公开发布《居民健康白皮书》，"健康细胞"创建行动加速推进，盐田区成功创建省级健康促进区，福田区、大鹏新区被确定为省级健康促进区项目点。组织开展3轮爱国卫生专项行动，以全省第一的成绩通过省级国家卫生城市复审。

3. 重点人群健康服务不断优化

深入实施民生项目，完成免费乳腺癌筛查28万例、宫颈癌筛查36万例，完成新生儿遗传代谢病筛查16.08万人、听力筛查16.14万人。深入推进健康校园建设，完成10.21万二年级小学生窝沟封闭、160.8万中小学生和25.6万幼儿近视筛查、106万在校学生脊柱侧弯筛查，完成适龄儿童水痘疫苗免费接种34.18万剂次。深入完善"一老一小"照护服务体系，成功创建示范性全国老年友好型社区3个，罗湖区人民医院老年病分院入选首批省医养结合示范机构。出台托育机构设置指南，推动基层医疗集团与托育机构建立对口协作关系，2021 年新增 30 家具有示范效应的普惠性托育机构、街道覆盖率超过 50%，完成 42 所托幼一体化普惠性幼儿园试点建设。

（五）相关重点领域改革取得新进展新成效

1. 综合改革试点事项取得阶段性成效

在推进要素流动规则衔接方面，出台加快推动医疗服务跨境衔接若干措施，提升卫生健康规则"软联通"水平。新冠肺炎疫情期间实施"居粤香港患者复诊支援计划"，缓解 3.2 万名滞留在粤的港人看病难问题，为在深香港同胞累计接种新冠疫苗 12.53 万剂次。通过人才认定、岗位聘用、科研立项等方式，推动港籍医生与内地医生享受同等政策待遇，37 名港籍知名医生获评正高职称，348 名港澳医生获内地医师执业资格。在推进首批综合改革试点任务落地方面，国际版"三甲医院"评审标准获国际医疗质量协会（ISQua）认证，在 3 家医院试点开展国际版三甲医院试评审。深港医学专科培训中心挂牌运行，开展肿瘤科、妇产科、急诊科等 5 个专业专科医生培训，已培训学员 14 名。在国际前沿药械先行先试方面，国家药监局药品医疗器械技术审评检查大湾区分中心、广东省医疗器械审评认证分中心落户深圳，13 种临床急需进口药品和 3 种进口医疗器械获批使用，惠及 12 个省份 300 余人次患者。

2. 中医药传承创新能力不断提升

在巩固提升中医药服务体系方面，制定《深圳市推进国家中医药综合改革试验区建设方案（2021—2025 年）》，持续探索中医药传承创新发展路径。推进市中医院广东省高水平中医院建设，支持其创建国家中医药重点实验室。在提升中医药服务能力方面，深入实施中医治未病健康服务升级工程，推进三甲医院 4A 治未病中心、二甲医院 3A 治未病中心、社康机构治未病工作站建设。制订深圳市基层中医药服务能力提升工程"十四五"行动计划，持续推进社康机构中医药服务"三个100%"，中医药服务进党群服务中心、家庭医生提供中医药服务比例达 50% 以上。在中医医保付费方面，3 家医院试点 23 种中医传统诊疗项目药物打包收费、中医住院综合诊疗服务打包收费等两种模式。

3. 智慧健康服务体系持续健全

在加快推进信息化项目建设方面，深圳市人口健康信息化项目（"12361"工程）完成全部项目的招标采购工作。建成市全民健康信息平台，通过互联互通标准化成熟度四级甲等测评；3 家医院通过医院电子病历系统应用水平 6 级评价、6 家通过 5 级评价、52 家通过 4 级评价；建成互联网医院 38 家。国家疾病预防控制信息化试点建设加快，启动突发公共卫生事件应急管理平台建设。居民电子健康档案达到 1748.30 万份，"社康通"注册用户超过 1100 万人。2021 年，全国卫生健康信息化发展总指数（直辖市、副省级城市及省会城市）结果显示，深圳位居第二。

4. 高质量发展体系持续完善

在医科院筹建方面，印发《深圳医学科学院建设方案》，成立筹建工作推进小组和工作专班，加快搭建医学科学院管理办法、章程等制度框架。医学高等院校加快建设，香港中文大学（深圳）医学院正式成立，首批 31 名临床医学专业医学生正式入读；与香港大学合作设立香港大学深圳校区，前期将成立医学研究院、医学培训学院。在人才队伍建设方面，制定卫生健康系统特聘岗位评聘政策，启动实施卫生健康菁英人才培养计划，分别完成第一批学科带头人、学科骨干、青年医学人才培养选拔 50 人、100 人、200 人；实施医疗卫生"三名工程"，引进高层次医学团队 31 个，累计认定高层次卫生健康人才 1016 人。

二 深圳市医药卫生改革面临的挑战与发展方向

深圳市医药卫生改革在迅速发展的同时，也面临着诸多的挑战。第一，疫情防控形势复杂严峻，国外疫情仍处于较高流行水平，国内疫情呈现多点发生、局部暴发的态势。第二，医疗卫生服务体系整体能力和水平亟待提升。目前深圳市无一家国家医学中心或国家区域医疗中心，缺乏在国内有影响力的龙头医院，优质医疗资源布局方面仍与北京、上海和广州相差较远。引进的国家、省级优质医疗资源及医学院校仍在初步发展阶段，学科建设、人才梯队建设、医教研协调发展积淀不够。社康机构总量不足，面积没有达到国家要求，床位设置功能不完善，难以承接大医院下转的康复、护理等接续性医疗服务。第三，公立医院内涵建设不足。三级公立医院仍保留有大量普通门诊，与基层医疗卫生机构存在一定竞争关系，分级诊疗的工作机制有待进一步强化。"三医联动"有待加强。财政补偿、医保支付、价格制度、人事薪酬和绩效考核等在推动分级诊疗制度建设和公立医院综合改革方面的政策措施，协同性不高，与优质高效整合型医疗卫生服务体系和公立医院高质量发展的任务要求有差距，尚未形成基本医疗卫生的筹资、服务、监管闭环管理。第四，居民健康管理制度尚未建立。目前，对居民个体进行健康教育、健康体检、健康监测、健康咨询、健康评估、健康干预的健康管理全流程服务尚未形成闭环管理，需要加快建立完善以社康机构为平台、全科医生为健康管理责任医师、居民电子健康档案为载体的居民健康管理服务制度，全方位全生命周期保障居民健康。

为进一步解决以上问题，深圳卫生健康领域应紧紧围绕"以人民健康为中心"的理念，从加快推进健康深圳建设，从严从实抓好常态化疫情防控，构建强大公共卫生体系，构建分层分级的医疗服务体系，推动公立医院高质量发展，加快卫生健康改革示范引领，加快打造人才、信息、科技创新高地等方面着手，进一步推动医疗服务优化、医疗保障完善、科教支撑能力提升，进而实现居民健康水平稳步提高。

（一）加快推进健康深圳建设

深入贯彻落实《深圳经济特区健康条例》，健全健康深圳建设组织领导体系和统筹协调机制，开展健康影响评估制度研究，将健康融入所有政策。实施新一轮健康深圳行动计划，整合基本公共卫生服务项目，健全居民健康管理制度和居民电子健康档案管理制度，持续开展爱国卫生运动，办好年度"深圳健康活动月"活动。转变居民体检服务模式，逐步将居民体质测试、心理测试等纳入居民健康体检内容，实现居民健康管理服务从发现健康问题到解决健康问题、评价健康问题解决的效果闭环管理。完善"一老一小"

服务体系，推进市老年医学中心和老年健康指导中心建设，制定三孩生育政策配套实施方案，建立健全促进婴幼儿照护服务发展的政策规范体系，实现普惠性托育机构街道100%覆盖。

（二）从严从实抓好常态化疫情防控

全面落实属地、部门、单位、个人"四方责任"，建成突发公共卫生事件应急指挥系统，持续完善及时发现、快速处置、精准管控、有效救治的常态化疫情防控机制，守好"外严防输入、内严防反弹、严防再输出"严密防线。建立健全风险漏洞排查机制，试点上线智能化多点触发疫情监测预警系统、智能化流调系统，提升公共卫生评估和早期预警能力。实施加强公共卫生应急能力建设三年行动计划，持续加强流调队伍建设和核酸检测能力储备，持续健全以"传染病区域医疗中心+传染病后备医院+发热门诊网络医院"为主体的传染病救治医院网络体系，推动"平急结合"型传染病后备医院的建设，完善综合医院传染病救治设施，推进新冠疫苗常态化接种。

（三）构建强大公共卫生体系

完善重大疫情防控体制机制，健全高效融合、反应灵敏、决策科学的指挥体系和重大风险研判、评估、决策、防控协同机制。优化完善疾病预防控制机构职能设置，强化市、区、街道、社区四级医疗机构疾病防控职责，完善疾病监测与卫生监督闭环，构建上下协同、防治结合、运行高效、专业有力的"大疾控"体系。夯实基层医疗卫生机构网底，指定社康机构承担街道、社区疾病预防控制职能。推进疾控机构财政保障、人事薪酬分配制度改革，激活疾控机构发展活力。完善社区公共卫生委员会与社康机构、专业公共卫生机构群防群控、专群结合的联动机制。推动重点行业以及规模以上企业成立公共卫生委员会。

（四）构建分层分级的医疗服务体系

优化医疗资源布局，重点加强康复、精神、儿科等专科医疗资源布局，完善接续性医疗服务体系,大力发展社区医院、家庭病床服务。促进传染病、呼吸、精神、妇产科、儿科、神经、生殖等专科领域的市级医疗中心学科规划发展,全面提升市级医疗中心综合实力和服务能力。完善医院—社康机构一体化运营的基层医疗集团基本模式,落实基层医疗集团网格化布局任务,在全市推广"两融合一协同"试点经验。推动各区政府出台本辖区社康机构设置规划,落实各区政府、街道办事处社康机构业务用房保障属地责任。

(五)推动公立医院高质量发展

出台关于推进公立医院高质量发展的实施意见、香港大学深圳医院建设公立医院高质量发展试点工作的实施方案,实施公立医院高质量发展促进行动,形成一批公立医院高质量发展的示范项目。出台公立医院管理办法,完善核心管理制度,推进公立医院依法治理。持续推进高水平医院建设,实施重点学科群建设强化行动。优化财政补助结构,以财政补助重点保障医院基本建设、学科建设、人才培养、科研教学、公共卫生、居民健康管理服务和中医药事业的发展。加快出台人事薪酬制度改革配套文件,全面推行公立医院主要负责人目标年薪制。完善医院财务、资产管理制度,加强医疗服务成本和费用控制。

(六)加快卫生健康改革示范引领

大力推广三明市医改经验,深化"三医联动"改革,推进按疾病诊断相关分组付费、按病种分值付费试点。健全医疗服务价格动态调整机制,优化新增价格项目管理,促进医疗技术创新发展和临床应用。加大力度推进国家、省、市药品耗材集中带量采购和使用工作,落实医保资金结余留用政策。成立政府卫生健康投入政策改革工作专班,建立健全有利于推动卫生健康事业高质量发展的政府卫生健康投入机制。推进卫生健康治理体系和治理水平现代化,完成《深圳经济特区中医药条例》等法律法规的修订。深入实施综合授权改革试点,积极谋划第二批综合授权改革事项,加快构建与国际通行规则相衔接的医疗服务体系。

（七）加快打造人才、信息、科技创新高地

实施卫生健康精英人才培养计划，选拔培养学科带头人、学科骨干、青年医学人才，精准引进高层次医学团队，探索开展公共卫生首席专家及后备人才培养机制。深化智慧健康服务体系建设，做实"12361"工程和"健康云"项目，升级社区健康服务信息系统为市民健康管理服务基础平台，推进电子病历、智慧服务、智慧管理"三位一体"的智慧医院建设。加快完善医学科技创新体系，探索出台研究型医院建设标准，推进深圳医学科学院筹建和香港大学（深圳）医学院建设，推动国家感染性疾病临床医学研究中心建设感染性疾病共享信息化平台和科研协作平台，支持国家恶性肿瘤临床医学研究中心南方分中心建设肿瘤生物样本库、肿瘤数据中心。

B.12
2021年深圳市公共交通服务发展报告

徐　炜　张永平　胡春雷　姜　威　曾　浩　杨启慧　袁迎胜*

摘　要： 本报告总结了 2021 年深圳市公共交通服务的发展状况，从安全
生产、疫情防控、服务质量提升、智能化建设、行业转型发展等
方面对深圳市公共交通服务发展形势进行了分析，并提出了常抓
不懈落实行业安全防疫稳控工作、持续提升常规公交竞争力和吸
引力、加快推动道路客运行业转型升级、促进出租车行业健康可
持续发展、深化公共交通智能化建设等 2022 年公共交通服务发
展提升建议。

关键词： 深圳市　公共交通　疫情防控

2021 年，深圳市交通运输局以习近平新时代中国特色社会主义思想为
指导，全面贯彻落实习近平总书记系列重要讲话以及对广东、深圳重要指示
批示精神，围绕新时期公共交通发展的新挑战、新机遇、新使命，全面贯彻
落实市委市政府决策部署，统筹推进疫情防控与公共交通高质量发展，使得
全市公共交通呈稳定发展态势，安全防疫、民生服务、智能党建等各项工作
取得明显成效。

* 徐炜，深圳市交通运输局副局长；张永平，深圳市交通运输局公共交通管理局局长；胡春
雷，深圳市交通运输局公共交通管理局二级调研员；姜威，深圳市交通运输局公共交通管理
局副局长；曾浩，深圳市交通运输局公共交通管理局副局长；杨启慧，深圳市交通运输局公
共交通管理局副局长；袁迎胜，深圳市交通运输局轨道运营处四级调研员。

一 2021年深圳市公共交通服务发展状况

2021年，全市公共交通客运总量约36.52亿人次，其中，轨道交通全年共运输乘客21.86亿人次，公交客流量达10.9亿人次，出租车客流量达3.31亿人次，道路客运共发送旅客4440.98万人次。高峰时段全市公共交通机动化出行分担率达57.7%，公交站点500米覆盖率达100%。

（一）轨道交通

2021年，深圳市轨道交通运营线路12条，运营里程431公里（含有轨电车），地铁和有轨电车总客运量达21.85亿人次，日均客运量598.71万人次，同比增长33.7%，约占公共交通客运总量的60%。地铁单日客运量的最高纪录出现在2021年12月31日，达842.23万人次。全年列车运行图兑现率达99.99%、准点率达99.98%，列车服务可靠度达1524万车公里。全市轨道交通运营服务水平迈上新的台阶。

（二）公交客运

深圳市共有3家公交特许经营企业（巴士集团、东部公交、西部公汽），3家公交非特许经营企业。公交车16222辆（其中，巴士集团5579辆，东部公交5516辆，西部公汽4926辆，公交非特许经营企业201辆）。公交线路924条（其中，巴士集团317条，东部公交286条，西部公汽314条，公交非特许经营企业7条），运营线路总长度达2.10万公里。公交专用道共1075车道公里，公交站点500米覆盖率达100%，公交从业人员43696人。2021年1~12月，公交客流量达10.9亿人次，同比上升3.44%，日均客流量298.6万人次。

（三）出租客运

巡游车方面，深圳市共有巡游车企业64家，均为经营纯电动出租车企业。巡游车行业从业人员 37909 人。全市巡游车 21127 辆,均为纯电动出租车。2021 年 1~12 月,出租车总客流量达 3.31 亿人次,同比上升1.45%;日均客流量 90.78 万人次,日均营业次数 29.59 次/车。网约车方面,深圳市共有首汽约车、神州专车、滴滴出行、飞嘀打车、斑马快跑、AA 租车、曹操专车、万顺叫车、全民用车、神马出行、伙力专车、阳光出行、中交出行、吉汽出行、900 游、网路出行、双创便民、合易接送、悦道用车、T3 出行、及时用车、如祺出行、妥妥 E 行、享道出行、美团打车、哈拜出行、量子出行、中军安全出行、去哪儿专车等 29 家平台取得深圳市网络预约出租汽车经营许可证。已核发车辆运输证 79821 张、驾驶员证 197044 张。

(四)道路客运

深圳市共有注册道路客运企业 120 家,其中班车客运企业 25 家,旅游包车企业 120 家(有 25 家企业同时经营班车客运、旅游包车)。共有道路客运车辆 5338 辆(新能源车 1635 辆)。全市共有客运站 26 个,共开设长途客运班线 133 条,其中跨省 76 条、跨市 57 条。2021 年 1~12 月,深圳市客运量 4440.98 万人次,同比下降 13.01%,旅客周转量 30.93 亿人公里,同比下降 47.90%。

二 深圳市公共交通服务发展面临的形势与挑战

(一)安全防疫稳控风险较高

公共交通行业安全生产依然存在诸多不足。行业安全监管工作有缺失,企业主体责任落实不到位,驾驶员不安全驾驶行为时有发生,道路通行环境日趋复杂。

行业从业人员体量大、流动性强,点多线长面广,车站防控、全员核酸检测、入境人员转运等任务重、压力大。

巡游出租车涉法涉诉企业历史遗留问题依然存在，受疫情影响驾驶员营收明显下降，网约车平台涉稳纠纷时有发生，行业依然存在不稳定风险。

（二）常规公交吸引力竞争力有待增强

公交场站供需矛盾突出、接驳设施建设难、公交专用道不连续，路权保障不足，诸多因素制约了公交线网的构建；公交都市建设还需要进一步深化，公共交通机动化出行分担率还有一定提升空间，轨道公交融合深度不够，公共交通整体竞争力不足；市民群众对公共交通服务质量的要求不断提高。

（三）道路客运发展瓶颈进一步凸显

受高铁、网约车、顺风车、疫情影响，道路客运客流量呈断崖式降低，行业整体萎缩，企业经营艰难；800公里以上跨省班线车辆仍较多，客运车辆老龄化严重，安全风险高。

（四）出租车协调可持续发展仍需要推进

巡游车企业依然"多、散、小、弱"，规模企业数量少，经营模式单一，行业缺乏内生发展动力；甩客、拒载等投诉时有发生，出租车窗口服务形象有待提升。租赁车行业管理处于起步阶段，法律法规不健全。网约车合规化缺乏有效抓手，进度缓慢，合规化工作需攻坚推进。

三　2022年促进深圳市公共交通服务发展建议

（一）常抓不懈落实行业安全防疫稳控工作

1.纵深推进行业安全生产攻坚

（1）抓事故预防。一是深入开展行业安全风险分级管控和隐患排查治理双重预防工作。系统防范化解"人、车、环、企"道路交通安全风险。

重点开展新能源车辆及充电桩安全风险评估，落实防范工作措施。二是持续督促企业加强安全隐患"一线三排"。把隐患当事故查，推动事故隐患"减增量、去存量"。

（2）抓教育严管。一是开展线上线下教育培训活动。确保企业主要负责人、安全监管人员、事故责任人员、营运驾驶员100%接受安全教育。创新安全宣教形式，送安全进企业、进车队，落地到驾驶员队伍，打通安全宣传教育最后一公里。二是深入开展安全生产专项整治三年行动。强化安全执法检查，综合运用两法衔接、联动执法、顶格处罚、失信惩戒、公开曝光等手段，依法严惩违法违规行为。推进安全生产责任保险全覆盖，压实企业主体责任。

（3）抓科技应急。一是推广新技术、新设备应用，安装智能视频监控报警设备、360度全景影像系统、转向行人监测与预警系统、盲区监测预警系统，提升车辆本质安全水平。二是推动企业引进第三方专业机构，依托一体化综合监控平台，提升企业安全专业化管理水平。三是完善行业突发事件应急预案。定期组织开展疫情防控、车辆碰撞、充电燃烧、恶劣天气等突发事件的应急演练，提升应急处置能力，落实应急值班值守制度。

2. 常态化抓好疫情防控

严格按照上级疫情防控指南最新要求，落实旅客进站测温、查验健康码、佩戴口罩"三个100%"及交通运输工具、场站消毒、通风、人员防护等工作。落实从业人员核酸检测及新冠疫苗接种工作，建立行业免疫屏障。深入开展"走流程"督查检查，将检查落实到一线车队、驾驶员。

严密做好入境人员转运工作。优化运力，组织开展检查，加强对运输企业的指导与监督，确保"零事故、零感染、零投诉"。

3. 全力保障行业和谐稳定

强化行业风险排查和管控，稳步化解矛盾纠纷。一是深入摸排行业不稳定苗头因素，及时化解风险，确保行业平稳运行；二是高度关注巡游车企业涉法涉稳案件，加强与市委政法委、法院、公安等部门的沟通协调，积极引导驾驶员通过法律途径解决纠纷矛盾，平稳解决行业历史遗留涉稳问题。

（二）持续提升常规公交竞争力和吸引力

1.完善行业标准政策机制，巩固公交都市建设成效

优化完善现行财政补贴政策，加大公交绩效指标挂钩力度，进一步提升财政补贴资金效益。开展《车辆通用技术标准》《深圳市公共汽车车厢营运服务标识设置指引》修编。落实市政府决策部署，配合市国资委共同推动公交行业体制机制改革工作。以问题为导向，制定实施《深圳市建设更高水准国家公交都市示范城市三年行动方案（2021—2023）》，持续开展公交都市动态评估，提高绿色出行分担率，推动公交优先发展，提升公交整体竞争力。

2.重构公交线网，加强轨道公交双网融合

提升公交线网整体效能。优化调整线路85条以上。重点做好莲塘口岸、国际会展中心等出行热点片区公交服务改善工作。试点公交线路准点服务。选取80条以上公交线路推出公交准点服务，力争准点服务率达95%以上。创建品质服务线路。培育高品质骨干线路，力争企业自主类线路客运量占比由10%提升至30%以上。丰富公交服务品种。继续开通跨市公交、Maas联程服务、通学巴士、旅游观光等多品种服务线路，力争多品种服务线路达700条以上。

加强轨道公交双网融合。结合轨道20、12、14、16号线路的开通，取消同质化低效线路；协调完善轨道公交换乘导向标识；完善"公交+轨道"换乘语音播报服务，推动轨道公交一次换乘可达建成区的比例提升至92%、高峰期公共交通机动化出行分担率达58%。

3.完善公交基础设施，加强公交候车亭建设

落实民生实事，标准化改造公交候车亭100座以上。实施新一轮公交候车亭管养模式，优化设计公交候车亭样式，出台公交候车亭建设标准指引，

进一步优化公交站牌信息及乘车指引。推广建设智能公交候车亭，制定新款公交候车亭三年推广方案，提升候车亭服务品质。

协调推进国有建设用地、桥下空间等利用工作，新增临时公交首末站10处以上，进一步缓解场站缺口压力。

4.依托公交服务"晴雨表"，剖析解决行业发展痛难点

依托公交大数据，构建服务体验、运营效率、行业治理、设施支撑等系列服务指数体系，形成并定期发布新一轮公共交通服务指数。通过公共交通服务指数，全面客观掌握公交服务供给水平，透视行业发展短板，聚焦行业需努力改进的方向。

会同相关部门，充分研究市民、企业、代表委员等意见，科学优化公交专用道网络，创新公交专用道管理措施，确保公交专用道便民利民、高效运转。

（三）加快推动道路客运行业转型升级

加快推动招呼站建设工作。探索发挥公交场站资源优势，融合招呼站服务功能，满足乘客便捷化交通需求。持续推进道路客运车辆小型化。争取政策支持，投放小型化道路客运车辆100辆以上。推动道路客运网络平台备案工作。鼓励道路客运平台化运作，促进传统道路客运定制化、网络化运行。落实直通港澳道路旅客运输经营（客运）新任务。研究解决目前市内包车合同备案管理对行业发展的制约问题，探索推动市内包车与公交服务融合发展。出台激励措施，鼓励、引导800公里以上客运班线逐步退出道路客运市场，采取有效手段，规范企业合作经营管理，严肃整治GPS管理失位行为。

（四）促进出租车行业健康可持续发展

1.持续提升巡游车监管服务水平

制定出台《深圳经济特区出租小汽车管理条例》配套政策措施。通过经营权激励措施，稳步推进企业规模化经营。丰富多层次服务品种。结合运价优化改革，试点推出商务型、高端型巡游车50辆，为乘客提供个性化、差异化出行服务；落地实施巡游车拼车服务。推广巡游车"老年人一键叫

车"服务达5个社区，便利老年人乘车。完善网约车平台"老人便捷打车"功能。

2. 推进网约车合规化、规范化管理

一是建立网信、公安、市场监管等多部门联合监管工作机制，制定合规化推进时间表，发布平台合规化进度排名，确保网约车合规化比例达95%以上。二是简化和畅通网络预约出租车辆营运证、出租汽车驾驶员证（双证）许可办理条件及渠道。升级考试系统功能，优化约考流程，提高考试工作效率。三是开展网约车规模调控管理研究。分析城市特点、市场供求、经济发展、里程利用率等因素，出台规模调控措施，确保市场运力合理，使巡游网约平衡共存、和谐发展。

3. 做好汽车租赁行业管理工作

一是加快推进汽车租赁备案工作，摸清深圳市租赁车行业底数；建立科学合理的汽车租赁服务质量评价指标体系，促进行业健康发展。二是依托深圳市交通运输一体化智慧平台，建设租赁业务监管系统，促进行业监管更规范、更高效。

（五）深化公共交通智能化建设

依托深圳市交通运输一体化智慧平台，打造融合公交、道路客运、出租车监管功能的"1+3"综合监管平台，督促行业企业及时处理交通违法、营运违章等行为，压实企业安全生产、质量服务主体责任。

（六）促进党建业务双提升

一是加强行业基层党组织建设。深化网约车新业态党建工作，鼓励长期在深的流动驾驶员党员加入党组织，加快平台党组织建设。充分发挥基层党组织战斗堡垒作用和党员先锋模范作用，扎实开展为民办实事活动，做好春运、五一、国庆等节假日以及"中、高考"公交保障服务工作。

二是开展多样化党组织活动。落实"三会一课"，坚持第一议题学习制度。通过线下"司机之家"党群基地、线上"智慧党建"小程序，丰富党

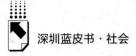

组织生活内容形式，凝聚党员队伍向心力。

三是推广建设政企共建党群基地。在深康"司机之家"建设经验的基础上，推动各区试点建设"1+N"个集宣传、教育、学习、休息于一体的"司机之家"，为行业驾驶员提供有温度的暖心服务。

四是夯实公共交通宣传工作。打造深圳市公共交通管理局微信公众号全新 IP，加强与市民互动，拍摄公交客运行业宣传视频，树立行业正面形象。建立行业监督员及信息员制度。充分利用候车亭、场站、车辆等阵地，加强公交出行宣传周、文明城市创建、安全生产月等主题宣传，唱响公共交通"好声音"。

B.13

2021年深圳市公共文体服务发展报告

高小军*

摘　要： 本报告重点阐述了 2021~2022 年深圳全市公共文体服务发展的基本状况及深圳在城市重大文体设施建设、新型公共文体空间探索、以数字化引领公共文体重大改革、公共文体服务创新改革全国示范等领域呈现的主要亮点，并从重构公共文体赋能城市发展理念、建设新型公共文体空间体系、推动公共文体深度数字化变革等方面就推动深圳公共文体服务高质量发展提出趋势展望与对策建议。

关键词： 深圳市　公共文体服务　创新机制

2021 年是"十四五"开局之年，也是我国开启全面建设社会主义现代化国家新征程、向第二个百年奋斗目标进军的第一年。2021 年，深圳市公共文体服务发展紧紧以推动公共文化服务高质量发展和建设更高水平全民健身公共服务体系为核心目标，以谋划实施系列重大工程、重大政策、重大举措为核心任务，通过高起点推进重大公共文体设施建设，高质量谋划新型公共文体空间布局，高品质推动公共文体服务业态供给，高标准建设国家体育消费试点城市等重大创新改革工作，进一步发挥深圳在全国公共文体服务改革发展中的先行探索与示范引领价值。

---

* 高小军，深圳市文化广电旅游体育研究中心副研究员。

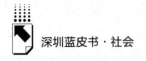
一　2021年深圳市公共文体服务发展基本状况

从年度公共文体服务统计数据来看，公共文化方面，2021年，全市拥有公共图书馆（室）710家，馆舍总面积约41.35万平方米，其中，市级公共图书馆3家、区级公共图书馆9家、街道及以下基层图书馆（室）698家。登记在册博物馆57家（深圳博物馆被评为国家一级博物馆），其中，国有博物馆15家、非国有博物馆42家。市级以上国有美术馆（院）6家，区级国有美术馆（院）7家，民营美术馆（院）22家。全市文化馆（站）84个，总面积约45.53万平方米。

全民健身公共服务方面，全市拥有3000座以上大型体育设施13个，其中市级3个、区级8个、学校类2个。全市建成各类体育设施共22093个，建成健身路径3895套，市级国民体质测定与运动健身指导站1个，区级国民体质测定与运动健身指导站7个。国民体质监测工作走在全国前列，市民体质合格率超过90%。全市业余训练市级单位3个、区级单位9个、业余训练网点学校197所。业余训练注册运动员人数44138人，二级运动员374人，二级裁判员439人。

二　2021~2022年深圳公共文体服务发展的主要亮点

（一）城市重大文体设施建设加速

一是以深圳歌剧院等为代表的"新时代十大文化设施"建设进程进一步加速。"新时代十大文体设施"项目土地整备与建筑方案设计国际竞赛或招标全部完成。国深博物馆、深圳书城湾区城等项目开工建设。美术馆新馆、科技馆新馆等项目顺利推进。

二是以深圳市文化馆新馆、第二图书馆及深圳市体育中心等为代表的"十三五"重点文体设施建设改造项目即将完成。

三是南山区文化馆（新馆）、光明文化艺术中心、福田海滨生态体育公园等一批区级地标性重大文体设施建成开放。

（二）初步探索打造新型公共文体空间

2021年3月，文化和旅游部、国家发展改革委、财政部联合印发的《关于推动公共文化服务高质量发展的意见》明确提出："鼓励将符合条件的新型公共文化空间作为公共图书馆、文化馆分馆。积极推进社区文化'嵌入式'服务，将文化创意融入社区生活场景，提高环境的美观性和服务的便捷性。"2022年3月，中共中央办公厅、国务院办公厅印发《关于构建更高水平的全民健身公共服务体系的意见》，明确提出"打造绿色便捷的全民健身新载体""拓展全民健身新空间"的重要任务。在此背景下，推动新型公共文体空间建设成为推动公共文化服务高质量发展和构建高水平全民健身公共服务体系的重要任务。

在此背景下，一是以"悠·图书馆""智慧书房""南山书房""荷合书院"等为代表的一批嵌入式、融合型"城市书房"成为新时代推动拓展城市公共图书馆空间服务模式的重要代表，"图书馆+公园""图书馆+旅游""图书馆+特色产业"等融合发展路径，也为探索深圳高品质公共文化服务嵌入城市生产、生态、生活空间，连接和赋能城市产业、消费、生态提供了实践路径。二是以大鹏所城、南头古城为代表的首批10个"深圳特色文化街区"全部完成提升改造并挂牌，以"大鹏自然书房""南头古城博物馆"等为代表的城市书房、书吧、博物馆嵌入文化街区，成为提供高品质公共文化产品服务的重要载体，也成为文化产业与文化事业贯通发展、激发和提升文化消费品质的新型公共空间。三是深圳以建设国家体育消费试点城市为引领，大力推动都市型、楼宇型运动场地建设，全力打造全民健身新空间和体育消费新载体。如福田区建成全国首个水质净化厂屋顶上盖"足球主题生态体育公园"。通过开展城市社区足球场地设施建设试点，探索采用3种模式建成21块具有示范意义的新型城市社区足球场地设施。通过评选"深圳十佳健身步道"，完善市民身边的健身公共服务体系。

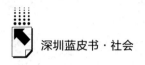

（三）以数字化引领公共文体服务重大改革

一是公共体育设施运营管理改革获得重大创新突破。2021年，全市中小学生公共体育场馆依托"i深圳"App平台实现"开放共享、一键预约"功能，基本实现全市体育场馆设施共享运营、一网统管，实现学校和社会体育空间设施资源双向开放，极大地提升了全市公共体育设施的利用率和服务效能，为进一步探索全市公共文体设施运营服务一体化提供了重要借鉴和先行示范。深圳公共体育服务"一键预约，一网统管"改革获得中央改革办推广，成为创新公共体育设施运营改革的重要模式。

二是深圳少年儿童图书馆探索"共享图书"服务模式。2021年，深圳少年儿童图书馆"共享图书"服务模式在河源、龙华、深汕特别合作区等地的中小学图书馆实现规模化应用，初步实现深圳少年儿童图书馆与全市部分中小学校图书馆图书资源、阅读服务等共建共享、精准供给匹配，在全国率先推动"共享经济"在统筹公共文化与教育融合发展领域的创新探索。

（四）公共文体服务创新改革全国示范领先

一是图书馆总分馆制建设形成引领示范效应。深圳"图书馆之城"建设入选国家发改委《深圳经济特区创新举措和经验做法清单》。宝安区、龙岗区、盐田区率先实现区、街道、社区图书馆人财物垂直管理、统一服务。"福田区图书馆+学校阅读计划"获评2020年广东省公共文化服务体系建设优秀案例。盐田区"智慧图书馆"成功创建国家公共文化服务体系示范项目。坪山区图书馆获国际图联2021年"绿色图书馆奖"。

二是文化馆总分馆体系建设成效显著。2021年，龙岗区初步建成"1+11+111"的文化馆总分馆体系，龙岗区构建城市公共文化服务体系案例入选《深圳贯彻落实习近平新时代中国特色社会主义思想、推进粤港澳大湾区和中国特色社会主义先行示范区建设实践案例》。

三是社会力量参与公共文化服务机制走向深入。法人治理结构改革深入推进，全市各区级公共文化机构理事会基本建立组织架构和运作机制。南山区街道综合性文化中心通过政府购买服务方式实现整体运营服务由社会力量承接。龙岗区通过引入专业化公共图书馆服务运营商，与高科技产业园区联动共建以科技和艺术为主题的图书馆分馆。

四是体育类社会组织管理日益规范化、制度化。基本建成"市、区、街道、社区"四级社会体育指导员公益服务网络，全市661个社区实现服务点全覆盖。全年组织开展公益健身指导服务超过1万小时，举办各类健身讲座300多场，累计完成体质测定与运动健身指导服务5万余人次。

三 推动深圳公共文体服务高质量发展趋势展望与政策建议

"十四五"时期是我国开启全面建设社会主义现代化国家新征程的第一个五年，是深圳实现建设中国特色社会主义先行示范区第一阶段发展目标的五年。习近平总书记出席深圳经济特区建立40周年庆祝大会并发表重要讲话，为深圳建设中国特色社会主义先行示范区指明了方向，为深圳未来发展创造了重大历史机遇。深圳市第七次党代会提出要加快建设区域文化中心城市和彰显国家文化软实力的现代文明之城，并提出了推动城市文明程度新提升、打造公共文化服务新品牌等推动公共文体服务高质量发展的具体举措。

（一）重构公共文体赋能城市发展理念

在构建双循环新发展格局背景下，在全球新冠肺炎疫情常态化和国内外政治经济局势冲击下，从国家层面先后出台推动公共文化服务高质量发展和构建更高水平的全民健身公共服务体系，以及关于激发和扩大文化体育消费文件的精神来看，进一步推动公共文体服务与文化体育产业贯通发展，进一步推动公共文体服务激发和赋能文化体育消费都将成为重要发展趋势与发展导向。因此，在此背景下，深圳作为引领全国公共文体服务改革的探索者与先行者，理应在新时代背景下，重构公共文体服务赋能城市全域发展的新理念，结合建设新型公共文体空间和新型文体业态的国家公共文体改革任务，以"新时代十大文化设施"和新型公共文体空间建设为契机，推动文体服务赋能城市生态、生产、生活和消费场景，引领建设一批公共文体服务新地标，培育一批公共文体服务新业态，打造一批公共文体服务新产品和新品牌。

（二）建设新型公共文体空间体系

结合城市发展定位和广大群众对文化健身休闲的新需求、新期待，一是规划建设一批与城市经济发展相匹配、能更好满足群众美好生活向往的，实用型便利型、功能丰富的高质量地标性文体设施。重点打造深圳歌剧院、改革开放展览馆等具有国际一流水平、代表城市形象、彰显城市特质的地标性"新时代十大文化设施"。二是积极探索城市大型文体场馆运营管理机制，以推动公共文体服务高品质供给、文体产业消费高层次协同、文体旅商深度融合为目标，探索兼顾财政投入与效益产出、统筹社会效益与经济效益的创新型运营机制，提升管理效益和服务质量。三是推动其他市级重大文体设施建设改造，推动新一批特色较为明显、文化内涵丰富的文化街区进行提升改造，并开展评估授牌、集中宣传，完善与重大文化设施相呼应的城市文化群落，实现公共文体服务高品质供给与文化消费新业态培育的协同。四是加强公共文化机构融合发展，实现文化资源的有效联动共享，探索"文化+公园""文化+学校""文化+企业"等新模式，不断优化市民文化体验。支持各区结合自身优势，尤其是盐田区、大鹏新区等结合自身山海景观、旅游资源丰富的特色，推出更多颜值高、品质好、服务优的公共文化设施。四是打造新型文化空间品牌，规划新建超 30 个文化特色鲜明、服务手段先进的高品质新型文化空间，打造市民群众想来爱来的"文化社交中心"。

（三）推动公共文体服务数字化转型

一是推动公共文体设施"开放共享、一键预约"全覆盖。充分利用深圳市高科技发达和数字技术领先的优势，将移动互联网、物联网控制、大数据分析等技术应用于公共文体服务，推动数字文化建设，推动全市公共文体场馆实现无人值守、线上预约、活动直播等，不断完善"一网统管、一体统筹、一键预约"平台，新增图书馆、文化馆、美术馆、博物馆等公共文化场馆资源，持续吸引全市各类型文化体育场馆接入平台，赋能公共文体智慧服务，实现全市文体资源全面开放共享。

二是积极引导社会力量参与公共文体服务建设，探索"共享经济""平台经济"在调动社会力量参与公共文体服务供给、创新公共文体服务产品领域的应用。进一步梳理总结体育场馆"一网统筹"和深圳少年儿童图书馆"共享图书"相关模式探索经验，持续推动"学校文体场馆向社会开放、社会文体场馆向学校开放"的双向开放模式，使政府力量和社会力量形成合力，在财政"紧约束"背景下，共建共享城市公共文体资源，提升城市公共文体服务供给效能，打造新型城市公共文体服务品牌。

三是强化"公共文体+"智慧服务。持续优化"图书馆之城"统一服务平台，深化"深圳市文化馆云"平台互联互通，推广公共图书馆智慧服务、智慧书房等地方标准，鼓励支持各区打造一批科技赋能的"智慧书房"。加快博物馆藏品数字化、展览陈列可视化。推动智慧体育场馆建设，提升实时监测、科学引导、智慧安保和智慧服务能力；在全市推广建设一批智能健身设施；促进大数据、云计算、AR、VR等新技术在体育产业的应用创新。大力发展云展览、云阅读、云视听，持续开展云赏音乐季、线上运动月等品牌活动，鼓励推出更多线上音乐会、书画展，丰富完善城市旅游慢直播，让市民更好地"云上"玩转深圳。

（四）构建城市公共文体品牌体系

一是结合"双区"建设部署，创新举办更多具有中华文化特色、深圳城市特色和国际影响力的新型文化活动和体育赛事，持续打造城市文化新品牌，丰富完善"城市文化菜单"。实施新时代文艺发展工程，完善文艺精品创作生产机制，深入实施文艺名家推广计划，吸纳汇聚国内外德艺双馨的名家大师，在音乐、影视、舞台剧、美术等领域创作出一批思想精深、艺术精湛、制作精良且具有国际影响力的精品力作。

二是坚持把社会效益放在首位，社会效益和经济效益相统一，以建设国家全域旅游示范区和国家体育消费试点城市为契机，打通文体产业与文体服务相关规划和政策，在文体旅商融合发展中嵌入新型公共文体服务和业态，适应以国内大循环为主体、国内国际双循环相互促进的新发展格局，推动培育一批兼具文体消费与文体服务示范效用的新项目、新品牌。

（五）推动公共文体服务深度改革

一是探索城市社区文体空间改革，赋能城市全域发展。推动各区盘活文体场地、设施、器材等要素资源，支持群众以自创自办、自编自演等方式开展基层文体活动，推动文体活动进商圈、进校园、进公园、进街区、进企业。

二是促进文体旅深度融合。探索成立文化旅游投资管理公司，支持旅游企业产品创新和项目升级，将文化内容、文化符号、文化故事融入景区景点，打造主题性强、有特色的文化旅游产品；发挥中超联赛、CBA联赛、深圳马拉松等重点体育赛事的辐射效应。

三是健全公共服务政策体系。大力引进专业人才。用足用好文化体育领域特聘岗位评聘、基础类艺术体育人才"绿色通道"等政策，引进一批领军型人才和高水平职业运动员。

B.14
2021年深圳市残疾人康复事业发展状况与展望

何义林 刘仁吉 刘庚东*

摘　要： 尊重和保障残疾人的权益和尊严，是中国特色社会主义制度的必然要求。"康复"对残疾人来说至关重要，是他们融入社会的第一步，也是最重要的一步，更是他们改变自己的最强烈期待。2020~2021年，深圳市以"人人享有康复服务"为目标，着力推动残疾人康复服务工作高质量发展，在相关政策法规、服务体系、服务项目监管及服务社会化等方面均实现了"提质增效"，实现户籍残疾人康复服务100%覆盖，康复服务质量和精准度不断提高，广大残疾人获得感、幸福感、安全感不断提升。

关键词： 残疾人　康复服务　深圳市

作为残疾人融入社会的重要前提和基础，残疾人康复既是整个残疾人服务体系的重要内容，也是我国实现高质量发展的重要内容。残疾人康复就是通过综合运用医疗、心理、培训和教育等各种措施，最大限度地帮助残疾人的身体或精神恢复到健康或有用的状态，促进他们在身心、社会生活、教育就业等方面能力的提升，使他们实现适应周围环境并最终融入社会的目的。

---

* 何义林，深圳市残疾人综合服务中心副主任；刘仁吉，深圳市特殊儿童早期干预中心副主任；刘庚东，深圳市残疾人联合会康复就业部三级主任科员。

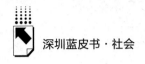

一 深圳市残疾人及康复服务机构情况

截至 2021 年 12 月，全市共有户籍持证残疾人 38053 人。残疾人康复服务机构主要由残疾儿童康复服务定点机构（以下简称"定点机构"）、残疾人街道综合（职业）康复服务中心（以下简称"职康中心"）以及承接各级残联残疾人康复服务项目的其他社会组织构成，其中定点机构 172 个，职康中心 75 个。

（一）深圳市残疾人情况

按照国家残疾评定标准，残疾分为视力、听力、言语、肢体、智力、精神以及多重残疾等。截至 2021 年 12 月，深圳市户籍持证残疾人按类别统计，36.17% 为肢体残疾，26.61% 为精神残疾，11.49% 为智力残疾，11.43% 为听力残疾，7.39% 为多重残疾，5.19% 为视力残疾，1.71% 为言语残疾；按残疾程度统计，一到四级残疾分别占 26.75%、23.08%、26.32%、23.85%。

（二）深圳市康复服务机构情况

1. 定点机构

定点机构是指为符合条件的残疾儿童提供医疗康复、康复训练、早期干预及支持性服务的机构。据统计，截至 2021 年 12 月，深圳市定点机构共172 个，其中公办机构 35 个，主要由市、区残联（民政）部门主办的 5 个社会福利服务机构和市、区两级卫生主管部门的 30 个医疗机构组成。民办机构 137 个，包括 49 个民办非企业类服务机构、73 个工商登记类服务机构和 15 个民办医疗机构。全市定点机构各类各级从业人员 3152 人，涉及 6 个服务类别共 327 个服务资格，定点机构成为深圳市残疾儿童的康复服务承接主体，较好地满足了全市残疾儿童康复服务需要。

表 1 深圳市残疾儿童康复服务定点机构基本情况

单位：个

序号	统计分类	基本数据						
1	机构性质	公办机构			民办机构			合计
		卫生部门	民政部门	残联部门	工商登记类服务机构	民办非企业类服务机构	民办医疗机构	
		30	3	2	73	49	15	172
2	地理分布	罗湖区	福田区	南山区	宝安区	龙岗区	盐田区	坪山区	龙华区	光明区	大鹏新区	合计
		15	29	16	32	43	3	3	23	6	2	172
3	服务内容	肢体康复训练	听力康复训练	言语康复训练	视力康复训练	智力康复训练	孤独症康复训练
		48	19	34	1	106	120

截至 2021 年 12 月，全市有残疾儿童 10615 人，其中，深圳户籍 8539 人（0~6 岁 5037 人、7~18 岁 3502 人），非深圳户籍 2076 人（0~6 岁 1668 人、7~18 岁 408 人）。

表 2 深圳市残疾儿童康复服务定点机构服务对象数量分布

单位：人，%

区域	总人数	占比	深圳户籍		非深圳户籍		残疾类别						
			0~6岁	7~18岁	0~6岁	7~18岁	精神	智力	听力	言语	肢体	视力	多重
龙岗区	2354	22.2	1005	774	409	166	1166	634	185	84	122	0	163
宝安区	2248	21.2	1137	514	533	64	883	450	193	376	175	26	145
福田区	1882	17.7	1026	561	248	47	869	359	150	327	36	41	100
龙华区	1366	12.9	707	485	145	29	499	250	277	47	145	0	148
南山区	1306	12.3	514	652	108	32	678	415	46	51	57	0	59
罗湖区	1054	9.9	438	408	149	59	482	322	38	109	44	1	58
光明区	214	2.0	85	42	76	11	127	83	0	1	0	0	3

续表

区域	总人数	占比	深圳户籍		非深圳户籍		残疾类别						
			0~6岁	7~18岁	0~6岁	7~18岁	精神	智力	听力	言语	肢体	视力	多重
盐田区	142	1.3	79	63	0	0	83	45	1	1	5	0	7
坪山区	37	0.3	37	0	0	0	22	0	2	0	0	6	7
大鹏新区	12	0.1	9	3	0	0	4	0	0	2	6	0	0
合计	10615	100.0	5037	3502	1668	408	4813	2558	892	998	590	74	690

2.职康中心

职康中心是在街道层面上建立的为就业年龄段的智力、精神、重度肢体残疾人及其他有需求的残疾人提供生活自理能力训练、日间生活照料和护理、职业康复和劳动技能训练、社会适应能力辅导、文体娱乐等基本公共服务，提高服务对象生活质量和社会参与能力，减轻家庭和社会负担的综合性残疾人服务机构。[①] 截至目前，深圳市建成了 75 个职康中心，实现所有街道全部覆盖、全部正常运营。

表3 深圳市区（新区）街道设立职康中心情况

单位：个

区域	数量	区域	数量
福田区	10	光明区	7
罗湖区	10	坪山区	6
南山区	8	龙华区	6
盐田区	4	大鹏新区	3
宝安区	10	总计	75
龙岗区	11		

---

① 黎颖强等：《深圳市残疾人融合康复研究》，《中国康复理论与实践》2014 年第 9 期。

二 深圳市残疾人康复服务现状

（一）残疾人康复服务政策法规体系进一步完善

一是残疾人康复政策法规体系进一步完善。按照国家、省市的要求，深圳市残联会同相关职能部门出台了《深圳市残疾少年儿童康复救助服务办法》《深圳市残疾儿童康复服务定点机构管理办法》《深圳市残疾人托养服务办法》《深圳市精神康复者中途宿舍服务办法》《深圳市残疾人街道综合（职业）康复服务中心管理办法》《深圳市残疾人评估转介办法》《深圳市残疾人辅助器具服务办法》《深圳市残疾人服务专业人才管理办法》等涉及康复、托养以及辅助器具等多项业务的管理政策，完善了《深圳市残疾儿童康复服务定点机构准入标准》。

二是残疾人康复服务专项扶持政策适时出台。根据不同类别残疾人的生理、心理特点和现实需求，出台《深圳市精神残疾人服药管理和补贴工作实施方案》《深圳市残疾人精准康复服务行动方案》《关于进一步加强我市残疾人社区康复工作的意见》《深圳市残疾人机动轮椅车管理细则》《深圳市残疾人机动轮椅车维修细则》。卫健、民政等相关部门联合出台专项政策，强化婚前孕前保健、产前筛查诊断、新生儿及儿童筛查干预，积极组织开展视力、肢体和精神类等残疾的义诊及筛查活动。

（二）残疾儿童康复救助服务体系进一步完善

以《深圳市残疾儿童康复服务定点机构管理办法》为依据，深圳市大力推进残疾儿童康复救助，率先在全国构建社会化康复救助服务模式，建立了"政府补贴、社会运营、市场竞争"的残疾儿童康复救助服务体系，基本满足了社会发展以及特殊儿童及其照顾者日益多样化的服务需求，通过推动资源整合、动员社会参与、逐渐拓展类别实现服务的广度和深度不断提升。依据实际情况，深圳市将康复服务补贴标准提高到 4 万~5 万元，将服务对象扩宽到 0~18 岁。2021 年，深圳市共吸纳了 172 个康复服务机构，为全市 10615 名残疾儿童提供康复服务，康复训练经费投入超过 3.32 亿元，残疾儿童康复实现"应助尽助"，"人人享有康复服务"目标基本实现。

一是按照《深圳市残疾儿童康复服务定点机构管理办法》要求，市残联同步修订完善了《深圳市残疾儿童康复服务定点机构准入标准》，为定点机构的建设和开展各项服务提供更加科学的标准及评估指标体系，内容涵盖肢体（脑瘫）、精神（孤独症）、听力、言语、智力和视力残疾六种残疾类型，从基本条件、人员配置、场所设置与设施、业务职能、档案管理、安全和诚信管理 6 个方面做出明确要求，不断强化定点机构的标准化建设、规范化管理和精细化服务。二是积极搭建定点机构信息化平台，形成市、区、街道、社区的四级分级管理，实现对机构数量、机构分布、教师队伍、在训残疾儿童数量/姓名/性别/年龄、经费使用、实时定点打卡、服务评价进行实时数据统计和更新的动态管理，通过图表的分析和汇总实现可视化管理。同时，通过信息化手段的运用实现对机构提供康复服务过程的有效监管。三是强化规范管理，印发了全市统一的儿童康复档案模板，使服务内容质量、服务标准更加科学、更加明确。四是市残联牵头，会同市民政局、市卫生健康委和市教育局等行业管理部门以及各区残联做好监管和指导工作，进一步明确各方职责和工作流程，协力把好准入关，严守质量关，用好退出机制，利用"行政监管+市场竞争"的方式督促定点机构提升服务。2021 年，全市新增定点机构 24 个，市残联完成机构巡查 312 次，完成 101 个机构的服务督导工作，下发整改通知书 27 份，暂停定点资质 3 个，取消定点资质 3 个，全市定点机构的规范化水平进一步提升。

（三）就业年龄段残疾人职业康复服务提质增效

每一位残疾人都有康复、回归社会的梦想，而在追梦的过程中，职业康复是他们走向社会的重要桥梁，整个康复过程则是他们回归社会的过程。因此，职业活动对个人生理、心理、社会上的发展以及自我价值的确立都有重要意义。

"智力及精神残疾人阶梯式综合职业康复服务"项目作为全市残疾人职业康复工作的重要抓手，主要为深圳市就业年龄段的智力及精神残疾人提供康复、长期照护、就业、权利救济等社会服务，为全市各职康中心提供专业的支持性服务。2021年，该项目效益显著改善，产生了良好的社会效益。公益集市、农疗康复等多场服务活动被深圳卫视"壹深圳""深圳都市频道"和《深圳商报》等媒体报道，社会影响不断扩大；通过就业推荐和岗位开发等形式，帮助服务对象走上就业岗位；通过转介分流方案的实施，有效改善学员流动率，提升受益覆盖率；通过"民爱商城"线上平台，为全市甚至市外残疾人提供产品销售平台，推广、销售残疾人作品，项目外溢效应明显；通过职康训练营等支持性措施，帮助职康中心提升服务质效；通过"互联网+（职业训练+庇护就业训练+辅助就业训练+就业创业服务+社会企业服务+中途宿舍服务+'农疗'）"的阶梯式综合职业康复服务模式，持续有效地促进残疾人职业康复，帮助他们早日重返主流社会；通过实践转化，完成了两个课题研究，结合实际情况，编制完成《智力及精神残疾人职业康复服务的培训教材：围绕残障人士的个人生活、社区生活与职业生活构建课程体系》，理论成果实现突破，对帮扶残疾人和残疾人事业高质量发展提供可复制、可推广的经验，为深圳残疾人事业走在全国前列做出了重要探索。

（四）残疾人托养体系进一步完善

作为智力、精神残疾人及其他各类重度残疾人托养服务的重要改革探索，深圳市集中托养试点项目不断完善，标志着以政府为主导的机构集中托养、社会共同参与的居家安养和日间照料三位一体残疾人托养体系初步建立，明确了政府、家庭与个人的责任和义务，推进了托养服务的社会化，进一步改善了智力、精神残疾人及其他各类重度残疾人的生活状况。

一是通过政府采购方式有计划地推动机构集中托养服务。2021年，南澳街道敬老院院区初步建成标准化、专业化、规范化的集中托养机构，累计为104名智力、精神残疾人及其他各类重度残疾人提供生活照料服务、必要的康复训练以及适当的医疗服务、文体活动等，建立个性化的托养服务档案。二是通过各区财政给予居家安养护理服务费补贴的方式，重点发展和推动居家安养服务，全市 2000 多名残疾人家庭得到实惠。三是通过给予职康中心一次性专项资助和服务对象综合补贴的方式，大力发展社区日间照料服务和职业康复训练。按照广东省残联康园中心建设规划和标准，进一步提升全市职康中心的服务管理规范化水平，持续推动信息化建设。2021 年，市残联组织人员对全市职康中心开展业务服务督导及运营状况摸底工作，完成"关于深圳市街道残疾人综合（职业）康复中心规范化建设的研究"课题，为进一步提升规范化水平提供支撑；按要求督促职康中心在"广东省残疾人托养管理系统"做好服务对象信息的录入和管理工作，实现服务数据网上统一管理，信息化水平进一步提升。2021 年，全市 75 个职康中心共有会员 1862 人，工作人员 379 人。

（五）残疾人社区康复服务模式成效进一步凸显

在残疾人康复越来越追求包容性发展和融合康复的趋势下，深圳市坚持与时俱进，紧跟国际前沿，积极探索社区康复与社区建设、公共服务、医疗卫生体制改革等互相融合和协调发展，打造共建共治共享的社区康复服务新体系。为打通残疾人康复服务最后一公里，从 2012 年发布《社区康复指南》开始，深圳市一直致力于发展残疾人社区融合康复。在前期社区康复试点工作的基础上，2021 年，深圳市残联继续大力推进残疾人社区康复网络建设，联合市卫生健康委不断整合基层医疗卫生资源，在社区健康服务中心完善残疾人康复服务的工作机制以及服务内容、标准和流程，不断充实残疾人康复服务专业技术队伍，为社区残疾人就近提供精准、规范和专业的健康管理、康复训练指导、辅助器具申请及其他健康和康复服务，基本形成以社区为阵地、家庭为依托，以专业评估转介和康复咨询服务为纽带，将残疾人康复、就业培训、托养、辅助器具、无障碍环境及文体等服务全方位下沉基层社区，不断满足残疾人个性化服务需求的服务模式。2021 年，为 2079 名残疾人就近提供社区康复服务。

（六）残疾人辅助器具适配服务体系进一步完善

以《深圳市残疾人辅助器具服务办法》的修订完善为契机，深圳市进一步优化市、区、街道、社区四级辅助器具服务网络，完善辅助器具适配的管理模式和服务流程，为残疾人提供更优质更有效率的辅助器具适配、借用、维修、展示、宣传等服务；进一步优化辅助器具适配服务实时服务监管系统，实现实时可视化掌握辅助器具适配需求、评估、训练等全景服务过程。2021年，积极开展残疾人辅助器具适配、维修和借用等常态化辅助器具服务。市级为深圳户籍持证残疾人4193人次适配了5571件辅助器具，区级为深圳户籍持证残疾人5958人次适配了6651件辅助器具，共合计为10151人次适配了12222件辅助器具；完成辅助器具适配服务回访及人机适合性检验8500多人次，辅助器具适配服务系统人机检验表、回访表、结案表每类表格填写录入5571次，适配服务残疾人档案检查整理4182份；为持证残疾人提供辅助器具维修481件，完成各区巡回入户服务120次，展厅辅助器具保养维护715件；在全市10个区建设27个辅助器具借用服务点，为有需要辅助器具的人士提供了2417人次辅助器具借用服务；为100名残疾人开展机动轮椅车验车、办理备案证服务。

（七）残疾人心理康复服务体系进一步完善

一是依托专业心理服务团队，搭建市级残疾人公共心理服务平台。链接全市各区残联、街道残联、职康中心、残疾人聚集社区及服务场所，组织举办心理健康知识普及、心理团体辅导与讲座、线上直播、个案心理咨询等活动。2021年，运用在线直播平台开展8场以情绪管理、沟通技术、亲密关系、亲子教育、减压放松、职业规划、随班就读为主题的直播课程，提供服务978人次。针对残疾人及其家属，走进20个职康中心和残疾人聚集地，举办25场心理健康讲座及10场心理团体辅导活动，同时在深圳市康复服务机构为残疾人工作者开展20场心理团体辅导活动；开展心理个案辅导500人次，项目服务总人数达2577人次。

二是注重"以人为本、助人自助、精准服务",进一步完善"心灵 e 站"综合服务平台。组建专业服务团队通过服务窗口和送服务上门等方式为残疾人、残疾人家属以及工作者提供心理疏导、政策宣讲、政策咨询转介、社会融合等服务,并不断延伸和深化服务。2021 年,开展深度个案服务 4 次,组织举办 45 场各类活动,为 2629 人次提供心理咨询、心理团体辅导与讲座等心理服务,为 442 人次提供多媒体互动,全年总计服务 12326 人次,让残疾人感受到温暖,找到对"家"的认知和归属感。

(八)精神残疾人康复服务体系进一步完善

鉴于精神残疾的特殊性,市残联一直都高度关注精神残疾人的康复服务和管理,通过与市卫生健康委等相关部门的沟通与协调,初步建立了以精防康复服务项目为主、其他心理健康服务为辅的精神残疾人康复服务体系,加强了精防康复服务机构的规范和专业化建设。

一是完善政策,保障经费,切实解决精神残疾人最迫切、最急需解决的治疗、吃药等经济方面的实际困难,保障精神残疾人能及时有效地得到医疗救助和服务,降低了复发率。依据《深圳市精神残疾人服药管理和补贴工作实施方案》,对符合条件的精神残疾人给予住院和服药补贴并纳入管理,基本解决精神残疾人的住院治疗费用,保障并督促精神残疾人按时按量服药。2021 年,为 382 人提供住院补贴,为 3938 人提供服药补贴。依据《深圳市精神康复者中途宿舍服务办法》,扶持利民复康中心等机构做好精神康复者的中途宿舍服务工作。2021 年,为全市 100 多名出院的精神康复者提供过渡期住宿及康复服务。依据《深圳市残疾人托养服务办法》,以居家安养、日间照料、机构集中托养三位一体的模式将精神残疾人托养纳入制度化发展轨道。同时开展"关锁严重精神障碍患者解锁救助"和"有奖报病"活动,2021 年新发现病人 1485 人,进一步提升了检出率和管理率。

二是开设系列心理健康服务项目,做好知识宣传及普及工作,预防并降低精神残疾的患病率。通过购买服务等方式,组织专业服务队伍直接服务残疾人、残疾人家属和助残工作者,大大提升该群体应对心理困扰、解决相关问题的能力，建构心理防线。2021年通过个案咨询、心理热线、网络咨询、线上微课等多种形式服务3200余人次。

深圳市将精神残疾人康复延伸到社区一级，由社区康复咨询员、残疾人专职委员主导建立公安、民政、卫健、残联、家属"五位一体"的严重精神障碍患者社区关爱帮扶小组，对辖区精神残疾人进行跟踪管理服务，积极完善建档案、定期走访、康复指导、转诊联络及应急处置等服务，敦促监护人督促精神残疾人按时按量服药。同时建立市、区、街道三级残疾人家长培训学校网络，定期举办培训学习，提高他们的心理调适及康复技能水平。截至2021年，全市各区均已建立了精神残疾人及亲友学习、交流、提升的平台（即家属资源中心），为精神残疾人建立数据档案，进行康复及需求评估，制订救助计划，对精神残疾人及亲友开展康复知识培训和指导及开展预防和康复宣传等。

（九）残疾人康复探索取得成效

2020年12月，在广东省残联的指导下，深圳市残联、深圳市儿童医院与山东滨州医学院共同启动了深圳市"医教康"一体化家庭康复服务示范项目，开创了"医教康"一体化的家庭康复服务模式。积极推进医院、高校、康复部门三方合作，组成"医、教、康"联合体，建立长期稳定的实践、教学、科研三位一体的合作关系，为深圳市培养优秀康复人才，提升残疾儿童康复教科研水平，引领提升深圳市残疾儿童康复水平。2021年，在"医教康"一体化框架体系下，实施"听障儿童居家康复"项目，以线上课堂的形式，由专业人员为60组听障儿童家庭授课，并编制完成《学龄前听障儿童家庭康复指导手册》《听障者居家康复服务指南》；报中国残联批准，出台了国家团体标准《听障儿童及老人居家康复指南》；参与部级课题"居家康复服务规范化研究"，成功结项并获得课题证书；项目论文《学龄前听障儿童家庭康复教育资源模式构建经验分享》被国家级核心期刊《中国听力语言康复科学杂志》收录。

2021年，依托"医教康"一体化家庭康复服务示范项目的优势，深圳市率先创建了0~7岁深圳户籍视障儿童早期干预服务视障班，探索建立了以学龄前幼儿园五大领域课程为基础，以视障儿童康复类课程为主干，以视障儿童代偿性优势发展课程为特色的专业课程体系。同时结合实践经验和行业发展现状，编制了《学龄前视障儿童功能性视力训练指导手册》《学龄前视障儿童定向行走训练指导手册》，起草了《0~6岁视障儿童早期干预服务规范化建设纲要》。

（十）康复服务队伍专业化水平进一步提升

康复工作是个涉及医学、教育以及心理学等学科的复杂工作，对工作人员的专业化程度要求很高，因此从业人员的专业能力是康复服务质量的最重要保障。

一是"线上+线下"，全面推进技能培训工作。通过"送教上门"等方式为875名社区康复服务人员提供康复服务内容、标准、流程和要求等方面的专业技能培训。率先创新使用"线上知识输入+社群学习+线下应用输出"的线上线下混合培训模式，为694名残疾人监护人提供了6期家庭支援培训活动，直接提升残疾人及其亲友的居家康复技能。以"培训班+测试"的方式，为234名视力残疾人分别提供视力残疾人融合集中训练和视障强化训练指导，为30名脑瘫儿童引导式教育引导员提供专业技术提升培训，为105名市区精防康复负责人、慢病院精防工作负责人、精神残疾人家属资源中心负责人、街道精防专干提供精神卫生综合管理培训，为110名市、区和街道康复业务负责人提供残疾人康复业务综合管理培训，为140名定点机构负责人或技术骨干提供康复专业技术以及机构规范化建设培训，为62名辅助器具服务工作者提供初级辅助器具技术工程（肢体方向）岗位培训；通过"竞赛+活动"的方式，动员全市所有康复服务机构参加2021年深圳市康复知识竞赛，动员全市辅助器具机构参加残疾人辅助器具创意设计竞赛和全国辅助器具适配服务技能竞赛，参加2021年国际康复论坛"辅助器具与康复技术新趋势"分论坛线上活动。

二是引入专业资源，促进康复专业技能再提升。作为旨在帮助深圳市残疾人服务从业人员提高思想政治素养、业务素质和服务技术能力等的项目，

"残疾人服务从业人员继续教育服务"项目为全市残疾人服务从业者免费提供了"稳定的在线学习系统"和"优质的线上、线下课程"。2021年，深圳市残疾人继续教育平台为全市各康复机构新开通在线学习账号1401个；共邀请23位专家参与授课，课程涵盖了康复、特殊教育、辅助器具、职业指导等，全年共开展线下实训课程50课时，线上课程45轮次50课时，合计授课100课时。该项目的顺利实施及时为从业者更新补充了知识、改善了知识结构、提高了服务创新能力，有效提升从业人员的职业水平和服务技能，进一步提高了残疾人服务机构的规范化管理水平。同时，市残联还与国家开放大学残疾人教育学院合作培养康复专业人才。

"行政+公益+市场"的多重驱动，促进了深圳市残疾人康复服务的社会化和市场化，推动了康复服务供给的多样化。市残联联合相关部门不断优化康复机构的营商环境，正确引导各类社会组织积极参与扶残助残工作。深圳是一座移民城市，也是一座爱心之城。在"来了就是深圳人，来了就是志愿者"等义工精神和志愿服务文化的熏陶下，社会各界一直以来都高度关注残疾人群体，也涌现了一系列关注残障的公益组织，他们在残疾人康复服务和残疾预防等方面慷慨解囊，协助市残联实施残疾预防工程，营造了全社会助残扶残的浓厚文化氛围。

三　深圳市残疾人康复服务事业发展的机遇与挑战

（一）深圳市残疾人康复服务事业发展的机遇

一是国家层面。习近平总书记为新时代深圳经济特区建设擘画了宏伟蓝图，亲自谋划、亲自部署、亲自推动深圳实施综合改革试点，为深圳经济社会发展创造了重大历史机遇。[①] 在残疾人事业领域，"对残疾人

[①]　包心鉴：《率先探索全面建成社会主义现代化强国新路径——以深圳建设中国特色社会主义先行示范区为视角》，《特区实践与理论》2020年第2期，第60~69页。

要特别关心、特别关注"是党和国家对全社会的庄严承诺，残疾人事业也成为国家经济社会发展总体规划和国家人权行动计划的重要内容，我国残疾人权益保障和服务体系不断健全完善，走出了一条具有中国特色的残疾人事业发展道路。① 为加强残疾人康复服务，提升康复服务质量，《"十四五"残疾人保障和发展规划》明确指出，"十四五"时期要着力构建与经济社会发展相协调、与残疾人康复需求相适应的残疾人康复保障制度和服务体系，持续增强专业化康复服务能力和提升残疾康复服务质量。②

二是深圳市层面。"十四五"时期，深圳将进入粤港澳大湾区、先行示范区"双区"驱动和"双区"叠加的黄金发展期，深圳将践行以人民为中心的发展思想，瞄准幼有善育、学有优教、劳有厚得、住有宜居、病有良医、老有颐养、弱有众扶，率先形成共建共治共享的民生发展格局。③ 同时，深圳的基因、干细胞等生物健康科技及环境工程、人体工程、互联网等高科技优势明显，残疾人权利意识、自主自强意识较强，残疾人事业发展理念、体制机制、技术方法等基础较好，为深圳康复事业高质量发展奠定了基础、注入了强劲动力。

（二）深圳市残疾人康复服务事业发展面临的挑战

虽然深圳市残疾人康复服务事业取得显著成绩，未来的发展也充满机遇，但也面临不少的困难和挑战。对标"民生幸福标杆"，康复服务领域的相关政策法规需进一步细化完善，协调联动机制还需进一步优化，精准康复服务水平还需进一步提高，康复服务人才队伍的管理机制有待进一步完善，康复服务的规范化、专业化亟待加强，辅助器具适配服务有待进一步体系

---

① 《平等、参与、共享：新中国残疾人权益保障70年》，《人民日报》2019年7月26日。
② 《"十四五"残疾人保障和发展规划》，中国政府网，http：//www.gov.cn/zhengce/content/2021-07/21/content_5626391.htm。
③ 刘丽、吕沁兰：《深圳"十四五"规划纲要：凝心聚力推动先行示范区建设》，《中国经济导报》2021年6月17日。

化，托养照护服务供给的缺口仍然较大，社会康复理念还需进一步更新普及，残疾预防及宣传工作还有很大的提升空间。

四　深圳市残疾人康复服务事业发展的路径

（一）不断提升残疾人康复服务质量，"人人享有康复服务"含金量更高

一是健全残疾预防体系。落实《国家残疾预防行动计划（2021—2025年）》，在重要时间节点做好残疾预防的宣传教育，形成全人群、全生命周期的残疾预防意识。将孕前检查、产前检查、基因筛查、新生儿高风险致残疾病筛查等纳入公共医疗服务，实施费用减免。[①] 健全残疾报告制度，探索建立新生儿疾病和未成年人残疾筛查、诊断、治疗和康复信息共享机制与早期干预机制，持续强化对心脑血管病等慢性病的预防监测，减少发生慢性病和老年病致残等情况。创建市、区残疾预防教育与健康促进基地。

二是促进残疾人康复服务高质量发展。建立全生命周期的残疾人康复保障和服务机制，形成体系科学、标准清晰、分工明确的残疾人康复服务体系，持续实施精准康复服务，不断提升康复服务质量。改进定点机构评审机制，强化服务协议管理，建立信息管理系统，强化日常监管和专业督导，促进残疾人康复救助服务全面高质量发展。以残疾人需求为导向，不断提升职业康复、社会康复、心理康复等康复服务的专业化水平，创新开展工疗、农疗、艺术疗愈、心理治疗、体疗等。全面落实精神卫生综合管理机制，做好精神残疾人社区康复工作。落实残疾评定工作职责，加强残疾评定医生队伍建设，建立以市、区医疗机构为主体的残疾评定服务网络，进一步完善评残办证工作机制。

三是进一步提升康复辅助器具服务和产业发展水平。出台残疾人辅助器

---

① 《"十四五"残疾人保障和发展规划》，中国政府网，http：//www.gov.cn/zhengce/content/2021-07/21/content_ 5626391. htm。

具服务管理政策，实施残疾人辅助器具补贴制度，加大智能辅助器具适配力度。依托市、区残疾人服务机构，大力开展残疾人辅助器具适配、展示、体验、适应性训练、维修和租借等服务，扩大智能化辅助器具的示范应用范围。推进"互联网+"残疾人辅助器具服务，完善辅助器具服务管理信息系统，依托市公共资源交易平台建立完善残疾人辅助器具购置网上交易平台，为残疾人辅助器具购置、租借、维修提供便利。不断提升辅助器具服务人员技能，进一步完善辅助器具服务标准，推动辅助器具服务规范化、专业化发展。提升市无障碍孵化空间，打造粤港澳大湾区辅助器具创新中心，高标准建成坪山高端智能康复辅助器具产业基地，推动康复辅助器具研发、生产、检测、试用、展示与推广，辐射引领粤港澳大湾区康复辅助器具产业加快发展。

四是加强残疾人健康管理。贯彻落实《"健康中国2030"规划纲要》，将残疾人健康管理纳入公共卫生服务，着力维护残疾人健康。全面推进残疾人家庭医生签约及履约服务，推动医疗卫生机构优先为残疾人提供签约服务，支持签约医生为残疾人提供更多的个性化服务，探索建立医疗机构与残疾人康复机构双向转诊机制。[①] 关注残疾人心理健康，充分利用康复机构、特殊教育机构、社康中心等社会化康复服务平台，为残疾人及其家属提供心理辅导、家庭关系调适和情绪疏解等服务。[②]

（二）加强残疾人康复服务人才体系建设，实现"先行"向"示范"转变

一是充分挖掘现有人力资源。根据现阶段深圳市康复专业人才储备不足的实际情况，在现有人力资源的基础上实施人才成长计划。一方面，分岗位/分级设计培训体系，充分考虑老人老办法、新人新办法的过渡性情况，制定分类/分岗/分级的培训管理制度，进一步加强现有人员的残疾人康复服

---

① 《"健康中国2030"规划纲要》，中国文库网，https://www.chinawenwang.com/shiyong/137162.html。

② 《关于印发全国社会心理服务体系建设试点工作方案的通知》，《中华人民共和国国家卫生健康委员公报》2018年11月15日。

务能力。另一方面，根据从业人员不同职业发展阶段为从业人员提供不同的继续教育服务。对深圳市康复服务从业人员进行摸底调查，了解不同类型、具有不同从业经验的康复服务从业人员在个人职业发展上的需求，从而为其制订个人成长计划，提供对应的赋能培训计划，为康复行业提供强有力的人才保障。如提供岗前培训以及职业伦理、康复专业技术、教学督导技术、中高层的管理能力（包括但不限于项目管理、机构运营管理、品牌管理、销售管理、连锁经营与管理、新媒体应用、危机公关管理、机构数字化管理与运营等）培训。每年定期开展培训需求调查，将培训需求与服务对象需求进行适度匹配，并加强对新兴事物的学习与应用。

二是建立健全人才职业能力评价体系。联合相关部门探索建立健全康复服务人才职称评定晋升管理制度，对现有从业人员开展专业人才职业能力测评，制定相应的职业能力标准，对从业人员划分不同的等级体系，搭建专业人才队伍服务梯队，对不同的等级体系制定阶梯式收费标准和工资指导标准，建立良性竞争环境，进一步稳定残疾人康复服务人才队伍，让专业人才走进来、留得住。

三是加快科技创新和专业人才培养。推进大数据、云计算、物联网、人工智能等信息技术在残疾人康复中的融合应用，加强残疾人康复、托养、残疾预防和无障碍城市建设中的科技创新。引导加大科技研发力度，加强生命健康等领域新技术在残疾人康复服务中的示范应用，强化智能康复辅助器具、设备以及无障碍等领域关键的技术研发和产品推广应用，鼓励有条件的职业院校和普通本科院校开设社会工作、康复治疗和康复工程技术等方面的专业和课程，加快专业人才队伍建设，建立人才库。[①]

（三）凝聚残疾人康复事业发展合力，"残疾人事业现代化"如虎添翼

一是营造全社会扶残助残的良好氛围。深入学习习近平新时代中国特色

---

① 《"十四五"残疾人保障和发展规划》，《中华人民共和国国务院公报》2021年8月10日。

社会主义思想，全面贯彻落实习近平总书记关于残疾人事业的重要论述，将扶残助残纳入公民道德建设、文明创建工程和新时代文明实践中心建设，弘扬人道主义思想和扶残助残传统美德，营造理解、尊重、关心、帮助残疾人的文明社会氛围。① 坚持党建引领，建立由政府、残联、社区、企事业单位、社会组织共建的宣传教育阵地，倡导"平等、参与、融合、共享"的价值理念。引导更多残疾人参与社区、融入社会，激发残疾人自我发展能力。以龙华区民治街道北站社区为试点，通过党建引领、群团牵头和社会组织参与，开展"残健共融"示范社区建设，增进社会对残疾人的了解和尊重，促进残疾人平等参与社会生活。

二是建立健全社会组织孵化培育机制，鼓励更多社会组织参与扶残助残。以残疾筛查、康复、护理、托养、职业培训等为重点，进一步完善项目采购制度，加大扶持力度。建立健全志愿服务组织管理、项目对接机制，建立康复服务、辅助器具使用和心理疏导等方面的专业志愿服务队伍。推动残疾人康复服务资源的跨区域共享和交流合作，实现残疾人事业共同发展。按照中国残联、省残联和市人民政府三方共建协议要求，高质量建设深圳大学残疾人事业发展研究中心，进一步发挥残疾人智库的作用，引领残疾人康复事业的发展。

---

① 《"健康中国 2030"规划纲要》，中国文库网，https：//www.chinawenwang.com/shiyong/137162.html。

B.15
2021年深圳市教育改革与发展报告

贾建国　张素蓉*

摘　要： 2021年，全市教育系统紧紧围绕市委市政府中心工作，大力推进教育先行示范，各项工作任务取得新进展、新突破，实现了深圳教育"十四五"的良好开局。2022年，深圳教育将牢记先行示范区教育工作定位，以完善"四个体系"为支撑，积极推动深圳市各级各类教育高质量发展，为深圳建设中国特色社会主义先行示范区做出更大贡献。

关键词： 深圳教育　先行示范　高质量发展

2021年，全市教育系统以习近平新时代中国特色社会主义思想为指导，在做好校园疫情防控的基础上，全面推动教育发展"十四五"规划落地实施，实现教育经费投入持续稳步增长，教育事业发展再上新台阶。2022年，深圳市将落实全国、全省和全市教育工作会议精神，积极推动各级各类教育高质量发展，为深圳建设中国特色社会主义先行示范区做出更大贡献。

---

* 贾建国，博士，深圳市教育科学研究院基础教育研究中心副主任、研究员，主要研究方向为基础教育政策、中小学课程建设；张素蓉，任职于深圳市教育科学研究院。

一　深圳市教育发展基本状况

（一）全市教育经费投入情况

1. 全市教育经费投入总体情况

2021 年，全市教育经费投入持续增长，为教育发展"十四五"良好开局提供了有力保障和支撑。2021 年，全市教育经费总投入达到 1383.02 亿元，比 2020 年的 1188.67 亿元增加 194.35 亿元，增长 16.35%。其中，公共财政预算安排的教育经费 1107.06 亿元，比 2020 年的 980.28 亿元增加 126.78 亿元，增长 12.93%（见表 1）。

表 1　2021 年全市教育经费投入情况一览

教育经费投入来源	2020 年总投入（亿元）	2021 年总投入（亿元）	2021 年比 2020 年	
			增长金额(亿元)	增长率(%)
全市教育经费总投入	1188.67	1383.02	194.35	16.35
一、国家财政性教育经费	1022.47	1142.97	120.5	11.79
1. 公共财政预算安排的教育经费	980.28	1107.06	126.78	12.93
（1）公共财政教育经费	856.99	951.71	94.72	11.05
①教育事业费	599.98	629.3	29.32	4.89
②基本建设经费	206.02	255.82	49.8	24.17
③教育费附加	50.99	66.59	15.6	30.59
（2）其他公共财政预算安排的教育经费	123.28	155.35	32.07	26.01
①科研经费	16.11	30.71	14.6	90.63
②其他	107.17	124.64	17.47	16.3
2. 政府性基金预算安排的教育经费	32.28	35.81	3.53	10.94
其中:彩票公益金	0.82	0.59	-0.23	-28.05
3. 企业办学中的企业拨款	0	0	0	0
4. 校办产业和社会服务收入用于教育的经费	0.01	0.03	0.02	200
5. 其他属于国家财政性教育经费	9.91	0.07	-9.84	-99.29

续表

教育经费投入来源	2020 年总投入（亿元）	2021 年总投入（亿元）	2021 年比 2020 年	
			增长金额(亿元)	增长率(%)
二、民办学校中举办者投入	3.87	3.69	-0.18	-4.65
三、捐赠收入	1.58	1.78	0.2	12.66
其中:港澳台及海外捐赠	0	0	0	0
四、事业收入	150.68	221.55	70.87	47.03
其中:学费	129.93	188.17	58.24	44.82
五、其他教育经费	10.07	13.03	2.96	29.39
附:公共财政预算安排的基本建设总经费	206.81	256.15	49.34	23.86

注:数据因四舍五入原因,略有误差。

资料来源:深圳市教育局发展规划与财务处。

2."两个比例"和"三个增长"情况

2021 年,深圳市根据《教育法》相关规定,切实落实"两个比例""三个增长"的相关要求,具体情况如下。

（1）"两个比例"情况

2021 年,深圳市国家财政性教育经费占地区生产总值的比例为 3.73%,比上年增长 0.06 个百分点;深圳市一般公共预算教育经费占一般公共预算支出的比例为 20.82%,比上年增长 0.31 个百分点（见表 2）。

表 2 2021 年深圳市教育经费"两个比例"落实情况

地区	国家财政性教育经费占地区生产总值的比例			一般公共预算教育经费占一般公共预算支出的比例		
	2020 年(%)	2021 年(%)	2021 年比 2020 年增长（个百分点）	2020 年(%)	2021 年(%)	2021 年比 2020 年增长（个百分点）
深圳市	3.67	3.73	0.06	20.51	20.82	0.31
深圳市本级	—	—	—	14.12	14.44	0.32
罗湖区	2.41	2.67	0.26	42.36	27.53	-14.83
福田区	2.12	1.74	-0.38	34.86	26.98	-7.88
南山区	1.34	1.19	-0.15	26.13	26.16	0.03
宝安区	3.25	3.34	0.09	24.51	25.22	0.71
龙岗区	3.13	3.59	0.46	35.74	36.55	0.81

地区	国家财政性教育经费占地区生产总值的比例			一般公共预算教育经费占一般公共预算支出的比例		
	2020 年 (%)	2021 年 (%)	2021 年比2020 年增长（个百分点）	2020 年 (%)	2021 年 (%)	2021 年比2020 年增长（个百分点）
盐田区	2.77	2.42	-0.35	24.84	21.43	-3.41
龙华区	3.01	3.01	0.00	23.67	26.6	2.93
坪山区	5.16	6.28	1.12	18.87	26.41	7.54
光明区	3.25	4.11	0.86	21.03	26.23	5.2
大鹏新区	2.87	3.86	0.99	12.46	18.43	5.97

资料来源：深圳市教育局发展规划与财务处。

（2）"三个增长"情况

第一，2021 年，全市财政经常性收入为 3838.92 亿元，比上年增长 14.48%；一般公共预算教育经费 951.70 亿元，比上年增长 11.05%；一般公共预算教育经费增长幅度低于财政经常性收入增长幅度 3.43 个百分点（见表 3）。

表 3　2021 年深圳市一般公共预算教育经费与财政经常性收入增长情况

区域	一般公共预算教育经费			财政经常性收入			2021 年一般公共预算教育经费增长幅度高于财政经常性收入增长幅度（个百分点）
	2020 年（亿元）	2021 年（亿元）	增长（%）	2020 年（亿元）	2021 年（亿元）	增长（%）	
深圳市	856.98	951.70	11.05	3353.38	3838.92	14.48	-3.43
深圳市本级	276.27	296.57	7.35	2042.54	2421.65	18.56	-11.21
罗湖区	47.78	50.44	5.57	79.59	91.19	14.57	-9
福田区	79.72	79.94	0.28	147.14	171.21	16.36	-16.08
南山区	74.55	76.98	3.26	187.89	193.92	3.21	0.05
宝安区	103.11	114.02	10.58	254.46	272.13	6.95	3.63
龙岗区	127.56	139.15	9.09	246.86	269.27	9.08	0.01
盐田区	14.84	14.53	-2.05	32.41	33.01	1.85	-3.9
龙华区	68.13	77.75	14.13	186.02	167.77	-9.81	23.94
坪山区	25.70	41.69	62.22	46.28	59.86	29.36	32.86
光明区	31.20	47.85	53.37	55.11	55.11	0	53.37
大鹏新区	8.14	12.76	56.71	19.84	19.89	0.24	56.47

注：表中财政经常性收入不包含中央相关返还部分等。

资料来源：深圳市教育局发展规划与财务处。

第二，2021 年，深圳市普通高等学校的生均一般公共预算教育事业费支出比上年有所增长，增幅为 1.34；中等职业学校、普通高中、普通初中、普通小学和幼儿园的生均一般公共预算教育事业费支出则均比上年有所降低，其中降幅最大的是普通初中，达到 4.65%（见表 4）。

表 4　2021 年生均一般公共预算教育事业费支出增长情况

学校类型	2020 年（元/生）	2021 年（元/生）	比上年增长（%）
普通高等学校	80670.66	81748.21	1.34
中等职业学校	38091.43	37322.08	-2.02
普通高中	46419.29	44694.24	-3.72
普通初中	34539.77	32931.97	-4.65
普通小学	26832.25	26388.55	-1.65
幼儿园	27704.34	27261.85	-1.60

资料来源：深圳市教育局发展规划与财务处。

第三，2021 年，深圳市普通高等学校、中等职业学校、普通高中、普通初中和普通小学的生均一般公共预算公用经费支出均比上年有所增长，其中增幅最大的是普通高等学校，达到 14.86%；幼儿园的生均一般公共预算公用经费支出比上年有所减少，降幅为 2.29%（见表 5）。

表 5　2021 年生均一般公共预算公用经费支出增长情况

学校类型	2020 年（元/生）	2021 年（元/生）	比上年增长（%）
普通高等学校	39713.49	45616.57	14.86
中等职业学校	13518.55	14877.45	10.05
普通高中	12352.82	13236.22	7.15
普通初中	9411.17	10033.01	6.61
普通小学	7553.99	8363.14	10.71
幼儿园	10004.03	9775.06	-2.29

资料来源：深圳市教育局发展规划与财务处。

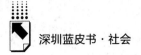

（二）全市各级各类教育事业发展情况

1. 全市教育规模

2021年，全市教育规模进一步扩大，各级各类学校共有2766所（含幼儿园1896所），比2020年（新增53所）增长1.95%。其中，公办学校1457所，比2020年增长5.96%；民办学校1309所，比2020年下降2.17%。2021年，各级各类学校在校生2562113人，比2020年增加140539人，增长5.80%；各级各类学校教职工251874人，比2020年增加19033人，增长8.17%（见表6）。

表6　2021年深圳市各级各类学校数与在校生数、教职工数

项目	学校数（所）	在校生数（人）	教职工数（人）
2020年	2713	2421574	232841
2021年	2766	2562113	251874
2021年比2020年增加	53	140539	19033

资料来源：2016~2021年《深圳市教育事业统计手册》。

2. 高等教育规模

2021年，全市共有全日制普通高等学校14所、成人高等学校1所；在校生共计179739人，比2020年增加10405人（全日制普通高等学校在校生增加8997人，成人高等学校在校生增加1408人），增长6.14%（见表7）。

表7　2021年深圳市全日制普通高等学校数与在校生数

项目	学校数（所）	在校生数（人）			
		合计	研究生	本科	专科
2020年	14	136184	26198	51624	58362
2021年	14	145181	28702	56943	59536
2021年比2020年增加	0	8997	2504	5319	1174

资料来源：2016~2021年《深圳市教育事业统计手册》。

3. 中等职业教育规模

2021 年，全市共有中等职业教育学校 26 所，在校生数 86053 人，比 2020 年增加 4193 人，增长 5.12%。其中，中等职业学校在校生数 40186 人，比 2020 年增加 1052 人，增长 2.69%；技工院校在校生数 45867 人，比 2020 年增加 3141 人，增长 7.35%（见表 8）。

表 8　2021 年深圳市中等职业教育学校数与在校生数

项目	学校数（所）	在校生数（人）
2020 年	26	81860
2021 年	26	86053
2021 年比 2020 年增加	0	4193

资料来源：2016~2021 年《深圳市教育事业统计手册（2016~2021 年）》。

4. 普通高中规模

2021 年，全市共有普通高中 105 所（其中高级中学 36 所、完全中学 24 所、十二年一贯制学校 45 所），比 2020 年增加 17 所；在校生数 169533 人，比 2020 年增加 19244 人，增长 12.80%（见表 9）。

表 9　2021 年深圳市普通高中学校数与在校生数

项目	学校数（所）	在校生数（人）
2020 年	88	150289
2021 年	105	169533
2021 年比 2020 年增加	17	19244

资料来源：2016~2021 年《深圳市教育事业统计手册》。

5. 义务教育规模

2021 年，全市共有义务教育阶段学校 713 所，其中小学 343 所，初中 370 所（初级中学 55 所、九年一贯制学校 315 所）；义务教育阶段学校在校生数 1526682 人，其中小学在校生数 1133041 人，初中在校生数 393641 人（见表 10）。

表10   2021年深圳市义务教育阶段学校数与在校生数

项目	小学		初中	
	学校数(所)	在校生数(人)	学校数(所)	在校生数(人)
2020年	347	1091179	347	367341
2021年	343	1133041	370	393641
2021年比2020年增加	-4	41862	23	26300

资料来源:2016~2021年《深圳市教育事业统计手册》。

6.学前教育规模

2021年,全市共有学前教育幼儿园1896所,比2020年增加15所;共有在园儿童数597569人,比2020年增加37859人,增长6.77%(见表11)。

表11   2021年深圳市学前教育幼儿园数与在园儿童数

项目	幼儿园数(所)	在园儿童数(人)
2020年	1881	559674
2021年	1896	597569
2021年比2020年增加	15	37859

资料来源:2016~2021年《深圳市教育事业统计手册》。

7.民办教育规模

2021年,全市民办学校共有1309所,占全部学校的47.32%;共有在校生882995人,占全部在校生的34.46%。与2020年相比,各级各类民办学校减少29所,降低2.17%;在校生数增加18075人,增长2.09%(见表12)。

表12   2021年深圳市民办学校数与在校生数

项目	学校数(所)	在校生数(人)
2020年	1338	864920
2021年	1309	882995
2021年比2020年增加数	-29	18075

资料来源:2016~2021年《深圳市教育事业统计手册》。

8. 教师队伍规模

2021 年，全市各级各类学校教职工数进一步增长，共有 251874 人（其中专任教师数为 166197 人），比上年增加 19033 人，增长 8.17%。其中，特殊教育学校专任教师增长率继续保持最高，达到 58.62%（见表 13）。

表 13　2021 年深圳市各级各类学校专任教师情况

各级各类学校		年份			
		2020 年专任教师数（人）	2021 年专任教师数（人）	2021 年比 2020 年	
				增加数（人）	增长率（%）
普通高等学校		8047	8426	379	4.71
成人高等学校		201	228	27	13.43
中等职业教育		4488	4771	283	6.31
普通高中		12791	14344	1553	12.14
义务教育阶段	普通初中	28763	31526	2763	9.61
	普通小学	60900	63640	2740	4.50
学前教育		40348	42408	2060	5.11
特殊教育学校		522	828	306	58.62
专门学校		26	26	0	0
各类学校总计		156086	166197	10111	6.48

资料来源：2016~2021 年《深圳市教育事业统计手册》。

二　2021年深圳市教育改革与发展取得的成就

2021 年，在市委市政府的正确领导下，全市教育系统以习近平新时代中国特色社会主义思想为指导，紧紧围绕市委市政府中心工作，主动担当、开拓进取，大力推进教育先行示范，圆满完成全年各项工作任务，实现了深圳教育"十四五"的良好开局。

（一）教育系统党的领导全面加强

在全市教育系统深入开展党史学习教育，开展各类党史专题学习 1 万余场次。精心组织开展庆祝建党 100 周年系列活动 3000 余场次。深入开展"我为群众办实事"实践活动,实施 348 个重点民生项目。开展全市高校党建和思政工作专题调研,加强合作办学高校党建工作。夯实大中小学党建基础,高校立项 11 个省级党建标杆院系和样板支部,5 所中小学获评省级党建工作示范校,成立学前教育联合党委,向民办中小学选派党组织书记或"第一书记"204 名。建立三级讲授思政课机制,市领导到高校讲授党史主题思政课实现制度化。充分利用深圳改革开放的生动实践和伟大成就,编写发布《深圳的光荣与使命》特色思政教材。"深圳教育"公众号粉丝量超 300 万人,推出"最潮中国观、看我圳少年"宣传活动,全网阅读量超 11 亿人次,走出新时代青少年思政教育新路径。

(二)教育履职考核和改革先行先试成绩突出

在广东省各地政府 2020 年度履行教育职责考核中,深圳市得分居珠三角片区第一;珠三角区县前 10 名中,深圳市区县占 7 个。部省签署《深化教育综合改革重点工作备忘》,支持深圳教育深化改革、先行先试。作为全省唯一成为教育部"基础教育综合改革实验区""智慧教育示范区"的城市,深圳集团化办学推动优质教育"遍地开花",率先建立职业教育产教深度融合模式被国家发改委列入"深圳经验"全国推广,课后服务、优化作业设计被教育部作为经验全国推广。

(三)基础教育学位建设跑出"加速度"

教育领域项目年度累计完成固定资产投资 422 亿元,超额完成全年目标任务。"百万基础教育学位建设计划"进展顺利,2021 年新改扩建中小学校、幼儿园 151 所,新增 13.1 万个基础教育学位,再创历史新高。全市普高录取率达 67%。高规格组建深圳市学校规划与建设专家咨询委员会,努力打造精品校园。市教育局会同市政数局搭建学位建设信息化平台,数据支撑学位建设作用初步显现。

（四）基础教育优质发展步入快车道

深圳市出台基础教育综合改革20条，努力破解基础教育发展不平衡不充分难题。建立"名园（长）+"学前教育集团发展模式，成立52个学前教育集团，培育201所"家门口的优质幼儿园"；创新推进"四位一体"学区化治理模式，实现全市幼儿园学区化治理全覆盖。引入广东实验中学、东北师大附中等名校来深办学，18个教育集团入选省级优质教育集团培育对象。深圳市云端学校正式启用，成为国内第一所"互联网+"平台型实体学校。第62届国际数学奥林匹克竞赛我国共获6枚金牌，其中深圳学生获2枚。中小学生体质健康抽测优良率超57%。出台《深圳市关于深化体教融合促进青少年健康发展的实施方案》，印发《关于进一步推进中小学校体育场馆向社会开放的通知》，共开放公办中小学366所（占比58%），惠及19万人次。在广东省第七届中小学生艺术展演活动中获得83个一等奖，位居全省第一。起草《深圳市学生心理健康教育与服务体系建设方案》，建立了全面普查、联防联控、一对一帮扶机制。

（五）高等教育质量快速提升

深圳市有7所高校被纳入广东省第三轮高水平大学建设计划，深圳技术大学入选特色高校提升计划。市属高校新增10个博士学位授权点，其中深圳大学新增博士学位授权点数量位居全国高校第一。市属高校累计19个学科进入ESI学科排名世界前1%。南方科技大学、深圳大学在2022年泰晤士高等教育世界大学排名中分别居内地高校第9位和第17位。深圳海洋大学、深圳创新创意设计学院、深圳理工大学和深圳音乐学院等高校筹建工作加紧推进。全市高校新增8位两院院士，全职两院院士总数达49人，占全市的64%。全新机制的创新创业学院启动拔尖人才培养。

（六）职业教育争创世界一流激活新动力

教育部、广东省政府共建深圳职业教育创新发展高地工作顺利推进。积

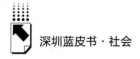

极推动深圳职业技术学院、深圳信息职业技术学院高职升本,推动两所院校建设中—高职教育集团,推进 8 所学校建设省高水平中职学校。2021 年全国职业院校技能大赛中,深圳市共获奖 11 项,数量高居全省前列。高职院校在第七届中国国际"互联网+"大学生双创大赛中获 4 金 4 银,位居全国前列。

(七)师资队伍建设水平进一步提升

修订《深圳市深化中小学教师职称制度改革实施方案》,进一步完善中小学教师职称政策体系。建成 9 所区级教师发展中心,实施第二轮"苗圃工程"、"卓越园长培养工程"与"幼有善育"鹏城论坛,构建学前教育教师(园长)培养新模式。完成全市基础教育系统"名师工程"第五批名校长、名教师及培养对象评定工作,选出首批特级正校长、一级正校长,校长教师队伍分类分层培养机制进一步健全。在 2021 年广东省教育教学成果奖(基础教育类)评审中获特等奖 6 项,占 40%,数量和占比均为全省第一。在第三届广东省中小学青年教师教学能力大赛中获 17 个一等奖(或第一名),占全省的 40%。

(八)"双减"工作取得阶段性成效

在全省率先设立市教育局校外教育培训监管处,建立社区四人小组联合执法新模式,全面禁止非法定时间学科类校外培训,工作经验被教育部官网等报道。分年级分学科系统设计作业样例 1548 个,建立学校作业管理日常检查制度,切实减轻学生作业负担;开发 4382 个在线教学资源包,有效减轻中小学教师备课负担,提升课堂教学质量。举办 11 期"双减"背景下的家庭教育大讲堂,在深圳广电集团 2021 年收视率排名前十的直播类节目中,"家庭教育大讲坛"占 6 场。

(九)教育开放与合作深入推进

召开深港教育局局长联席会议,健全深港教育定期沟通机制。市校签署办学备忘录，在深合作共建香港大学（深圳）；引进优质资源建成深圳香港培侨书院龙华信义学校并招生；与香港职业训练局合作共建"粤港澳特色职业教育园区"；深港澳姊妹学校达346对，组织一万名深港少年开展"一对一"结对携手同学行动，推动深港澳青少年交流常态化、机制化；南方科技大学伦敦国王学院医学院获教育部批准设立；深圳大学、深圳北理莫斯科大学成功承办教育部"2021年海上丝绸之路国际产学研用合作会议"分会场会议；举办2021年"一带一路"职业教育国际研讨会；与帮扶受援地建立449对校际"一对一"结对帮扶关系，高质量完成教育帮扶任务。

（十）教育治理能力进一步提升

加快推进学前教育、职业教育立法，《深圳经济特区学前教育条例（草案）》已提交市人大常委会并被表决通过。进一步完善中小学法治副校长工作机制，探索建立检察官进校园制度。筑牢校园疫情防控网，在疫情期间，采取最严格防控措施，实现了"健康三考""平安三考"。深入开展校园安全专项整顿，实现专职保安配备、校园封闭式管理、"护学岗"设置、一键报警装置"四个100%"。开展校园食堂管理专项整治行动，试点开展学校大宗食材集采集配。高质量完成广东省厕所革命改造任务，公共厕所环境指数测评排名稳步提升。

三 2022年深圳教育高质量发展思路

2022年，深圳教育继续坚持以习近平新时代中国特色社会主义思想为指导，认真贯彻党的十九大和历次全会精神，落实全国、全省和全市教育工作会议精神，牢记先行示范区教育工作"幼有善育、学有优教"定位，以教育评价改革为牵引，以完善"四个体系"为支撑，积极推动深圳市各级各类教育高质量发展，为深圳建设中国特色社会主义先行示范区做出更大贡献。

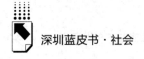

（一）加强党对教育工作的全面领导

1.用习近平新时代中国特色社会主义思想铸魂育人

把深入学习贯彻习近平新时代中国特色社会主义思想作为首要政治任务，组织带领广大师生深刻领会"两个确立"的决定性意义，在全市教育系统增强"四个意识"、坚定"四个自信"、做到"两个维护"。巩固拓展党史学习教育成果，完善"我为群众办实事"长效机制。

2.全面推进党建创优提质增效

出台基层党组织建设三年行动计划重点任务清单。全面加强高校基层党组织建设，推动中外合作办学高校党建"提质增效"，加快落实中小学党组织领导的校长负责制，推动民办学校党建"达标创优"。推进教育党建"标准+质量+示范"建设，深入开展理想信念教育和廉政警示教育，落实"一把手"讲廉政专题党课制度。加强内审机制建设，深化教育乱收费、中小学有偿补课和教师违规收受礼品及礼金专项治理工作。

3.积极构建思政教育新格局

出台深化新时代学校思想政治教育改革创新的若干措施，建立健全思政教育工作新机制。大力推动中小学思政教育队伍专职化、专业化，高校按要求配齐专职思政课教师。编写小学、高中版《深圳的光荣与使命》思政读本，开发"走读深圳"系列课程、线路。持续推出"圳少年"系列宣传活动。常态化落实三级讲授思政课机制，加快打造大中小学一体化思政教育联盟，建设中小学思政教育研究中心。

（二）构建基础教育高质量发展新格局

1.全力推进大规模学校建设

全面落实百万学位建设攻坚计划，2022年新改扩建中小学校、幼儿园178所，龙岗区、坪山区、光明区3所高中园全面竣工并投入使用，高校新增基础教育学位20万个。推动建立学位建设联合审查制度，开展学位配套建设专项督导检查。

2. 推动学前教育普惠优质发展

支持国有企事业单位、高校举办公办幼儿园。出台公办幼儿园岗位设置、保教人员管理、师资队伍建设和薪酬体系等系列文件。深入推动学前教育集团化学区化管理，创建"国家学前教育普及普惠区"。出台幼儿园课程指导意见和幼儿园课程指引，建设地方课程资源库。

3. 推动义务教育优质均衡发展

出台推进公办中小学集团化办学实施方案、全面深化区域内义务教育学校校长教师交流轮岗的指导意见。积极创建"全国义务教育优质均衡发展区"，深入开展全国新型教与学模式实验区和智慧教育示范区创建工作。加快建设云端学校，出台中小学科技创新教育行动计划，开展科普学分制试点工作。启动第三期特殊教育提升计划，加强市、区特殊教育资源中心建设。成立专门教育指导委员会，加强专门学校建设。

4. 推动高中教育多元特色发展

落实教育部《普通高中学校办学质量评价指南》。落实《深圳市普通高中特色学校建设实施方案》，培育、评审、认定一批特色高中。加快建设教育部普通高中新课程新教材实施国家级示范区，打造"深圳样板"。加强普职融通，探索推进职高和普高课程互选、学分互修、资源互通。

5. 加强民办学校规范管理

开展民办学校分类登记试点，深入推进"公参民"学校规范治理。完善民办学校综合信息监管系统，加大民办中小学教师培训力度。探索校外机构监管、学前教育普及普惠和民办教育规范提质等信息化治理路径，依法依规开展校外培训机构审批登记。

（三）推动高等教育高水平特色化发展

1. 加快高校"双一流"建设

制定深圳市高水平大学建设方案，支持深圳大学创建高水平综合性大学，支持南方科技大学创建世界一流研究型大学，支持深圳技术大学建设一流应用技术型大学，支持市内其他高校高水平特色化发展。围绕市委市政府

"四链协同"重点工作，制定实施加快高等学校学科专业建设的意见，启动学科专业"强链补链"计划，重点建设一批"高峰"学科。

2.加快大学城空间规划及新高校筹建工作

对接西丽湖国际科教城建设方案，完善大学城空间规划，加大学生及教师公寓保障力度。成立深圳海洋大学筹建工作专班，加快推进规划建设工作，实现年内开工。开工建设深圳理工大学、深圳创新创意设计学院、深圳音乐学院，加快推进办学筹备各项工作。加强高校固定资产投资统筹，积极推进高校新基建。

3.深化高校办学体制改革

推进深圳零一学院、深圳科创学院建设，探索建立健全管理体制和运营机制，探索建立拔尖创新人才培养新模式。推动西丽湖国际科教城片区5所大学实现学分互认、课程互修、师资互聘、资源共享。制定实施高校高层次人才科研启动经费管理办法，建立健全高校部门预算管理制度。组织高校参与国家工程硕士、博士培养改革试点工作。探索开展高校办学绩效评价。积极推动大科学装置、大科研平台与高校融合发展，完善高校科研平台开放共享机制，推动高校承接国家重大项目、龙头企业"卡脖子"项目，联合开展重大科研攻关工作。

（四）加快建设职业教育创新发展高地

1.加强职业教育发展统筹

召开全市职业教育大会，研制出台《我市推进职业教育高质量发展的有关实施意见》，高质量推进落实部省共建职业教育创新高地各项任务。

2.加快完善职业教育体系

持续推进高职院校"双高"建设，推动两所高职院校升本。加快建设中—高职教育集团，大力推动高水平中职学校建设，大力发展中国特色"学徒制"。规范管理校外公共实训基地。推动高职院校对接深圳元平特殊教育学校开设特殊职业教育专业。加强职业院校校长和"双师型"教师队伍培养培训。

3.提高终身教育水平

办好深圳开放大学。深入推进"粤菜师傅""广东技工""南粤家政"工程。建强"深 i 学"全民终身学习平台，打造"人工智能+灵活教育"先锋阵地。规范成人教育培训机构管理，持续推进学习型城市建设。

（五）创新推进"五育并举"与"双减"

1. 深入推进"五育并举"

编制发布《深圳市小学生文明礼仪守则绘本》，建立全市中小学德育管理平台，创建、评审一批德育示范校，探索开展"德育巡礼"活动。落实国家、省相关文件精神，出台《我市加强和改进新时代学校体育工作的相关实施方案》，构建班、校、区、市四级竞赛体系，持续促进学校和社会体育场馆双向开放。打造美育之城，大力创建艺术教育特色学校和中华优秀文化传承学校，建设艺术特色人才培养基地学校。落实《关于进一步加强大中小学劳动教育的实施意见》，创建一批劳动教育示范学校，加快建设中小学生劳动教育基地和综合实践基地。研制出台《深圳市学生心理健康教育与服务体系建设实施意见》，按要求配齐配强专职心理教师，建设集治疗、康复、学习、生活于一体的学生心理教育基地。

2. 持续打好"双减"攻坚战

出台《进一步减轻义务教育阶段学生作业负担和校外培训负担的若干措施》。常态化开展联合执法检查，加大对隐形变异培训行为的查处力度。扎实做好学科类培训机构资金监管和服务类别鉴定工作。出台义务教育阶段学校减负提质实施方案，完善义务教育阶段学生作业研究、布置与管理机制，全面提升课后服务质量。推进"双减"背景下考试改革，完善初中学考制度及高中录取政策。

（六）积极构建教育开放新格局

1. 推进粤港澳教育深度合作

加快建设粤港澳大湾区国际教育示范区，积极推进香港大学（深圳）

筹建,深化粤港澳大湾区职业教育合作。办好第11届深港校长论坛和2022年粤港澳姊妹学校中华经典美文诵读比赛等活动。推动成立深港澳学校体育、艺术联盟,深化深港澳青年常态化交流。

2. 积极推进教育对外开放

积极搭建教育对外开放交流平台,扩大"一带一路"教育合作"朋友圈"。推动联合国教科文组织职业技术教育数字化教席等国际教育组织建设。推动有关高校加强国际组织人才培养,扩大职业学校参与国际合作路径。支持深圳教育"走出去",讲好中国故事。

3. 高质量开展教育帮扶

高质量完成东西部教育协作和对口援疆援藏工作,全口径开展省内基础教育帮扶。大力开展教育信息化帮扶,深化职业教育帮扶,全方位提升受援地教育发展水平。

(七)加大教育先行示范保障力度

1. 加快推动教育改革和立法工作

制定出台深圳教育发展"十四五"规划、教育部基础教育综合改革实验区建设实施方案。落实2021年部省联席会议工作备忘,出台深化新时代教育评价改革实施方案,积极推动第二批综改试点项目申报。加快推动学前教育、职业教育、高等教育等立法。积极发挥学校规划与建设专家咨询委员会的作用,加快组建高等教育、职业教育、基础教育三个专家咨询委员会。加快教育经费保障体系、校长教师发展体系、教育教学研究体系和监测评价督导体系四个体系的建设。

2. 持续加强安全稳定工作

以迎接党的二十大召开为主线,全面排查各类隐患,建立台账、落实责任,确保教育系统安全。制定学校安全管理责任清单,完善校园安全管控体系,强化校园及周边治安综合治理,强化智慧型平安校园建设。深入推进中小学安全教育课程开发,多形式开展安全教育。持续深入开展学校食堂管理专项整治,建设食堂智慧管理平台。

3. 慎终如始做好校园疫情防控工作

不折不扣落实国家和省市新冠肺炎疫情防控工作要求，进一步压实"四方责任"，扎实做好常态化校园疫情防控工作。常态化开展应急处置演练和自查自改。定期开展疫情防控督导检查，加快推进3~11岁人群疫苗接种和学生常见病防控工作。

社会调查篇
Social Investigation Reports

B.16
深圳市生活垃圾分类执行情况调查研究

徐宇珊　徐婧凌　龚紫钰*

摘　要： 深圳市生活垃圾分类工作自 2000 年开始试点启动，2019 年随着《深圳市生活垃圾分类管理条例》的颁布，深圳市生活垃圾分类进入全面实施阶段。本报告根据《深圳市生活垃圾分类管理条例》相关条款规定，设计了深圳市生活垃圾分类指标体系和市民调查问卷，从硬件设施、管理措施、落实情况以及市民支持度、知晓度、满意度等维度出发，考察了深圳市生活垃圾分类的实际推进情况。

关键词： 垃圾分类　垃圾处理　深圳市

习近平总书记一直非常重视垃圾分类工作。2018 年 11 月，习近平总书记在上海考察时，曾强调"垃圾分类工作就是新时尚！"2019 年，习近平总

---
* 徐宇珊，深圳市社会科学院政法研究所研究员；徐婧凌，对外经济贸易大学法学院学生；龚紫钰，《深圳大学学报》（人文社会科学版）编辑部编辑。

书记对垃圾分类工作做出重要指示，他强调，实行垃圾分类，关系广大人民群众生活环境，关系节约使用资源，也是社会文明水平的一个重要体现。深圳市在实施生活垃圾分类方面起步较早，并制定了相关法规规章和规范性文件，特别是2019年底《深圳市生活垃圾分类管理条例》出台后，垃圾分类工作快速推进，取得了良好效果。

一　深圳市生活垃圾分类及相关法治建设情况

深圳市生活垃圾分类工作自2000年以来，经历了从收集试点到全面实施、从倡议分类到强制分类多个阶段，相关规制也从试点阶段的规范性文件，到全面推行起步阶段的政府规章，再到全面实施阶段的地方法规，在探索中不断完善。

（一）2000~2014年：生活垃圾分类收集试点阶段

深圳2000年成为首批生活垃圾分类收集试点城市。为做好试点工作，深圳先后发布了《深圳市城市垃圾分类收集运输处理实施方案》《深圳市"十二五"城市生活垃圾减量分类工作实施方案》，并于2012年8月起在500个示范单位开展垃圾分类试点项目[1]，至2014年底共创建了1643个生活垃圾分类示范单位[2]。

（二）2015~2019年：生活垃圾分类全面推行起步阶段

2015年5月，深圳市政府制定出台《深圳市生活垃圾分类和减量管理办法》（以下简称《管理办法》）。《管理办法》从生活垃圾分类的标准、投放、收运、处理等四个环节进行详细规范，创新性地设置了生活垃圾分类投放管理责任人，并明确了各环节责任人应当履行的具体义务。《管理办

---

[1] 晶报：《全市500个单位试点垃圾分类》，凤凰网，https://news.ifeng.com/c/7fcqWQvzhWc。
[2] 《深圳市生活垃圾强制分类工作方案》，深圳市城市管理和综合执法局网站，http://cgj.sz.gov.cn/ydmh/ydghjh/content/post_2080498.html。

法》建立了部门联动分工协作机制和监督考核奖励机制，并将考核结果纳入政府绩效考核体系。《管理办法》2015 年 8 月 1 日正式实施，自此，深圳市生活垃圾分类从收集试点阶段跨入全面推行起步阶段。但鉴于市民垃圾分类知识和意识不足、垃圾分类收集处理设施体系有待完善的实际情况，该《管理办法》在具体实施中，实际上以宣传、引导、激励为主，对违反垃圾分类的行为极少进行处罚。

为推进《管理办法》的实施，2015 年深圳市印发了《深圳市生活垃圾分类和减量工作实施方案（2015—2020）》《生活垃圾分类设施设备配置标准》《住宅区生活垃圾分类操作规程》，明确垃圾分类减量工作的具体职责分工，创新宣传方案，加强监督体制建设，规范实施标准，促进生活垃圾源头减量、有效分类。2017 年 5 月，深圳市印发《深圳市生活垃圾强制分类工作方案》。同年 10 月底，实现有物业管理的住宅区（城中村）垃圾分类设施配置全覆盖，垃圾分类处理体系初步建成，为垃圾强制分类提供基础保障。2018 年 1 月 18 日起，深圳以物业和垃圾运输业为执法重点展开生活垃圾强制分类执法行动，对收到整改通知书但仍未在规定期限内完成整改的违法行为人正式进行处罚。

在不断完善垃圾分类设施和处理体系的同时，深圳也积极推进相关宣传教育，建立垃圾分类投放的激励机制，引导市民参与垃圾分类。2018 年 6 月起，深圳开始推行垃圾分类公众教育"蒲公英计划"，发挥深圳作为"志愿者之城"的社会资源优势，在志愿者中培训宣传讲师，组建督导队伍。同时，建设线下科普教育场馆和线上服务平台，推动垃圾分类宣传教育信息化、体系化、规范化，提高市民参与垃圾分类的社会责任感和积极性。2019年深圳市城市管理和综合执法局印发的《深圳市生活垃圾分类工作激励办法》，通过规范责任分工、建立正向激励机制、强化监督管理，提高居民参与率和投放准确率，进而提高生活垃圾的回收利用率。

（三）2019年至今：生活垃圾分类全面实施阶段

随着经济社会发展、城市规模扩大，生活垃圾的产生量不断增加。2019

年，深圳市日垃圾产生量达 2 万多吨，已有 6 座焚烧发电厂和 3 座卫生填埋场，总设计处理能力虽高达 14565 吨/日①，却仍远不能满足垃圾处理需求，因此通过立法加强源头减量、全过程分类管理势在必行。

通过吸收《管理办法》主要内容，总结多年实践经验，2019 年 12 月 31 日，深圳市人大常委会审议通过了《深圳市生活垃圾分类管理条例》（以下简称《管理条例》）。《管理条例》2020 年 9 月 1 日起实施，这标志着深圳垃圾分类由"倡议分类"迈向"强制分类"。② 相较《管理办法》，《管理条例》细化了对主管部门和其他相关部门职责的规定，加大了对违法行为的处罚力度，对垃圾分类方法的规定也更加科学细致，有利于更好践行绿色发展理念，有效改善人居环境，推动环境友好型和资源节约型城市建设。

2020 年底，该《管理条例》施行百天时，深圳生活垃圾分类投放设施、处理设备、管理人员等基本配齐，垃圾分类体系初步建成。据报道，在垃圾分类及投放方面，全市 3823 个小区和 1716 个城中村设置垃圾分类投放点 22252 个，招募 20459 名督导员在投放点引导居民参与垃圾分类，形成"集中分类投放+定时定点督导"分类模式；在垃圾收运方面，全市共配置 1074 台分类收运车辆；在垃圾处理方面，建成厨余垃圾处理点 59 个（日处理能力达 2892 吨）、有害垃圾处理点 2 个、玻金塑纸暂存点 10 个、废旧织物处理点 10 个、废旧家具处理点 16 个、绿化垃圾处理点 21 个，共 118 个分类处理设施。③

2020 年 10 月至 12 月，城管部门对垃圾分类开展了集中执法，对投放点位、垃圾收运车辆、垃圾处理企业等进行检查，针对一些小区的垃圾分类宣传不到位、楼层未撤桶、投放点未按照规定设置、居民垃圾分类规定知晓度低等问题，执法部门向小区物业管理公司开具了整改通知书。2020 年 10 月 9 日，针对某小区垃圾投放点设置不规范、居民未按要求分类投放垃圾等

① 《深圳经济特区生活垃圾分类管理条例草案提请审议　小区楼道不得摆放垃圾桶》，深圳人大网，http：//www.szrd.gov.cn/rdyw/index/post_ 658803.html。

② 《深圳垃圾分类变为"强制分类"不分类乱扔垃圾 50 元起罚》，深圳政府在线网站，http：//www.sz.gov.cn/cn/xxgk/zfxxgj/zwdt/content/post_ 6618209.html。

③ 《深圳垃圾分类条例实施百日：家庭厨余垃圾回收量增加 3.5 倍》，《深圳特区报》，https：//baijiahao.baidu.com/s? id=1685657920011820077&wfr=spider&for=pc。

违法行为，执法部门向该小区物业管理负责人开出全市第一张垃圾分类罚单，对小区物业拟处以一万元罚款。[①]

二 深圳市生活垃圾分类指标体系

本报告根据《深圳市生活垃圾分类管理条例》的相关条款规定，设计了深圳市生活垃圾分类指标体系和市民调查问卷，从硬件设施、管理措施、落实情况以及市民支持度、知晓度、满意度等维度出发，考察了深圳市生活垃圾分类的实际推进情况。

表1 深圳市生活垃圾分类指标体系

一级指标	二级指标	《管理条例》依据
住宅区硬件设施 （20分）	小区集中设置摆放分类垃圾箱情况（4分）	第二十二条
	集中点之外放置垃圾箱情况（3分）	第二十三条
	可回收物的便民回收点或上门回收服务情况（4分）	第三十三条
	小区分类垃圾箱数量满足需求情况（3分）	第二十二条
	小区分类垃圾箱摆放位置满足需求情况（3分）	第二十二条
	小区分类垃圾箱保持完好整洁情况（3分）	第二十条
办公区硬件设施 （12分）	分类垃圾箱配备情况（5分）	第二十四条
	集中用餐场所配置餐厨垃圾专用的垃圾箱情况（4分）	第二十四条
	一次性餐具提供情况（3分）	第四十二条
管理措施 （24分）	专人负责垃圾分类工作情况（4分）	第十九条
	垃圾投放时间段情况（4分）	第十八条
	厨余垃圾密闭存放情况（4分）	第二十八条
	厨余垃圾12小时内清运情况（4分）	第二十八条
	垃圾分类后的分类运输情况（4分）	第二十五条至第四十条
	垃圾分类后的分类处理情况（4分）	第二十五条至第四十条

---

① 《深圳开出垃圾分类首张罚单！这个小区或被罚1万元》，《深圳晚报》2020年10月9日。

一级指标	二级指标(对应问卷问题)	《管理条例》依据
落实情况 (18分)	居住的小区落实情况(3分)	第十六条
	工作场所/学习场所落实情况(3分)	第十六条
	道路、广场、公园、沙滩、公共绿地等公共场所落实情况(3分)	第十六条
	车站、机场、码头等公共场所落实情况(3分)	第十六条
	旅游、文化、体育、娱乐、商业等公共场所落实情况(3分)	第十六条
	大型活动现场落实情况(3分)	第二十一条
市民支持度 (8分)	发现有人没有按要求分类投放垃圾后的处理方式(4分)	第六十一条
	家人对垃圾分类的态度(4分)	
市民知晓度 (8分)	《管理条例》知晓度(4分)	
	执法宣传知晓度(4分)	第六十五条至第七十三条
市民满意度(10分)	总体满意度(10分)	

本报告依据这一指标体系设计调查问卷，面向除深汕特别合作区之外的深圳十个区的市民发放问卷 5497 份。问卷中男性受访者 2284 人，占比 41.55%；女性受访者 3213 人，占比 58.45%。根据问卷中的相应题目，计算二级指标的得分，加总后得到各一级指标实际得分及得分率。总体上，深圳市生活垃圾分类情况处于良好水平，总得分为 78.57 分。从一级指标的得分率来看，深圳市生活垃圾分类的市民满意度和支持度较高，住宅区硬件设施配备优于办公区，市民对《管理条例》特别是相关处罚的知晓度还有待提升（见表2）。

表 2 深圳市生活垃圾分类各一级指标得分情况

一级指标	满分(分)	得分(分)	得分率(%)
住宅区硬件设施	20	15.81	79.05
办公区硬件设施	12	8.88	73.98
落实情况	18	13.74	76.36
管理措施	24	18.75	78.14
市民支持度	8	6.85	85.62
市民知晓度	8	5.74	71.75

一级指标	满分（分）	得分（分）	得分率（%）
市民满意度	10	8.79	87.90
总分		78.57	

注：表中数据因四舍五入略有误差，未做调整。

三 深圳市生活垃圾分类总体落实情况
——基于问卷调查的分析

（一）市民对生活垃圾分类总体支持度高、满意度高

1. 市民对生活垃圾分类的总体支持度高

此次调查显示，深圳市民对于生活垃圾分类的支持程度整体较高。有85.43%的受访者认为家中的所有人都非常支持生活垃圾分类；仅有2.55%的受访者表示家中的所有人都不支持生活垃圾分类（见图1）。只有在主观上认同生活垃圾分类理念和相关工作安排，才能在行动上真正参与到垃圾分类工作当中。因此，深圳市民对生活垃圾分类的大力支持为进一步推动生活垃圾分类工作奠定了坚实的基础，相关政府部门不能辜负市民的期望，要稳步扎实推进生活垃圾分类工作。

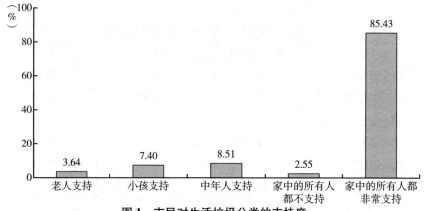

图1 市民对生活垃圾分类的支持度

2. 大部分市民会主动对违反生活垃圾分类管理规定的行为予以劝阻

《管理条例》第六十一条规定，任何单位和个人均有权对违反生活垃圾分类管理规定的行为予以劝阻、投诉和举报。

此次调查显示，有相当一部分市民在遇到和生活垃圾分类精神相悖的行为时，敢于且愿意进行劝阻。67.64%的受访者表示，如果自己的家人违反相关规定，会予以劝阻；24.32%的受访者表示无论是谁违反规定，都会予以劝阻；还有8.04%的受访者则不愿意劝阻违反生活垃圾分类管理规定的行为。不同性别、年龄、受教育程度的受访者在是否劝阻方面表现出显著差别，女性、大学专科及本科教育程度、30~49岁的受访者更有可能对生活垃圾分类违规行为进行劝阻。

3. 市民对生活垃圾分类的满意度高

此次调查中，有87.9%的受访者对深圳市生活垃圾分类工作表示满意。这表明市民对近年来深圳市开展生活垃圾分类工作的成果总体较为认可。

少数对生活垃圾分类工作尚不满意的市民，主要的意见集中在以下几个方面。反映最多的是（64.36%）"分类依赖工作人员监督，没有形成自觉意识"，这说明，生活垃圾分类推行时间尚短，市民还在很大程度上依赖于外部监督，也表明有些市民已经意识到真正贯彻落实生活垃圾分类需要靠每个市民的自觉意识和行动，将生活垃圾分类完全融入日常生活；有一半多的受访者对垃圾分类不够智能便捷（56.24%）、清运和处理环节将垃圾混合处理（55.64%）、缺少垃圾分类管理的公开信息（51.13%）等方面表示不满；对于违反垃圾分类相关规定的行为缺少处罚让45.26%的受访者不满意；还有近30%的受访者认为分时间段投放的规定给生活带来不便。

（二）深圳市民对生活垃圾分类的总体知晓度高，但一些具体事项知晓度有待提升

1. 市民对《管理条例》的知晓度较高

此次调查显示，83.45%的受访者听说过《管理条例》。这表明，市民对该条例的知晓度较高，这是开展生活垃圾分类的有利条件。不同年龄的

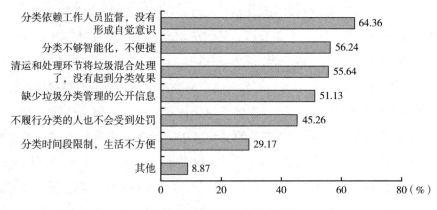

图2　市民对生活垃圾分类的不满意之处

市民对该条例的知晓度有显著差异。18 岁以下受访者中听说过《管理条例》的比例最高，为 88.75%，60 岁以上群体的知晓度最低，为 73.33%。《管理条例》第四十八条要求"市教育部门应当将生活垃圾分类知识纳入本市幼儿园、中小学教育内容"，而本次调查结果表明，学校对于未成年人有关生活垃圾分类的宣传教育工作取得一定成效，这也表明深圳市生活垃圾分类推进工作充分借鉴了发达国家的经验①，做到了生活垃圾分类从娃娃抓起。

2. 市民对具体管理细节知晓度低，在一定程度上影响分类积极性

目前对生活垃圾分类的相关宣传主要集中在投放环节，而居民对生活垃圾分类投放的后续管理知晓度低，影响生活垃圾分类的积极性。此次调查中，超过八成的受访者表示，如果自己清楚地了解生活垃圾分类投放后的处理方式，自己进行生活垃圾分类的积极性将会有所提高。生活垃圾分类投放后如何被处理对民众的分类投放行为具有一定影响，如果民众分类投放后的生活垃圾并未按照规范流程和方式进行分类运输及处理，那么民众对于自身分类投放行为的价值判断便会降低，从而不愿意实际参与生活垃圾分类工作。

---

① 刘梅：《发达国家垃圾分类经验及其对中国的启示》，《西南民族大学学报》（人文社会科学版）2011 年第 10 期。

表 3　市民对生活垃圾分类若干内容"不知道"的比例

内　　容	"不知道"的比例(%)
厨余垃圾是否可做到立即密闭存放	33.67
家庭厨余垃圾在投放时间段结束后,是否能够做到 12 小时内清运?	32.89
年花年桔投放点	29.40
已经分类投放的生活垃圾是否做到了分类运输	41.35
已经分类投放的生活垃圾是否做到了分类处理	36.35
是否有可回收物的便民回收点或上门回收服务	24.81
是否有专人负责垃圾分类的工作?	16.52

3.市民对生活垃圾分类违规行为的处罚情况知晓度较低

此次调查中，仅有略超过一半（51.68%）的受访者听说过有人/有单位因违反《管理条例》而受到处罚。而事实上，截至 2022 年 2 月，因违反《管理条例》而受到行政处罚的案件共 9401 宗，罚款金额共 2172730 元。其中被处罚对象为个人的案件 8910 宗，处罚总金额 898130 元；被处罚对象为单位的案件 491 宗，处罚总金额 1274600 元。[①] 这在一定程度上说明《管理条例》的执法宣传有待加强。

（三）住宅区的相关硬件设施优于办公区

生活垃圾分类投放的前提之一是集中设置摆放分类垃圾箱。《管理条例》对住宅区和办公区的分类垃圾箱的设置提出明确要求。

1.超过九成的住宅区集中设置了分类投放点，且居民满意度较高

《管理条例》第二十二条规定，住宅区生活垃圾分类投放管理人应当根据住宅区规模合理确定生活垃圾分类投放点的数量，集中设置可回收物、家庭厨余垃圾和其他垃圾收集容器，并结合区域特点和消防安全规范确定废弃的家具、电器电子产品和年花年桔投放点。住宅区有害垃圾、废旧织物的收

---

① 资料来源：2022 年 2 月通过向深圳市城市管理和综合执法局申请政府信息公开获此数据。

集容器可以单独设置。针对这一要求，调查中询问被调查者"您所居住的小区是否集中设置摆放了收集可回收物、厨余垃圾和其他垃圾的垃圾箱?"有92.74%的受访者表示居住的小区集中设置摆放了收集可回收物、厨余垃圾和其他垃圾的垃圾箱。

调查从生活垃圾分类设施数量能否满足居民需求、摆放位置是否合理以及是否完好整洁三个方面考察受访者对居住区域垃圾分类设施建设情况的评价。调查显示，受访者的满意度较高，绝大部分受访者认为分类垃圾箱的数量可以满足居民需求，且分类垃圾箱摆放位置合适，设施完好整洁。

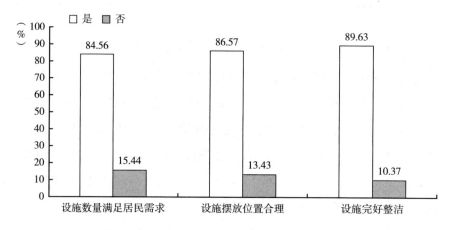

图3　市民对住宅区生活垃圾分类设施评价情况

2. 半数以上住宅区在集中投放点之外还放置了其他垃圾箱，不符合《管理条例》规定

集中设置分类垃圾箱意味着居民只能在集中投放点分类投放垃圾，若在集中投放点之外还有其他垃圾箱，则有可能造成部分居民在非集中投放点投放垃圾。因此，《管理条例》第二十三条规定，除符合生活垃圾分类设施设备设置规范的收集容器外，住宅区公共区域（含地下公共空间）不得设置其他用于收集垃圾的容器。然而此次调查中，有61.47%的受访者表示自己所居住的小区在生活垃圾集中投放点之外的公共区域又放置了其他垃圾箱，这在一定程度上说明，部分小区在设置新的集中投放点的同时可能未将原有垃圾箱全部撤走，管理的精细化程度有待进一步提升。

3. 工作或学习区域分类垃圾箱设置率有待提高

《管理条例》第二十四条规定，生产经营区、办公区应当设置可回收物、有害垃圾和其他垃圾收集容器，其他公共场所应当结合区域特点合理设置可回收物和其他垃圾收集容器。在此次调查的 5497 名受访者中，有 4620 名受访者所在的生产经营区或办公区（教学区）里，设置了收集可回收物、有害垃圾和其他垃圾的垃圾箱，占总样本量的 84.05%；还有 15.95% 的受访者认为其工作或学习区域的分类垃圾箱还有待进一步完善。在有集中用餐的工作或学习的场所中，有 87.49% 已设置了餐厨垃圾专用的垃圾箱。

4. 车站/机场/码头、酒店/餐馆、文体旅游娱乐场所的分类垃圾箱设置情况相对较差

不同类别的工作或学习场所，分类垃圾箱的设置率有显著差异。此次调查显示，仅有学校分类垃圾箱的设置率超过 90%；车站/机场/码头、酒店/餐馆和文体旅游娱乐场所等公共场所的分类垃圾箱的设置率均不足 70%。

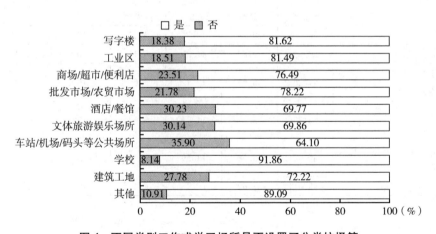

图4 不同类别工作或学习场所是否设置了分类垃圾箱

（四）生活垃圾分类投放制度基本得到落实

市民正确分类投放是整个生活垃圾分类流程的第一步。《管理条例》对分类投放提出了若干管理细则。

1.深圳市民认为各类场所基本做到了分类投放

《管理条例》第十六条指出，产生生活垃圾的单位和个人为生活垃圾分类投放义务人，应当将生活垃圾分类投放至相应的收集容器或者指定的投放点。此次问卷调查中，在问及受访者各类场所垃圾分类投放的落实情况时，受访者可在"基本全部做到"、"部分做到"、"大部分没做到"和"完全没做到"四个选项中进行选择，根据答案选项分别赋值3、2、1、0分，场所最终得分均值越高，表示其生活垃圾分类投放落实情况越好。根据表4可以看出，受访者对五类场所生活垃圾分类投放落实情况的评价相差不大，得分均值都在2.2~2.4分，介于"基本全部做到"和"部分做到"之间。概言之，深圳市各类场所生活垃圾分类投放落实状况较好。

表4　不同场所生活垃圾分类投放落实情况（N=5497）

场所	分类投放落实情况（%）				合计（%）	得分均值（分）
	基本全部做到	部分做到	大部分没做到	完全没做到		
居住小区	56.34	29.82	10.22	3.62	100	2.39
工作或学习场所	52.65	30.87	11.33	5.15	100	2.31
道路、广场、公园、沙滩等公共场所	47.26	35.97	13.12	3.66	100	2.27
车站、机场、码头等公共场所	50.75	33.62	11.95	3.67	100	2.31
文体旅游、娱乐等公共场所	46.92	35.58	13.59	3.91	100	2.26
大型活动现场	45.21	34.69	15.7	4.4	100	2.21

2.约六成受访者会将年花年桔投放到指定地点

年花年桔是特定时间段集中投放的生活垃圾，《管理条例》第十七条第六款指出，废弃的年花年桔应当按照区主管部门公布的时间段，投放至指定的年花年桔投放点，也可以由回收单位、个人上门收集。第十七条第二款规定，市、区主管部门应当公布废弃的家具、电器电子产品、年花年桔和其他花卉绿植收集单位的名单、联系方式和收费标准。此次调查显示，64.31%的受访者会把家里废弃的年花年桔投放到指定投放点；6.29%的受访者表示不会这么做；其余29.4%的受访者不知道有指定投放点。这表明年花年桔的定点投放落实情况还有待提升，相关部门对年花年桔集中投放的重视程度还需提高。

3. 生活垃圾定时投放制度落实情况不尽如人意

《管理条例》第十八条规定，建立生活垃圾定时定点投放制度。其中，家庭厨余垃圾每日投放时间段原则上不少于两个。而在实际的生活垃圾分类工作中，超过一半（52.56%）的受访者所在小区所有类型生活垃圾均不限时间段投放；23.94%的受访者所在小区每日只有1个投放时间段，这与定时投放制度所要求的"家庭厨余垃圾每日投放时间段原则上不少于两个"不一致。被调查者所在小区生活垃圾每日投放时间段在2个及以上的仅为21.05%。另有2.46%的受访者选择"其他情况"，从其填写的具体内容来看，其中绝大多数对自己所在小区设定的生活垃圾投放时间段并不清楚。

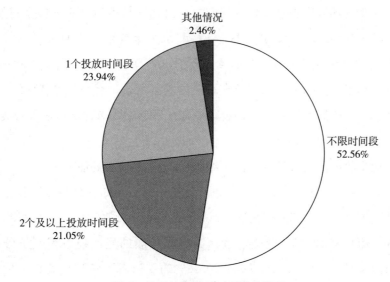

图5 生活垃圾投放时间段的情况

4. 少数住宅小区无专人负责生活垃圾分类工作

《管理条例》第十九条规定，实行生活垃圾分类投放管理人制度。住宅区委托物业服务企业或者专业机构负责环境卫生管理的，受委托的物业服务企业或者专业机构为生活垃圾分类投放管理人。在此次调查中，74.68%的受访者明确指出所在小区有专人负责垃圾分类工作；8.8%的受访者选择无专人负责；还有16.52%的受访者则不清楚所在小区是否有生活垃圾分类投放管理人。

（五）生活垃圾分类收集、运输和处理制度落实情况不尽如人意

生活垃圾分类投放后，还需要有分类收集、运输和处理等环节，只有每一个环节都严格执行，才能确保生活垃圾分类工作落实到位。

1. 厨余垃圾存放及清运远未达到《管理条例》要求

《管理条例》第二十八条第二款规定，家庭厨余垃圾、餐厨垃圾和其他垃圾应当每日定时收集、运输。其中，家庭厨余垃圾应当在指定投放时间段结束后立即密闭存放，并在十二小时内清运。调查显示，不到一半的受访者指出所在小区的家庭厨余垃圾在指定投放时间段结束后会立即被密封保存，接近1/3的受访者不知道小区家庭厨余垃圾是否会立即被密封保存；12.57%的受访者明确否认；还有4.2%的受访者所在小区家庭厨余垃圾根本未得到分类投放。六成受访者所在小区的家庭厨余垃圾可以在12小时内得到清运，近1/3的受访者说不知道，另有6.09%的受访者表示家庭厨余垃圾不能在12小时内得到清运。

2. 仅半数市民认为目前生活垃圾做到了分类运输和处理

《管理条例》第三章详细规定了对各类生活垃圾如何分类运输和分类处理。此次调查中，56.34%的受访者认为目前分类投放的生活垃圾得到了分类处理，而只有50.65%的受访者认为分类投放的生活垃圾得到了分类运输。与此同时，分别有41.35%和36.35%的受访者不清楚分类投放的生活垃圾是否得到了分类运输和分类处理。

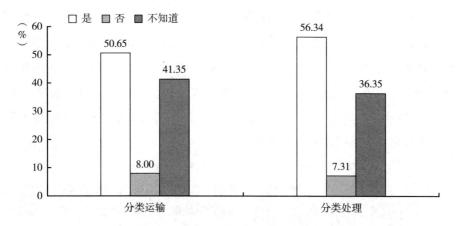

图6　生活垃圾分类运输与分类处理落实情况

（五）源头减量及循环利用机制落实情况有待提升

促进生活垃圾源头减量及闲置物品循环利用不仅能够直接减少垃圾处理
工作量，还能够节约资源。生活垃圾源头减量及闲置物品循环利用机制成为
生活垃圾分类治理工作体系的重要组成部分。

1.超过六成的集体用餐场合提供一次性餐具

《管理条例》第四十二条规定，国家机关、事业单位和群团组织应当发
挥生活垃圾源头减量示范作用。政府采购应当优先采购可以循环利用或者资
源化利用的办公用品，不得采购或提供内部办公场所使用的一次性杯具。集
中用餐不得使用一次性餐具。

一次性餐具凭借其便捷性走进了人们的日常生活，但是其在带来便利的
同时，也加大了垃圾处理的负担，不利于环境保护工作的开展。因此，减少
一次性餐具的使用是契合生活垃圾分类工作的内在目标的，有鉴于此，此次
调查专门询问了工作或学习场所一次性餐具提供情况。受访者中有4241名
表示其工作或学习场所有集中用餐，占总样本量的比重为77.15%。在这
4241名有集中用餐的受访者中，一次性餐具提供比例达到60.82%，未提供
一次性餐具的不足四成。

不同类型的工作或学习场所在提供一次性餐具方面存在显著差异。批发市场和农贸市场提供一次性餐具的比例最高，达到 80.65%，显著高出平均比例；其他高于平均比例的还包括：商场/超市/便利店（69.89%）、其他场所（66.98%）、工业区（65.27%）、写字楼（62.85%）、建筑工地（62.67%）。酒店/餐馆接近平均比例。仅有车站/机场/码头等场所以及学校集中用餐不提供一次性餐具的比例高于提供的比例。

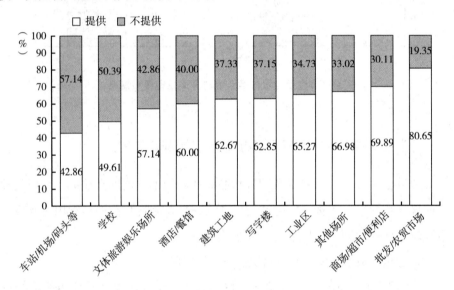

图7　各类工作或学习场所一次性餐具提供情况

2. 可回收物的回收服务还有待改善

《管理条例》第三十三条规定，鼓励再生资源回收单位在住宅区、商场、超市、便利店等设置便民回收点或者回收设施，建立预约回收平台，公开交易目录以及价格，通过定点回收和上门回收等方式，提高可回收物的回收率。

此次调查中，当问及受访者"您生活或工作的周边，是否有可回收物的便民回收点或上门回收服务"时，58.69%的受访者表示其生活或者工作的周边区域有可回收物的便民回收点或上门回收服务；16.5%的受访者选择"没有"，还有 24.81%的受访者对这一问题并不清楚。可见，可回收物的回收服务还有进一步改善的空间，应加强回收服务点的设置和宣传。

四　不同区域生活垃圾分类落实情况

（一）各行政区生活垃圾分类落实情况存在差异

调查显示，深圳不同行政区域在生活垃圾分类硬件设施和管理方面存在显著差异。在住宅区分类垃圾箱设置方面，福田区、罗湖区、南山区和宝安区的设置率超出平均水平，而大鹏新区的分类垃圾箱设置率最低；盐田区、龙岗区两区接近平均水平。在工作或学习场所分类垃圾箱设置方面，设置率位列前三的是宝安区、福田区和龙岗区；坪山区和大鹏新区两区分类垃圾箱设置率低于70%。

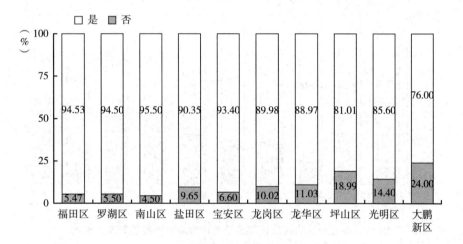

图8　各区域住宅区是否设置了分类垃圾箱

不同行政区域在是否有专人负责生活垃圾分类方面也存在显著差异。福田区、南山区和罗湖区的住宅区配备专人负责生活垃圾分类工作的比例较高，龙华区和大鹏新区落实情况相对较差，其中在大鹏新区，受访者表示住宅区有专人负责生活垃圾分类工作的比例不足50%；且坪山区、龙华区和龙岗区都有接近1/4的受访者不清楚该制度实施情况。

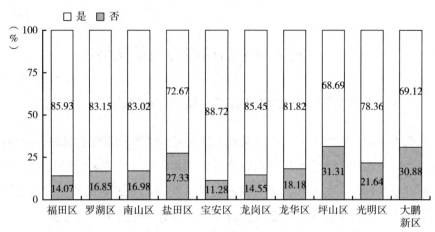

图9 各区域工作或学习场所是否设置了分类垃圾箱

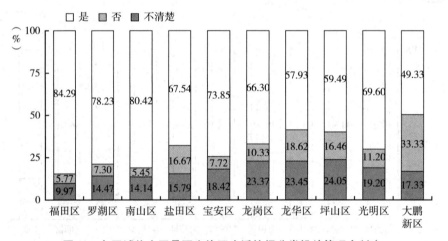

图10 各区域住宅区是否实施了生活垃圾分类投放管理人制度

（二）城中村生活垃圾分类管理相对滞后

城中村的生活垃圾分类管理存在特殊的困难，包括流动人口众多、基础设施薄弱、运作经费短缺、组织协调困难等。① 此次调查显示，深圳城中村

---

① 阮晓波：《城中村垃圾分类的问题与对策研究——以广州市白云区为例》，《广东经济》2020年第12期。

的生活垃圾分类情况在以下多方面与非城中村有显著差异，城中村的生活垃圾分类工作存在一定的滞后性，需引起特别关注。

一是对生活垃圾分类的知晓度和积极性不高。城中村的居民中所有家庭成员均支持生活垃圾分类以及听说过《管理条例》的比例，分别比非城中村居民低8.13个百分点和5.48个百分点，而当发现有人未做到生活垃圾分类时，有10.87%的城中村居民不会劝阻，高于非城中村居民的6.89%。

二是硬件配备不足。城中村分类垃圾箱集中设置率低于非城中村11.45个百分点，城中村居民对分类垃圾箱的数量、位置、完好整洁情况的评价均低于非城中村居民；且在集中收集点之外的公共区域另放有垃圾箱的比例高于非城中村17.07个百分点。

三是生活垃圾分类的管理不到位。未能做到定时定点投放的比例高于非城中村8.42个百分点，有专人负责生活垃圾分类工作的比例低于非城中村14.4个百分点，可做到家庭厨余垃圾12小时内清运的比例也低于非城中村。

表5　城中村与非城中村在生活垃圾分类方面的比较

单位：%

项　　目	城中村	非城中村
分类垃圾箱集中设置率	84.61	96.06
分类垃圾箱的数量可满足居民需求	82.29	85.48
分类垃圾箱位置摆放合理	83.42	87.86
分类垃圾箱完好整洁	83.79	92.01
集中收集点之外的公共区域放置了垃圾箱(反向数据)	73.31	56.24
所有垃圾不限时间段投放(反向数据)	58.54	50.12
有专人负责生活垃圾分类的工作	64.45	78.85
家庭厨余垃圾12小时内及时得到清运	59.21	61.46
当发现有人未进行生活垃圾分类时,不会劝阻	10.87	6.89
听说过《深圳市生活垃圾分类管理条例》	79.90	85.38
所有家庭成员都支持生活垃圾分类	79.65	87.78

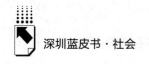

五　进一步推进深圳市生活垃圾分类的建议与展望

自 2019 年深圳市全面实施生活垃圾分类管理以来，全市生活垃圾分类工作进展比较顺利，取得了初步的成效，市民对生活垃圾分类的支持度和满意度较高。但与此同时，存在着区域推进不平衡，办公区硬件配备不足，市民对生活垃圾分类的具体管理细节知晓度低，生活垃圾定时投放、分类收集、分类处理和分类运输制度的落实有待加强等问题。根据调研中发现的问题，建议未来从以下几方面进一步推进深圳的生活垃圾分类工作。

一是加强城中村等重点区域的生活垃圾分类管理。排查城中村分类垃圾箱的设置情况，对部分城中村增加分类垃圾箱。坚持诱导性激励与强制性激励并举①，注重发挥城中村居民间的互助沟通作用，增进城中村居民对生活垃圾分类的认识，引导城中村居民自觉开展生活垃圾分类工作。在城中村加强对生活垃圾分类的宣传，提高城中村居民开展生活垃圾分类的积极性，通过举办各类与生活垃圾分类相关的社区活动，提高居民的参与热情，在城中村招募志愿者担任生活垃圾分类督导员，从而增强居民开展环境保护集体行动的信心，增强居民生活垃圾分类的自主合作行为②。

二是提高生活垃圾分类管理信息公开程度。借鉴日本多样化常态化的生活垃圾分类宣传教育③，加大对《管理条例》具体内容及处罚情况的宣传力度。利用各种媒体，让市民了解违反《管理条例》可能会受到的处罚，引导市民高度重视。采取实地参观、社区沙龙等方式，向市民宣传生活垃圾的收集、运输和处理的具体情况，让市民有机会了解生活垃圾分类投放之后的整个工作流程，从而提高居民对生活垃圾分类投放的主动性和积极性。

---

① 鲁先锋：《垃圾分类管理中的外压机制与诱导机制》，《城市问题》2013 年第 1 期。

② 韩洪云、张志坚、朋文欢：《社会资本对居民生活垃圾分类行为的影响机理分析》，《浙江大学学报》（人文社会科学版）2016 年第 3 期。

③ 吕维霞、杜娟：《日本垃圾分类管理经验及其对中国的启示》，《华中师范大学学报》（人文社会科学版）2016 年第 1 期。

三是建立多元共治的治理机制统筹推进生活垃圾分类各环节协调发展。进一步引导多元主体共同参与垃圾分类全链条的工作，打通从源头分类到末端处置的各个关键环节①。提升居民在垃圾源头分类投放方面的自觉性和主动性；落实各类生活垃圾分类投放管理人的职责，确保专人负责生活垃圾分类工作；严格执行各项惩罚措施；由市场主导生活垃圾源头分类、回收中转和末端处理的产业化运营。

四是完善优化源头减量及循环利用机制。执法部门应对工作或学习场所集中用餐环节使用一次性餐具以及餐饮外卖企业免费配备一次性餐具的情况，进行执法检查，责令限期整改。采用科技化手段提高可回收物的回收服务水平。采取自动投放、电子称重、积分奖励等设备和手段，提高居民主动投放可回收物的便捷性和积极性。

参考文献

［1］刘梅：《发达国家垃圾分类经验及其对中国的启示》，《西南民族大学学报》（人文社会科学版）2011 年第 10 期。
［2］阮晓波：《城中村垃圾分类的问题与对策研究——以广州市白云区为例》，《广东经济》2020 年第 12 期。
［3］吕维霞、杜娟：《日本垃圾分类管理经验及其对中国的启示》，《华中师范大学学报》（人文社会科学版）2016 年第 1 期。
［4］鲁先锋：《垃圾分类管理中的外压机制与诱导机制》，《城市问题》2013 年第 1 期。
［5］韩洪云、张志坚、朋文欢：《社会资本对居民生活垃圾分类行为的影响机理分析》，《浙江大学学报》（人文社会科学版）2016 年第 3 期。
［6］杜春林、黄涛珍：《从政府主导到多元共治：城市生活垃圾分类的治理困境与创新路径》，《行政论坛》2019 年第 4 期。

① 杜春林、黄涛珍：《从政府主导到多元共治：城市生活垃圾分类的治理困境与创新路径》，《行政论坛》2019 年第 4 期。

B.17
2021年深圳市足球场地
对外开放分析报告*

深圳市足球场地对外开放绩效评价课题组**

摘　要： 深圳市足球场地建设情况良好，截至 2021 年，共有足球场地
1155 块，完成广东省下达的"平均每万人拥有足球场地 0.6 块
以上"的任务，初步建成覆盖广、类型多的足球场地。本报告
对深圳市足球场地开放情况开展问卷调查并进行评估分析发现，
在对外开放方面，社会足球场地总得分 68.02 分，其中开放时
间、公益使用、开放形式、场地质量等得分率较高，但收费评
价、智慧管理、扶持监管等得分率较低；学校足球场地总得分
62.43 分，其中公益使用和风险管理得分率较高，但是开放情
况、满意程度、开放意愿等得分率较低。社会足球场地开放存
在的主要问题是收费偏高、运营状况不理想、忙闲时相差较大；
学校足球场地开放存在的最大问题是开放意愿不高和风险责任
划分不清晰。建议完善相关制度和资金支持政策，从场地建设、
标准制定、风险管理、科技支撑、普及推广等方面提高深圳市

* 评价期间，深圳市区有关主管部门积极落实深圳市委、市政府决策部署，创新构建"一网统管、
一键预约"体育场馆开放预约平台，并于2021年9月1日将其接入深圳市"i深圳"政务服务平台
试运行。2022年6月18日，"i深圳"体育场馆开放一键预约平台正式上线，受到市民的热烈欢迎。
据了解，截至2022年7月22日，一键预约平台累计接入场馆1446所，开放运动场地5555片。仅2022
年，一键预约平台总订单量超过94万宗，其中"6·18"后一个月的订单量达37万宗，是前几个月
月均订单量的4.1倍；累计入场锻炼人数近213万人次，其中"6·18"后一个月的入场锻炼人数达
73万人次，是前几个月月均入场锻炼人数的3.4倍。
** 课题组成员：李朝晖、宋奎、李帆、张志明、徐宇珊、倪晓锋、赵丹。本报告执笔人：倪晓
锋，深圳市社会科学院副研究员；赵丹，深圳市社会科学院助理研究员；张志明，深圳市财
政局三级主任科员。

足球场地的开放度和开放效益。

关键词： 社会足球场地 学校足球场地 对外开放

一 相关背景

党的十八大以来，习近平总书记高度关心和重视体育事业发展，多次对足球改革和发展提出具体要求。为进一步满足群众体育健身需求、普及推广足球运动、全面振兴中国足球和建设体育强国，近年来，我国出台了一系列关于足球改革和发展、培养全社会足球文化、发展青少年足球、完善足球场地等基础设施建设和对外开放的政策文件。2017年2月教育部和国家体育总局发布的《关于推进学校体育场馆向社会开放的实施意见》、2020年9月国务院办公厅发布的《关于加强全民健身场地设施建设发展群众体育的意见》、2021年1月国家体育总局和国家发展改革委联合印发的《关于加强社会足球场地对外开放和运营管理的指导意见》均明确要求社会足球场地应积极向社会开放，促进具备开放条件的学校足球场地对外开放。

深圳市全面落实国家、广东省对于足球改革发展的相关部署，在土地资源高度紧缺的情况下，充分挖掘各区潜力，盘活现有资源，积极推动社会足球场地建设，圆满完成《广东省足球场地设施建设规划（2016—2020年）》中下达的"平均每万人拥有足球场地0.6块以上"的任务。为深入了解足球场地开放情况，本报告积极搜集、汇总分析国家、省、市出台的与足球事业发展、足球场地建设、足球场地运营管理和对外开放等相关的政策文件，学习借鉴国内外城市有关社会和学校足球场地开放的相关经验和做法，先后与市区体育和教育主管部门、学校代表、社会足球场地投资方和运营方代表座谈，以3套问卷分别对社会足球场地经营机构、学校、足球爱好者展开调查，电话访谈100余人次，从开放服务、开放管理、开放保障与公众评价等维度对足球场地开放情况进行评估分析。

二 社会足球场地开放情况评价

2021 年，深圳市社会足球场地开放运营绩效评价的总体得分为 68.02 分，其中，在四个一级指标中，开放服务得分率相对较高，开放保障得分率最低。二级指标中，得分率较高的指标有开放时间、风险管理、日常管理、公益使用、开放形式和场地质量；得分率较低的指标有收费评价、智慧管理、扶持监管等。

表 1 深圳市社会足球场地开放运营指标得分情况

一级指标	一级指标得分	一级指标得分率(%)	二级指标	二级指标得分	二级指标得分率(%)
开放服务 (40分)	29.03	72.57	开放时间(18分)	14.39	79.97
			开放形式(11分)	7.14	64.87
			场地质量(5分)	3.27	65.31
			公益使用(6分)	4.23	70.53
开放管理 (20分)	12.80	63.99	日常管理(8分)	5.74	71.79
			智慧管理(8分)	3.97	49.68
			风险管理(4分)	3.08	77.00
开放保障 (20分)	10.50	52.48	扶持监管(14分)	7.16	51.13
			收入多元(6分)	3.34	55.61
公众评价 (20分)	10.69	53.43	总体印象(8分)	4.77	59.63
			质量评价(8分)	4.58	57.26
			收费评价(4分)	1.33	33.36
附加项 (10分)	5		政策制定(5分)	2	
			媒体宣传(2分)	1	
			基层探索(3分)	2	
总计	68.02				

注：数据因四舍五入原因，略有误差。

（一）开放服务情况较佳

社会足球场地对外开放的整体服务质量相对较好，开放服务指标得分率为 72.57%。一是社会足球场地对外开放时间较长，得分率达 79.97%。较高比例的社会足球场地开放时间达到或超过国家要求①，近六成的社会足球场地全年面向社会开放达 330 天及以上，72.31% 的社会足球场地每周对外开放超过 35 小时，66.10% 的场地周末、法定节假日、寒暑假每天开放时间超过 8 小时。其中有 42.94% 的场地每周开放超过 80 小时，有 44.63% 的场地周末、法定节假日、寒暑假每天开放时间超过 12 小时，远超国家要求。

表2　全市社会足球场地"开放时间"考察

单位：%

开放时间考察题目	问题选项	占比
全年开放天数	仅供单位内部使用,不向社会开放	13.56
	120 天以下	8.47
	120~239 天	7.91
	240~329 天	12.43
	330 天及以上	57.63
每周开放时间	80 小时及以上	42.94
	60~79 小时	9.60
	35~59 小时	19.77
	20~34 小时	8.47
	20 小时(不含)以下	5.65
	仅供单位内部使用,不向社会开放	13.56
周末、法定节假日、寒暑假每天开放时间	12 小时及以上	44.63
	8~12 小时(不含 12 小时)	21.47
	6~8 小时(不含 8 小时)	12.43
	6 小时(不含)以下	7.91
	仅供单位内部使用,不向社会开放	13.56

---

① 国家要求指《关于加强社会足球场地对外开放和运营管理的指导意见》（体经字〔2021〕24 号）的相关要求，即政府投资建设或有政府补贴的球场，全年开放天数不少于 330 天，每周开放时间不少于 35 小时，周末、法定节假日和寒暑假每天开放时间不少于 8 小时。

二是开放对象较多元、形式较多样，开放形式指标的得分率为 64.87%。社会足球场地面向的用户比较多元，社会零散足球爱好者、企业单位团体用户、足球专业训练人员、足球培训辅导人员、本单位内部职工及家属等均为社会足球场地的主要用户。有超过七成的社会足球场地举办过公开赛事活动。有近 3/4 的社会足球场地与学校、青少年俱乐部合作，为学校青少年提供场地、教学、培训服务。

三是具有一定公益使用优惠，公益使用指标的得分率为 70.53%。77.4% 的场地针对学生、基层足协、社区足球俱乐部、青少年体育俱乐部优惠开放。在非高峰时段，35.03% 的足球场地免费开放，42.94% 的足球场地低收费开放。

（二）开放管理表现为中等水平

社会足球场地的开放管理指标得分率为 63.99%，整体水平尚可，基本满足对外开放的需求。一是日常管理制度比较完善，日常管理指标得分率为 71.79%。绝大部分社会足球场地具有专业运营团队或专职管理人员。超过半数社会足球场地有专业运营团队；37.29% 的场地虽无专业运营团队，但有专职管理人员；不过仍有 12.43% 的场地无专职管理人员。近85% 的社会足球场地制定了场地运营管理制度，并且按照相关标准定期维护保养。二是智慧管理水平较低，智慧管理指标得分率仅 49.68%。目前有近四成的社会足球场地没有信息化系统。具备信息化系统的社会足球场地所拥有的系统功能尚不完善，仅有约三成社会足球场地的信息化系统具备线上查询、组队约战、赛事报名、赛事服务安全管理、开放管理、人员信息登记和人流监测等功能；仅有半数社会足球场地可进行网络预约，这其中相当一部分是通过微信实现的。三是风险管理情况较好，风险管理指标得分率为 77.00%。有超过九成的社会足球场地制定了突发事件应急预案，超过 2/3 的社会足球场地明确提醒用户购买意外保险，但超过四成的社会足球场地未购买场地公众责任险，说明风险管理仍有较大提升空间。

（三）开放保障略为不足

社会足球场地的开放保障指标得分率最低，为52.48%，表明相关政策环境有较大的提升空间，球场财务状况不容乐观。一是相关支持和监管政策不完善，扶持监管指标的得分率为51.13%。超过六成的社会足球场地从未享受过政策支持，从未获得过任何来自政府的收入，也从未接受过来自政府或行业协会的绩效评价。二是收入多元化程度较高，收入多元指标的得分率为55.61%，但收支状况依然堪忧。有超过一半的社会足球场地有三种以上收入来源，其中场地租赁、青少年体育培训、赛事策划组织和企业团建是球场主要的收入来源渠道，也有少数社会足球场地有体育装备或彩票销售、足球研学旅游、餐饮服务、场地冠名权、广告等收入。但全市超过一半的社会足球场地处于亏损状态，其中超过两成为严重亏损，盈利的不足一成。

（四）公众评价总体一般

社会足球爱好者对社会足球场地的整体评价不高，公众评价指标的得分率仅为53.43%。一是公众总体印象一般，总体印象指标的得分率为59.63%。足球爱好者认为社会足球场地整体利用率较高，有28.02%的足球爱好者表示场地任何时候都不容易预约，基本达到饱和；近四成表示需提前预约才能预约到场地。足球爱好者对社会足球场地的总体满意度偏低，超过3/4的足球爱好者对社会足球场地的满意度评价为一般或不满意。二是市民对社会足球场地和场地服务质量的评价尚可，质量评价指标的得分率为57.26%。分别有34.28%和39.35%的足球爱好者认为社会足球场地的场地质量和服务质量处于良好和很好的水平。三是市民对社会足球场地的收费评价较低，收费评价指标的得分率为33.36%。调查显示58.7%的足球爱好者表示目前社会足球场地的租金过高，甚至超出其承受能力。

三 学校足球场地开放情况评价

全市学校足球场地开放运营绩效评价的总得分为 62.43 分。其中，在四个一级指标中，开放管理指标得分率最高，表明球场整体管理水平较好；公众评价指标得分率最低，表明公众对球场开放及使用的满意度欠佳。二级指标中，公益使用和风险管理指标的得分率远远高于其他指标，表明学校对外开放以免费为主，公益性强；学校风险管理情况好，风险意识强。而开放情况、满意程度、开放意愿等指标得分率较低，学校足球场地较少开放、开放对象范围小、开放意愿弱等直接导致公众满意度低，进而拉低了总得分。

表3 深圳市学校足球场地开放运营指标得分情况

一级指标	一级指标得分	一级指标得分率(%)	二级指标	二级指标得分	二级指标得分率(%)
开放服务 (40分)	23.52	58.81	开放时间(10分)	6.17	61.69
			开放对象(12分)	7.43	61.95
			公益使用(6分)	5.82	96.97
			开放意愿(12分)	4.10	34.19
开放管理 (20分)	12.66	63.29	日常管理(10分)	5.91	59.09
			智慧管理(5分)	2.26	45.11
			风险管理(5分)	4.49	89.87
开放保障 (20分)	10.89	54.43	政策保障(10分)	5.16	51.63
			硬件保障(10分)	5.72	57.24
公众评价 (20分)	7.86	39.30	开放情况(4分)	0.74	18.51
			满意程度(8分)	2.44	30.45
			质量评价(8分)	4.68	58.55
附加项 (10分)	7.5		政策制定(5分)	2.5	
			媒体宣传(2分)	2	
			基层探索(3分)	3	
总计	62.43			62.43	

注：数据因四舍五入原因，略有误差。

（一）开放服务总体一般

开放服务指标得分率为58.81%，总体一般。一是开放时间情况相对较好，开放时间指标得分率为61.69%。在调查的231所已开放足球场地的学校中，有84.42%的学校在周末、法定节假日、寒暑假对外开放，37.23%的学校在下午放学后对外开放。但近10%的学校甚至不允许本校学生在校内非体育课时段自由使用足球场地。二是开放对象以本校师生为主，开放效果一般，开放对象指标得分率为61.95%。在已经开放足球场地的学校中，存在场地使用人数较少和几乎无人使用情况的学校合计超过一半，场地的使用率总体不高。三是学校对外开放的足球场地公益使用情况很好，公益使用指标得分率为96.97%。除极个别学校外，绝大部分学校足球场地免费对外开放。四是学校对外开放足球场地的意愿很低，开放意愿指标的得分率为34.19%。目前尚未对外开放足球场地的学校中，有超过一半的学校不愿意对外开放校园足球场地。

（二）开放管理水平整体尚可

开放管理指标得分率为63.29%，开放管理水平整体尚可，得分率在四个一级指标中最高。一是日常管理制度建立情况较好，日常管理指标的得分率为59.09%。目前，几乎所有对外开放足球场地的学校均采用自行管理方式。在已经对外开放足球场地的学校中，绝大多数学校已经向公众公示明确的安全事项、开放时间、联系方式、服务内容等。特别是安全事项的公示比例高于社会足球场地。二是智慧管理水平低，智慧管理指标得分率为45.11%。目前，已经对外开放足球场地的学校中，仅有不足5%的学校可以通过网络预约场地，超过四成的学校仅采取现场预约的方式。三是风险管理意识很强，风险管理指标的得分率为89.87%。学校对于足球场地开放工作有很高的风险意识。有94.41%的学校认为，使用学校足球场地的社会公众需要购买个人意外伤害保险。超过八成的学校针对突发事件和疫情防控等制定了应急预案和处置制度。

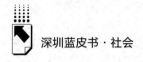

（三）开放保障水平一般

学校足球场地的开放保障指标得分率为54.43%，保障水平有待提高。一是政策保障不足，政策保障指标得分率为51.63%。较多学校认为足球场地开放的经费支持不足，有一半学校未得到过政府给予的球场开放经费补偿。二是硬件保障有潜力，硬件保障指标得分率为57.24%。目前，学校足球场地对外开放所需要的硬件配套情况较好。有近六成的学校已经具备或者有条件实现足球场地与教学区域相对独立或隔离。同时，分别有83.88%和62.17%的学校足球场地已安装监控设备和夜间照明设备。

（四）公众评价整体偏低

学校足球场地开放的公众评价很低，公众评价指标得分率仅39.30%，开放水平与质量亟待提高。一是学校足球场地开放程度很低，开放情况指标得分率仅为18.51%。仅有15.7%的足球爱好者表示其所在社区的学校足球场地课余时间会对外开放，而高达七成左右的爱好者表示学校足球场地不对外开放。二是市民对学校足球场地的开放满意度低，满意程度指标得分率为30.45%。有55.9%的足球爱好者对学校足球场地的开放情况不满意，仅有11.0%的足球爱好者表示满意。三是市民对学校足球场场地和场地服务质量的评价相对较好，质量评价指标得分率为58.55%。经常在学校足球场地踢球的市民对学校足球场的场地质量和服务质量评价较好，约有40%的市民认为开放的学校足球场地的场地质量和服务质量达到良好或很好的水平，略高于市民对社会足球场场地质量和服务质量的评价。这表明学校足球场地本身的场地质量是具备开放条件的。

四 深圳市足球场地开放存在的主要问题

（一）足球场地总量不足、用地性质复杂，影响开放的持续性

1. 足球场地总量不足，区域分布不均

按照第七次全国人口普查数据计算，深圳市每万人拥有足球场地0.65

块，达到《广东省足球场地设施建设规划（2016—2020年）》所提出的"平均每万人拥有足球场地达到0.6块以上"的要求，但离"有条件的地区达到0.7块以上"的建设目标仍存在差距。从区域分布看，全市足球场地将近一半在宝安区和龙岗区，而人口比较密集的罗湖区、龙华区等区域的足球场地数量较少，且大多为开放度较低的学校足球场地。对足球爱好者的问卷调查显示，87.7%的人希望增加足球场地数量，足球场地供求失衡问题突出。

2. 足球场地的用地性质比较复杂，永久场地少

深圳市土地资源比较紧张，很难有较大的连片土地建设足球场，只能因地制宜利用一些"边角地"、待建地建设足球场。调查显示，仅有18.08%的足球场地用地性质为规划内体育用地，利用公园绿地建设的永久足球场地占12.43%，利用本单位内部用地建设的足球场地占28.81%，而利用公园绿地或其他用地建设的临时足球场地占40.67%，其中超过一半未明确使用年限，面临随时被拆除的风险。

（二）各方诉求多元化，运营状况不理想

1. 足球场地开放利用分布不均，结构性闲置问题突出

足球场地利用分布不均体现在两个方面，一是忙时和闲时的利用率差异较大，大多数球场在工作日白天使用率极低，而夜间和周末的使用率普遍可以达到70%以上。二是人口密集区域和偏远地区足球场地的使用不均。调查显示，大部分（79%）的足球爱好者把球场的地理位置作为其选择场地的首要考虑因素，而且大多会选择在5公里范围内进行足球运动，导致人口密集区域的足球场地"一场难求"，而偏远区域因为交通不方便，再加上没有太多的足球赛事活动承载，场地利用率低。

2. 运营专业化、信息化水平不高，收入来源单一

运营管理缺乏统一标准和指导性文件，专业运营人才队伍建设不足。运营收益水平与能力较差，主要依靠场地租金收入，多元化增值服务模式与规范化、品牌化运营模式尚未形成。信息化管理不足，导致预订服务不到位，

影响球场使用率和收益率的提高。

3. 公益开放局限于闲时，影响实际效果

国家对政府投资或补贴足球场地的公益开放有明确规定，但受开放时间限制影响，大部分球场选择将公益开放时间限定在闲时，给想要享受公益开放的足球爱好者带来很多不便，造成实际有公益开放但无人踢球的情况。相比较，香港足球总会规定的公益开放时间是周一到周五的 16：00～18：00 和周末的9：00～11：00，而且统一聘请教练进行青少年训练，公益开放的效益真正得到体现。

（三）配套设施不完善，社会足球场地收费相对较高

1. 社会足球场地配套设施不齐全

整体来看，现有社会足球场地配套功能单一，普遍缺少更衣室、淋浴间、医疗救助设备和必要的便民性商业配套，无法满足群众需求和赛事需求。针对社会足球场地的问卷调查显示，仅有 50.28% 的球场配有更衣室，有淋浴间的仅占41.81%，拥有医疗救助设备和物资补给设施的分别也只有52.54%和49.15%。

2. 部分运营机构日常管理制度尚不完善，风险管理意识不强

大多数社会足球场地建立了日常管理制度，但仍有少部分运营机构日常管理制度尚不完善、风险管理意识不够强。调查发现，有 15.82%的社会足球场地未制定场地运营管理制度，8.47%未制定应急预案和处置制度，15.25%未做到按相关标准定期维护保养，41.81%未购买公众责任保险。

3. 社会足球场地收费相对较高

深圳社会足球场地的收费总体较高。市场调查显示，七（八）人制足球场地收费在 200～1700 元/场，平均收费为 870 元/场，晚上、周末、法定节假日等高峰时间段平均收费均超过 1000 元，再加上交通、餐饮等其他费用，对经常踢球的人来说是一笔不小的开支。针对足球爱好者的问卷调查显示，58.7%的人表示足球场地租金过高，甚至超出其承受能力；66.7%的人希望能够适当降低球场收费。

（四）主客观因素交织，学校足球场地开放度和满意度不高

1. 安全隐患和责任划分让学校对足球场地开放顾虑重重

调查发现，超过四成的学校足球场地与教学区域目前没有物理隔离且学校认为不具备隔离条件，学校在校园安全、人身伤害等方面存在一定程度的担忧和顾虑。超过40%的学校足球场地未开放的原因是学校担心存在安全隐患，45.45%的学校没有专人负责管理足球场地等体育设施开放。

2. 天然草坪使用时间有限、维护成本高，难以满足学校足球场地对外开放的需要

为完成绿化指标等原因，深圳市有些区要求学校新建足球场地时必须使用天然草坪，问卷调查发现，近四成（39.14%）的学校足球场地是天然草坪。天然草坪需要专人进行维护，每场训练或比赛之后都需要及时维护保养，维护成本高，不仅难以对外开放，甚至连本校学生使用都受到严重限制。调查中有近10%的学校不允许本校学生校内时间在球场上自由运动。

3. 开放政策宣传力度不足，知晓度有待提高

深圳市早在2016年就公布了335所对外开放体育设施的学校名录，但是宣传有待加强。在针对足球爱好者的问卷调查中，有15%的爱好者表示不清楚社区周边的学校球场地是否开放。有超过一半的学校表示足球场地开放时段实际使用人数较少甚至几乎没有，这与高达86.7%的足球爱好者希望学校足球场地能够对外开放形成鲜明对比。

（五）足球群众基础弱，足球参与者呈"中产阶层化"特征

1. 足球爱好者和从业人员偏少

根据市足协的初步统计，深圳市长期活跃的业余足球队有3000余支，参与人员大约有10万人，占常住人口的比例仅为0.57%。即使是深圳足球俱乐部的主场比赛，平均每场的到场观众也不足1万人，与足球发展相对较好的城市有很大差距。

2. 足球参与者呈现"中产阶层化"特征

现代足球在发源时就被打上了"工人阶级"和"平民运动"的烙印，中国最早的一批足球参与者大部分也是城市职工和一般劳动者。但随着资本进入和足球产业化推进，以及踢球成本的增加，足球已逐步转变成"中产阶层"的运动。调查发现，62.9%的足球爱好者月收入在1万元以上，其中月收入在2万元以上的人员比例也达到了27%，而且收入越高，参加足球运动的频率越高，月收入在5万元以上的群体中约有68%的人每周踢球1次以上。收入低于5000元的足球爱好者主要为未成年人和学生，其背后可能也有中产家庭支撑。

五 相关建议

为进一步推动足球场地开放，不断提高人民群众公共文化服务的获得感和幸福感，结合本次调查发现的问题，本报告提出建议如下。

（一）完善制度，推动足球场地全面开放

一是制定深圳市社会和学校足球场地开放实施办法。应对标先进地区做法，紧密结合深圳实际，尽快制定深圳市社会和学校足球场地开放实施办法，对社会和学校足球场地开放的总体要求、开放范围、开放方式、风险防控、安保机制、保障措施、经费保障等做出明确安排和规定。二是建立足球场地开放绩效评价体系。建议建立足球场地开放绩效评价体系，定期开展绩效评价，将评价结果与预算资金、财政补贴、政府购买服务等挂钩。获得优秀评价的运营管理机构可享有同等条件下优先续约和承接政府购买公共服务项目的资格。三是加大足球场地开放资金支持力度。提高对社会足球场地运营、维护、举办赛事活动等的经费支出，对公益性免费或低收费开放、提供青少年培训、承办赛事等的足球场地予以经费支持。多途径筹措经费，不断改善学校体育场馆条件，支持学校体育场馆开放。

（二）因地制宜，为高质量开放创造有利条件

一是因地制宜规划推进全市足球场地建设。建议简化室外足球场地设施用地手续，充分利用公园绿地、工业厂房、闲置用地等空间资源建设足球场地设施，禁止足球场地在建成后的 5 年内擅自改变其产权归属和功能用途。规划建设一批重大足球场地设施，逐步形成球场群落。二是打造笼式足球场地、迷你足球场地等"家门口的足球场"。调查显示，深圳市62.6%的足球爱好者选择在 7 人制足球场地踢球。球场类型上，建议深圳市适当增加 7 人制足球场地建设数量和比例。同时利用城市"边角地"、房宇楼顶、通风廊道等空间，大力发展笼式足球场地和迷你足球场地，打造"家门口的足球场"。草皮类型上，从开放便利度角度而言，鼓励多引进维护相对便利的新型人工草坪，特别是学校足球场地建设和改造应以人工草坪为主。三是通过行业标准建设提高足球场地硬件配套质量。针对场地质量参差不齐问题，建议制定深圳市社会足球场地建设运营行业标准，引导场地运营方对不符合标准的场地进行整改，保证市民在安全环保的场地上进行足球活动。有条件的足球场地建议更新或增设照明设备、更衣室、公厕、淋浴间、无线网络、AED 设备、简易观众看台、停车场、休憩场所等足球场地配套设施。

（三）多措并举，促进社会足球场地持续开放

一是培育一批专业的足球场地运营品牌。建立足球场地运营交流平台和培训机制，为足球场地运营管理机构提供系统的管理运营交流平台，为赛事组织等提供专业知识培训，提高从业人员的业务能力、运营方的经营能力以及办赛水平。通过委托授权、购买服务等方式，积极引进、扶持和培育一批足球场地专业运营管理主体，形成若干个专业化的足球场地运营品牌，提高场地设施运营管理水平和收益能力。二是鼓励运营机构积极实施"足球+"产业化发展战略。鼓励运营管理机构在场地租赁、赛事组织之外，积极拓展业务范围，发展企业团建、体育装备和体育彩票销售、足

球场地冠名等业务。支持运营管理机构延伸足球产业链，实施"足球+"和"+足球"战略，推动足球与研学、休闲、旅游、商业等产业融合发展。三是积极探索以城市业余足球竞赛平台和青少年联赛体系、采购非高峰时段、灵活的忙闲时定价体系等支持社会足球场地持续经营。建立健全市校园足球、青少年足球、社会足球等赛事体系，完善城市业余足球竞赛平台和青少年联赛体系，将组织赛事活动作为提升场地利用率、稳定客户消费频次、提升知名度的重要手段。针对不同区域足球场地采取不同时段采购的方式，提高全市足球场地的整体使用率。

（四）积极探索，推动学校足球场地开放

一是加强学校足球场地升级改造和物理隔离建设。将学校足球场地设施建设纳入深圳市学校建设总体规划，新建学校的足球场地等室外体育场馆应与教学区进行物理隔离。新建或新改造的学校足球场地应以使用人工草坪为主，便于维护和开放。对现有学校足球场地进行硬件设施排查，为缺少夜间照明、安全监控、急救药品设施等的学校足球场地加装相关设施设备。二是建立完善的学校开放人群准入制度和志愿服务制度。建立开放人群准入制度，对开放人群进行信息登记并发放电子准入证件。鼓励市民参与学校场馆开放的志愿服务工作，发挥其在活动组织、安全防护、秩序维护等方面的作用。三是建立区级统一的学校体育场馆开放运营、风险防范和运动纠纷处理机制。建立健全有关加强学校体育场馆开放安全保卫方面的工作机制，做好场馆设施开放时段的校园安全保卫工作。为开放体育场馆设施的学校统一购买足够额度的公众责任险，为已经购买运动伤害类保险的个人优先发放电子准入证件。针对学校体育场馆开放运营中的风险防控和纠纷处理问题，探索建立区级统一的处理机构，减轻学校负担。四是分时、分类、分步稳妥推进学校足球场地开放。开放方式上，可以采用定时定段与预约开放相结合的方式；开放对象上，学校足球场地优先保障"双减"后本校学生课后、法定节假日和寒暑假的运动需求，在确保安全的基础上逐步向学生家长、本社区居民和其他社会公众开放。

（五）科技助力，实现足球场地智慧管理

一是加快建设全市统一的深圳智慧足球平台。探索建设全市统一的深圳智慧足球平台，并搭载全市"智慧+"足球场地开放地图、"全民健身码"、一键查询预约等数据库，实现线上查询、场地预订、同城约战、赛事报名、客流统计、人流监测及追溯等功能，达到管理和服务的智慧一体化。二是以"视频+5G"技术为基础推动场地管理智能化建设。安装智能化设备，实现远程场馆管理，采用多角度、超高清、无人值守的轻量化专业拍摄方式，定制内容传播，提升对足球爱好者的吸引力和场地使用率。三是通过智能识别手段提高学校体育场馆开放的信息化管理水平。探索建立电子隔离系统，以技术手段实现学校开放区域与不开放区域相隔离，解决不具备足球场地与教学区域物理隔离条件学校的后顾之忧。

（六）扩大足球人口，营造良好的足球氛围

一是加强足球从业人员培训和认证体系建设。建立足球教练员、裁判员、讲师、队医、营养师、理疗师等技术人才的培训制度和注册、认证体系，通过政府补贴方式，引导更多市民参与教练员、裁判员等培训活动。建立健全校园足球师资培训机制，实施体育教师足球专项培训计划。支持退役足球运动员经过相关培训考核及认证，从事足球教练员、裁判员、讲师及学校体育老师、球员代理人等职业。二是推动校园足球进一步普及。加大足球传统校和特色示范校的建设力度，深化学校体育改革，可将足球活动作为学校延时服务、阳光体育的重点内容，积极打造"校内有比赛、校际有联赛、市级有选拔"的校园足球竞赛体系。三是发展群众足球活动。鼓励各企事业单位、社区、组织举办丰富多彩的社会足球活动，并引导和鼓励职业足球俱乐部重视足球文化建设，塑造品牌形象，推进球迷组织建设，培育稳定的俱乐部球迷群体。

B.18
国家生育政策调整下深圳市民生育状况
及生育意愿调查[*]

倪晓锋[**]

摘　要： 全面二孩政策实施以来，2016~2019 年深圳市出现了一个生育高峰期，不过 2020 年，深圳市出生人口数量又有所下降。2021 年国家实施了一对夫妻可以生育三个子女政策及相关配套支持措施，本次调查主要考察了深圳市民的生育意愿。调查发现，只有 11.7% 的受访者有生育三孩或更多孩子的意愿，最多（49.3%）的市民希望能够有 2 个孩子，不愿意生孩子的比例达到 8.7%。生育意愿不高的主要原因是经济压力大、没有时间和精力照顾小孩，以及孩子的教育压力大等。市民最希望政府提供的生育配套政策，按需求度由高到低分别是发放生育补贴、给多孩家庭提供住房支持政策、推进教育公平和优质教育资源供给、延长产假或实施父母育儿假等。建议加大生育配套政策支持力度，完善托育服务体系，对已婚已育妇女就业予以支持等。

关键词： 三孩政策　生育意愿　生育配套政策

一　研究背景

低生育率已经成为全球性现象，为了应对生育难题，不少国家和地区纷

---

　*　本报告是深圳市社会科学院2022年专项研究课题"深圳市中长期人口发展战略研究"成果。
　**　倪晓锋，博士，深圳市社会科学院副研究员。

纷出台生育促进政策，以保持健康的人口更替水平。党的十八大以来，国家高度重视人口问题，并根据我国的人口和经济社会发展形势及时调整生育政策。2015年12月，全国人大常委会通过了《中华人民共和国人口与计划生育法修正案》，并于2016年1月1日实施全面二孩政策。2021年7月，根据我国人口发展的趋势，中共中央、国务院通过了《关于优化生育政策促进人口长期均衡发展的决定》，提出了实施一对夫妻可以生育三个子女政策及相关配套支持措施。

2016年全面二孩政策实施以来，深圳市出生人口数量呈上升趋势，到2019年达到顶峰，在生育需求得到释放之后，2020年出生人口数量又有所下降（见表1）。为了了解深圳市民的生育意愿，深圳市社会科学院针对深圳市十个区（不含深汕特别合作区）的市民开展了本次调查，为下一步优化人口生育配套政策提供决策参考。

表1 2015~2020年深圳市人口生育情况

年份	出生人口数（人）	出生率（‰）	自然增长率（‰）
2015	71515	19.64	18.36
2016	87167	22.33	20.99
2017	116564	25.45	23.92
2018	105864	21.58	20.29
2019	117153	21.68	20.39
2020	98708	17.01	15.74

资料来源：《深圳市统计年鉴2021》。

二 样本情况

本次问卷以封闭性问题为主，并附加少量开放性问题，调查的主要对象为16~64岁的深圳市民，共收回3740份有效问卷，具体行政区域数量分布如表2所示。从行政区域来看，实际回收样本量覆盖深圳十个行政区，区域样本量分布比重与目标样本所占比重基本保持一致。

表2 深圳市三孩生育政策问卷样本数量分布

区　域	目标样本情况			实际回收样本情况	
	第七次全国人口普查数据（人）	所占比重（%）	目标样本量（份）	回收样本量（份）	所占比重（%）
福田区	1553225	8.9	266	325	8.7
罗湖区	1143801	6.5	196	228	6.1
盐田区	214225	1.2	37	42	1.1
南山区	1795826	10.3	308	373	10.0
宝安区	4476554	25.6	768	1016	27.2
龙岗区	3979037	22.7	682	758	20.3
龙华区	2528872	14.5	434	509	13.6
坪山区	551333	3.1	94	250	6.7
光明区	1095289	6.3	188	191	5.1
大鹏新区	156236	0.9	27	48	1.3
总　计	17494398	100.0	3000	3740	100.0

调查结果显示，样本中30~39岁人员最多，接近总调查人数的一半；其次为40~49岁人员，所占比例超过1/5。性别方面，为了更多地体现女性的生育意愿情况，本次调查特地加大了女性样本比重，样本中女性人员占比达78%，为男性人员占比的3.55倍。在户籍分布方面，深圳户籍人口最多，接近总调查人数的一半（48.4%），其次为内地农村户籍（深圳外）人口（38.6%）。在婚姻状况方面，已婚有配偶人员占绝大多数（81.3%），其次为未婚人员（15.6%）。在文化程度方面，大学（本科、专科）学历人员居多，超过一半（58.7%），其次为高中/中专学历人员，超过1/4（26.2%）。

在职业和家庭年收入方面，调查样本分布比较分散。排在前三位的职业是：企业一般工作人员（34.2%）、其他（13.4%）、社会组织工作人员（12.3%）。调查样本中，家庭年收入在5万~10万元的居多，接近1/3（32.9%），其次是家庭年收入在10万~20万元的，占1/4多点（25.9%），排在第三位的是家庭年收入在5万元以下的，占1/5多点（20.9%）。具体各项人口学特征分布情况详见表3。在家庭住房方面，调查显示，样本中一半的人在深圳租房（50.2%），自购商品房的人所占比例为23.7%，居住在公租房的人所占比例为8.3%，占比排名前三。之后依次是自购经济适用房（含单位配建）的人（6%）、住在单位宿舍的人（4%）和居住在亲戚朋友家的人（3.7%）。还有4.2%的人居住在惠州或小产权房、村委统建楼、自建房等地方。

表3　深圳市三孩生育政策问卷调查样本人口学特征分布

分类	内　　容	小计(人)	比重(%)
年龄	16~18 岁	14	0.4
	18~29 岁	787	21.0
	30~39 岁	1835	49.1
	40~49 岁	814	21.8
	50~59 岁	219	5.9
	60~64 岁	71	1.9
性别	男	822	22.0
	女	2918	78.0
户籍	深圳户籍	1811	48.4
	内地城市户籍(深圳外)	467	12.5
	内地农村户籍(深圳外)	1443	38.6
	港澳台籍	5	0.1
	其他国籍	14	0.4
婚姻	未婚	585	15.6
	已婚有配偶	3041	81.3
	离异	91	2.4
	丧偶	20	0.5
	其他	3	0.1
学历	初中及以下	460	12.3
	高中/中专	981	26.2
	本科(专科)	2197	58.7
	研究生(含硕士、博士)	102	2.7
职业	机关事业单位工作人员	335	9.0
	企业中高级管理人员	213	5.7
	企业一般工作人员	1278	34.2
	私营企业主(含个体工商户)	354	9.5
	社会组织工作人员	459	12.3
	教师、医生、律师、会计师等专业技术人员	173	4.6
	学生	53	1.4
	自雇佣者(指不受雇于人的自由职业者)	373	10.0
	其他	502	13.4

续表

分类	内　　容	小计	比重(%)
家庭年收入	5万元以下	782	20.9
	5万~10万元	1230	32.9
	10万~20万元	969	25.9
	20万~30万元	391	10.5
	30万~50万元	196	5.2
	50万元以上	172	4.6

三　生育状况及生育意愿

（一）家庭子女数量

调查样本中，以有2个孩子的为多数，人数有1569人，占比为42%；其次为有1个孩子的，人数有1167人，占比为31%，接近1/3；接着是没有孩子的，人数有718人，占比接近1/5（19%）；有3个孩子的，人数有250人（7%）；最后4个孩子及以上的，所占比例最低（1%）（见图1）。

（二）生育意愿

1.总体看，二孩生育意愿较高，三孩生育意愿偏低

就期待家庭拥有孩子（含已有的孩子）的数量而言，人员分布比重从高到低是：接近一半（1842人，49.3%）的人打算要2个孩子，打算要1个孩子的有878人（23.5%），打算要3个孩子的有370人（9.9%），一个都不想要的有324人（8.7%），没想好的有258人（6.9%），还有68人（1.8%）希望要4个孩子及以上（见图2）。

2.从性别上看，男性的三孩生育意愿略高于女性

调查样本中，约11.68%的男性愿意生三孩，愿意生四个及以上孩子的男性比例也达到4.14%，与之相比，女性的多孩生育意愿略低，仅有9.39%的

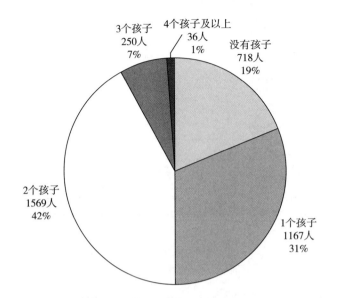

图1 调查样本家庭子女数量状况

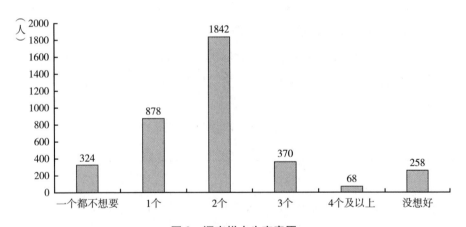

图2 调查样本生育意愿

女性愿意生育三孩，愿意生4个及以上孩子的女性比例仅为1.17%（见图3）。

3. 从年龄上看，年轻人的三孩生育意愿不高

调查显示，30岁以下市民的三孩生育意愿较低，其中18~29岁市民愿意生育三孩的比例仅为3.68%，而年龄越大愿意生育三孩的市民比例越高，其中30~39岁、40~49岁、50~59岁、60~64岁市民愿意生育三孩的比例分别

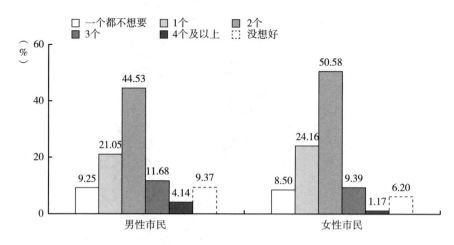

图3　不同性别市民的生育意愿

是10.35%、12.78%、13.70%和22.54%。值得注意的是，年轻人不但不愿生育三孩的比例高，其一个小孩都不愿意生的比例也比较高，16~18岁市民中，28.57%的市民不愿意生育孩子，18~29岁市民中，一个小孩都不愿意生的比例也达到了18.68%（见表4）。年轻人的生育状况直接决定着深圳市未来的生育意愿，从这个角度看，应该高度关注并及时跟踪年轻人的生育意愿。

表4　不同年龄市民的生育意愿

单位：%

年龄	一个都不想要	1个	2个	3个	4个及以上	没想好	小计
16~18岁	28.57	21.43	14.29	7.14	7.14	21.43	100
18~29岁	18.68	26.43	35.83	3.68	0.51	14.87	100
30~39岁	5.83	19.78	57.38	10.35	1.91	4.74	100
40~49岁	5.41	26.17	48.77	12.78	2.95	3.93	100
50~59岁	5.94	32.42	40.18	13.70	1.37	6.39	100
60~64岁	12.68	28.17	28.17	22.54	1.41	7.04	100

4. 从户籍上看，内地农村户籍（深圳外）市民的三孩生育意愿更高

调查显示，深圳户籍市民愿意生育三孩的意愿较低，仅为7.56%，低于内地城市户籍（深圳外）市民（8.78%）和内地农村户籍（深圳外）市民

（13.24%）。内地农村户籍（深圳外）市民的生育意愿较高，其中愿意生育三孩的占13.24%，愿意生育二孩的超过一半（52.25%），愿意生育4个及以上孩子的也达到了2.29%，均为各组别第1名（见表5）。

表5 不同户籍市民的生育意愿

单位：人

户籍	一个都不想要	1个	2个	3个	4个及以上	没想好	小计
深圳户籍	156 （8.61%）	498 （27.50%）	880 （48.59%）	137 （7.56%）	29 （1.60%）	111 （6.13%）	1811
内地城市户籍 （深圳外）	51 （10.92%）	124 （26.55%）	202 （43.25%）	41 （8.78%）	6 （1.28%）	43 （9.21%）	467
内地农村户籍 （深圳外）	113 （7.83%）	251 （17.39%）	754 （52.25%）	191 （13.24%）	33 （2.29%）	101 （7.00%）	1443
港澳台籍	0 （0.00%）	3 （60%）	1 （20%）	0 （0.00%）	0 （0.00%）	1 （20%）	5
其他国籍	4 （28.57%）	2 （14.29%）	5 （35.71%）	1 （7.14%）	0 （0.00%）	2 （14.29%）	14

5. 从学历上看，学历较高市民的三孩生育意愿相对较低

调查显示，初中及以下学历市民的三孩生育意愿最高，占比为19.57%，学历较高市民的三孩生育意愿相对较低，其中高中/中专学历市民愿意生育三孩的比例为13.46%，本科（专科）学历市民愿意生育三孩的比例仅为6.33%。愿意生育4个及以上孩子的市民的学历占比与愿意生育三孩的市民的学历占比相似。值得注意的是，高学历市民不愿意生育孩子的比例也比较高，约有10.24%的本科（专科）学历市民和14.71%的研究生（含硕士、博士）学历市民不想生小孩（见表6）。

表6 不同学历市民的生育意愿

单位：人

学历	一个都不想要	1个	2个	3个	4个及以上	没想好	小计
初中及以下	28 （6.09%）	74 （16.09%）	218 （47.39%）	90 （19.57%）	19 （4.13%）	31 （6.74%）	460

续表

学历	一个都不想要	1个	2个	3个	4个及以上	没想好	小计
高中/中专	56 （5.71%）	209 （21.30%）	519 （52.91%）	132 （13.46%）	15 （1.53%）	50 （5.10%）	981
本科（专科）	225 （10.24%）	569 （25.90%）	1067 （48.57%）	139 （6.33%）	30 （1.37%）	167 （7.60%）	2197
研究生 （含硕士、博士）	15 （14.71%）	26 （25.49%）	38 （37.25%）	9 （8.82%）	4 （3.92%）	10 （9.80%）	102

6. 从收入上看，中等收入市民的三孩生育意愿最低

调查显示，收入对市民生育意愿有直接影响，中等收入市民的三孩生育意愿最低，低收入和高收入市民的生育意愿略高，其中家庭年收入在10万~20万元的市民愿意生育三孩的比例为7.84%，为各收入组别最低，家庭年收入在20万~30万元的市民的三孩生育意愿为8.18%。与之相比，家庭年收入在5万元以下、5万~10万元的市民愿意生育三孩的比例分别为12.02%和10.33%，而家庭年收入在30万~50万元，以及50万元以上市民愿意生育三孩的比例分别为10.71%和11.63%，均高于中等收入群体的生育意愿（见表7）。

表7 不同收入市民的生育意愿

单位：人

收入	一个都不想要	1个	2个	3个	4个及以上	没想好	小计
5万元以下	88 （11.25%）	184 （23.53%）	328 （41.94%）	94 （12.02%）	15 （1.92%）	73 （9.34%）	782
5万~10万元	107 （8.70%）	286 （23.25%）	604 （49.11%）	127 （10.33%）	19 （1.54%）	87 （7.07%）	1230
10万~ 20万元	79 （8.15%）	224 （23.12%）	516 （53.25%）	76 （7.84%）	12 （1.24%）	62 （6.40%）	969
20万~ 30万元	29 （7.42%）	98 （25.06%）	214 （54.73%）	32 （8.18%）	4 （1.02%）	14 （3.58%）	391
30万~ 50万元	10 （5.10%）	52 （26.53%）	98 （50%）	21 （10.71%）	6 （3.06%）	9 （4.59%）	196
50万元以上	11 （6.40%）	34 （19.77%）	82 （47.67%）	20 （11.63%）	12 （6.98%）	13 （7.56%）	172

（三）不愿意生3个或以上孩子的原因分析

1. 经济压力、子女教育压力、养育压力是三孩生育意愿不高的主要原因

在不愿意生 3 个或以上孩子的 3044 份问卷中，排在前三位的原因有：经济负担大（81.9%）、没有时间和精力照顾小孩（53.0%）、小孩教育压力大（51.6%）。接着，选择比重从高到低依次是：住房成本高（30.2%）、年龄和身体健康问题（23.8%）、影响生活质量（11.9%）、生育多个小孩对女性就业不利（7.7%）、容易引起家庭关系紧张（2.5%）、其他（1.6%）。"其他"的不愿意生3 个或以上孩子的原因有：孩子将来升学、就业、就医、社会生存环境压力大，现实婚姻不稳定，没人照顾小孩，现有制度不完善，没有学区房等（见图4）。

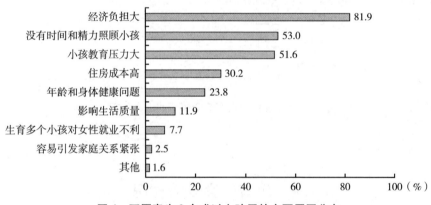

图4 不愿意生3个或以上孩子的主要原因分布

2. 家庭经济状况改善、相关配套措施完善可能会在一定程度上提高三孩生育意愿

在问及有什么因素可以促进市民提高三孩生育意愿这个问题时，有31.3%的受访者表示"无论如何都不可能生三孩"。在有可能促使生育 3 个孩子的理由中，排名前三位的依次是：家庭经济条件允许或得到改善（33.1%）、希望孩子以后互相之间有个照护（28.9%）、政府相关配套措施比较完善（22.9%）。接着，选择比重从高到低依次是：特别想生个男孩（或女孩）之前一直没实现（5.0%）、单纯喜欢小孩（4.9%）、父母或老人要求（2.9%）、为了以后养老考虑（2.3%）。从调查结果看，经济压力还是制约市民生育多孩的最主要因素，如果家庭经济条件改善了，会促进一部分市民多生育孩子。另外如果政府的生育配套措施比较完善，也会在一定程度上提升市民的多孩生育意愿。与之相比，"养儿防老"或家庭的老人压力等传统的中国生育观已经不再是影响市民生育的主要原因，仅有2.3%的市民认为为了以后养老考虑愿意生育三孩（见图5）。

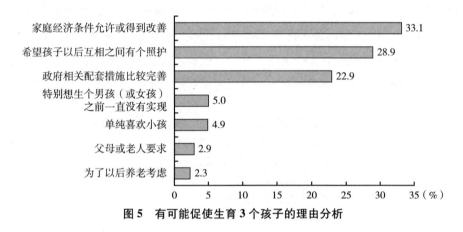

图5 有可能促使生育3个孩子的理由分析

四 生育配套政策情况

（一）市民认为最重要的生育配套政策①

在生育配套政策方面，调查数据显示，关于推进市民生育最有用的生育

---

① 本题目为排序题，让市民选取最重要的几个选项，并进行重要性排序。排序题的选项平均综合得分是由问卷星系统根据所有填写者对选项的排序情况自动计算得出的，它反映了选项的综合排名情况，得分越高表示综合排序越靠前。计算方法为：选项平均综合得分＝（Σ频数×权值）/本题填写人次。权值由选项被排列的位置决定。例如有3个选项参与排序，那排在第1位的权值为3，排在第2位的权值为2，排在第3位的权值为1。例如一个题目共被填写12次，选项A被选中并排在第1位2次，排在第2位4次，排在第3位6次，那选项A的平均综合得分＝（2×3+4×2+6×1）/12＝1.67分。

218

配套政策重要性方面，按照重要性得分从高到低依次是：发放生育补贴（5.94分）；给多孩家庭提供住房支持政策（公租房、购房等优惠）（5.88分）；推进教育公平与优质教育资源供给（4.42分）；延长产假（4.01分）；实施父母育儿假（0~3岁孩子父母享受一定天数的育儿假）（3.93分）；完善0~3岁普惠性幼托服务（3.78分）；对多孩家庭进行个人所得税等税费减免（3.78分）；提供女性就业帮扶（3.01分）；提供优生优育服务，防治出生缺陷（2.17分）；推进家政服务规范化、专业化、社会化（1.66分）。具体到每个选项，36.02%的市民将发放生育补贴放在第1位，24.14%的市民将给多孩家庭提供住房支持政策（公租房、购房等优惠）列为第1位，9.65%的市民将推进教育公平与优质教育资源供给排在第1位。在排在第2位的选项中，23%的市民将延长产假放在第2位，15.84%的市民将给多孩家庭提供住房支持政策（公租房、购房等优惠）放在第2位，约有12.74%的市民将推进教育公平与优质教育资源供给放在第2位，有10.42%的市民将完善0~3岁普惠性幼托服务放在第2位。

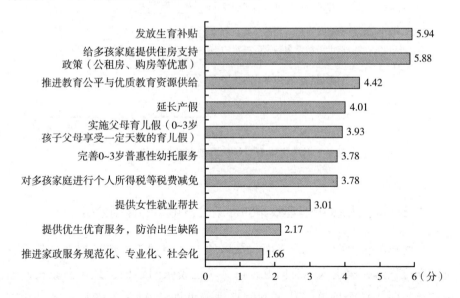

图6　推进市民生育最有用的生育配套政策重要性得分

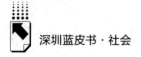

（二）住房配套政策对促进生育意愿的作用分析

多孩家庭对于住房的需求会高于普通家庭，在住房配套政策方面，市民所选择的对提高生育意愿有促进作用的政策排在前三位的是：在购房政策上，给予多孩家庭一定的购房补贴或放宽一些限购政策（63.2%）；对于多孩家庭，在配置公租房时给予优先权（50.6%）；对于多孩家庭，在公租房的户型选择上给予照顾（38.8%）。接着，选择占比从高到低依次是：在租房政策上，给予多孩家庭一定的优惠政策（33.5%）；在未来房产税的收取上，给予多孩家庭一定的优惠政策（31.0%）。其他与住房相关的主要内容是购房成本太大，期待能降低购房成本（如税费等）（见图7）。

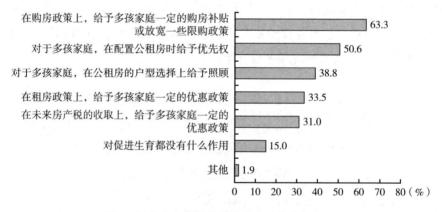

图7 促进生育意愿的住房配套政策选择占比

（三）幼托和教育配套政策对促进生育意愿的作用分析

在幼托和教育配套政策方面，最多的人（51.2%）选择加大义务教育阶段学位供给，解决入学难问题，可见学位紧张问题仍然是当前家长面临的首要问题。其次是希望社区能够提供普惠性的0~3岁幼托服务，约有43.5%的受访者选择此选项，与基础教育学位相比，深圳市0~3岁幼托服务的缺口更大。再次是推进免费高中教育（36.4%）和提升普惠性幼儿园覆盖率（含公办幼儿园）（36.2%），两者选择占比相差不大。接下来是推进义务教育优质均衡发展，提高教学质量（27.3%）；希望工作单位能够提供幼托服务（23.4%）；普遍提供义务教育课后托管服务（午托、下午四点半延时服务等）（19.4%）。选择减轻课程类课外培训负担的人较少，仅有10.5%的受访者选择此选项。另外有一部分人选择了"其他"，主要包含：早教、午托、校外兴趣班都带来一定经济压力，希望推行幼儿园免费、早教免费；希望提高教师的综合素质；期待人人可以上公立高中，高考政策完善等。还有人提到希望给女性提供可以带娃或工作时间比较灵活自由的就业机会，降低校外兴趣班收费等（见图8）。

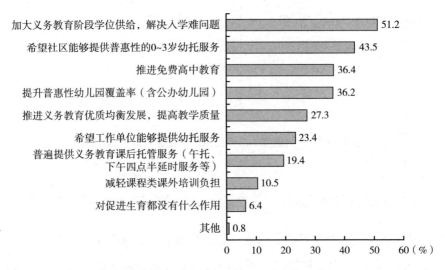

图8 促进生育意愿的幼托和教育配套政策选择占比

（四）医疗卫生服务配套政策对促进生育意愿的作用分析

在医疗卫生服务配套政策方面，市民所选择的对提高生育意愿有促进作用的政策排在前三位的是：增加产科和儿童床位和其他相关服务资源（56.4%），提高危重孕产妇、新生儿救治能力（47.6%），做好孕产妇心理健康服务（40.4%）。接着，选择占比从高到低依次是：提升人类辅助生殖技术、不孕不育服务（31.1%），提高出生缺陷防控能力（30.5%）。有654人（17.5%）认为医疗卫生服务配套政策对促进生育没什么作用。还有54人（1.4%）选择了"其他"，主要包含：希望降低医疗费用，期待新生儿免费就医或全民医疗、提升医疗报销比例、提高医护人员素质、提升父母养育能力、降低请月嫂等方面的养育成本、提升女性生育地位、发挥男性作用等（见图9）。

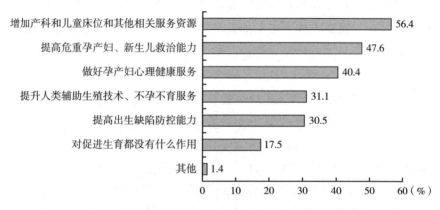

图9　促进生育意愿的医疗卫生服务配套政策选择占比

（五）增加产假、陪护假或育儿假对生育意愿的促进作用分析

调查显示，有44.5%的受访者"建议增加各种假期，有积极作用"，有16.3%的受访者认为"增加产假等各种假期，可能会增加企业成本，反而不利于就业"；18.2%的受访者认为增加产假、陪护假或育儿假"对促进生育都没有什么作用"，有466人（12.5%）认为"各种奖励假对促进生育的作用不大"，还有8.6%的人"不建议增加，增加了也无法落实到位"（见图10）。可见，市民对于增加产假、陪护假或育儿假的心态比较矛盾，既希望能够增加假期，缓解养育孩子特别是多孩的压力，又担心增加产假可能会增加企业成本，企业一般不会批准，如果强制执行的话，甚至会影响到女性就业。

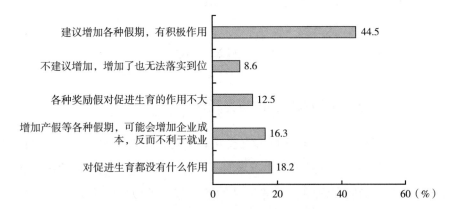

图 10 增加产假、陪护假或父母育儿假对生育意愿的促进作用选择占比

（六）推进深圳人口长期均衡发展措施的重要性评价

在推进深圳人口长期均衡发展措施方面，按照各项措施的重要性得分排序从高到低依次是：完善三孩生育政策配套，释放生育潜能（2.6 分）；提高就业机会和就业质量，吸引更多外来人口（2.4 分）；推进基本公共服务常住人口全覆盖，吸引更多外来人口（1.9 分）；完善户籍制度改革，提高户籍人口比例（1.9 分）；完善人才引进政策，吸引高素质人才（1.2 分）（见图 11）。

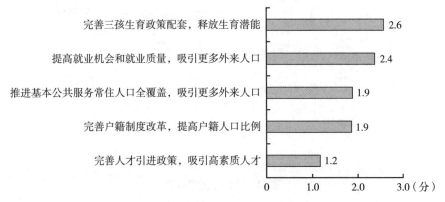

图 11 推进深圳人口长期均衡发展措施的重要性评价得分

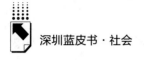

五 相关建议

（一）问卷中受访者提出的意见和建议

调查数据显示，共有 2200 多名受访者针对开放性问题提出了自己的建议，共 7 万多字，大多是围绕生育养育、医疗、教育、住房等内容提出的从关键词来看，和问卷封闭性问题反映的情况基本类似，压力大（经济压力大）、住房问题、教育问题、就业问题是主要问题，因此不想生、养不起、生不起的呼声也比较高，有家长提出"在深圳一边上班一边还要带孩子，在生活和精神上的压力都很大，如果不需要担心孩子的学习和上下学的接送，我们才有多余的精力去想多生孩子的事情，现在的条件就是养一个孩子都能把人折磨得不成样子，没有勇气也没有条件再去生育三孩"。关于需要什么配套设施，具体分析如下。

图 12 开放性问题词云

1. 生育养育方面

一是加大生育补贴奖励力度减轻家庭负担。有市民建议学习日本育儿政策，优待家庭主妇，对新生儿进行奶粉钱补贴。根据生育孩子数量，给予阶梯式育儿补贴等生育养育补贴。也有市民建议根据孩子年龄阶段设置相应养育补贴，使孩子在0~18岁每个阶段都能有阶段性的补助，比如0~3岁补助购买奶粉尿不湿等，3~5岁享受幼儿园学费减免，入学年龄后享受12年义务教育免费，等等。二是完善幼托服务体系。有市民建议希望普及幼儿园及早教机构午托晚托服务，并给予扶持奖励政策，提供普惠性社区托幼服务，解决0~3岁幼儿托育问题，3~5岁儿童上幼儿园问题，以及小学低年级学生的午托、晚托问题。也有市民希望给予早教机构、私立幼儿园补贴，降低幼儿园及早教培训学费等。有些市民希望提升婴幼儿服务相关公共配套，例如老旧小区周围设婴幼儿活动场地（含室内活动场所），社区图书馆增加婴幼儿绘本，有条件的公厕设母婴室，提供人性化低收费托幼服务等。三是推行社会化抚养。有的市民建议做好家政月嫂服务，降低生孩子对女性的工作、生活、健康的影响。也有市民希望多关注男性抚养孩子的权利与义务，提倡男性深度育儿，增加男性家庭责任感，缓解丧偶式育儿现状。

2. 教育保障方面

一是促进教育资源和教育机会平等。有市民提出建议增加公立初中高中学位，取消学区房，解决学位申请难等问题。幼儿园、中小学入学加分政策不区分本地或外地户籍，解决外来人口就学难问题；异地来深读书参加高考与本地读书参加高考录取分数线相同。二是降低教育成本，有市民希望幼儿园对三孩家庭减免费用，甚至有市民期待深圳实行12年（小学、初中、高中）甚至15年（幼儿园、小学、初中、高中）免费教育，并同等对待外来人口与非深圳户籍人口。三是进行教育减负，有市民提出希望学校实施全面的素质教育，不要把教育压力转移到家庭，在校完成作业，不要家长辅导作业检查作业等。

3. 住房保障方面

市民希望能够有效控制房价，针对三孩家庭出台购房优惠政策，如降低首付、购房贷款利率等。也有市民希望加大住房保障力度,针对多孩家庭配备更多大户型的保障性住房,多孩家庭人口增加,面积也应相应增加。

4. 医疗卫生服务方面

市民希望医院或医保减免孕前、产前、产后检查各项费用,适当减免不孕不育方面的治疗费用,对女性产后就业、康复等方面多些优待政策或补贴。有的市民希望更加注重孕产妇及其家属心理健康,在医院、社区落实孕妇生产生育心理健康咨询辅导,促进夫妻之间沟通交流,保证家庭和谐。普及宣传产前产后抑郁方面的知识,给予女性更多关怀和爱。也有市民建议社区健康中心可联合社区工作站提供妈妈产后修复课程,甚至产后康复治疗社区服务。也有市民提出建立完善精子库试管婴儿计划,允许经济条件稳定不想结婚的适龄女性生育孩子。也有市民希望公卫部门举办专门培训,比如关于科学育儿,让父母了解平时的生活照料、常见疾病家庭处理、营养餐的搭配等方面的一系列育儿知识。

5. 就业保障及企业扶持方面

一是将孩子生育情况与退休年龄挂钩。有市民提出要结合国家提出的延迟退休政策,每多生一孩可以有一定年限的提前退休的机会;或延长退休年龄,给予人们足够时间增加经济收入。二是对女性就业给予更多支持,特别是针对已婚已育妇女的就业给予政策支持。有市民提出要给予生育年龄妇女就业补贴,保障女性就业权益和公平。也有市民倡导社会应对儿童更友好,在不影响父母工作的情况下,包容父母带生病的小孩上班。三是给予企业扶持政策。不少市民意识到生育孩子以及休产假政策会给企业造成一定压力,有市民提出根据职工的孩子数量,给予企业一定的奖励或补助、减免税费等优惠政策,避免企业歧视女性,造成女性就业难的问题。也有市民建议大型公司设立普托机构,实现父母边工作边"带娃"。

6. 其他建议

其他建议包括希望生育多孩可以减免税费,比如希望个人所得税按家庭人口平均征收等。有市民提出要多建儿童友好设施,在住宅区多规划出可以给十岁以下小孩自由活动的地方,特别是在城中村等。也有市民提倡关注未婚大龄青年问题，提高结婚率。有的人认为短期内深圳应主要靠外来人口优化人口结构，中期靠税收优惠政策和房地产倾斜政策引导，长期主要靠良好的社会制度和城市吸引力维持人口动态平衡。

（二）国内外促进生育的政策借鉴

1.将鼓励生育上升到国家政策层面

日本是较早将促进生育上升到国家法律层面的国家。1991年日本就颁布了《育儿休业法》，2001年进行修订，主要是加强对妊娠期女职工的劳动保护，推进妇女持续就业。同时日本还制定了《少子化对策基本法》《天使计划》等。韩国为了应对低生育情况出台了《应对低生育综合对策》，并成立了由总统出任委员长和相关部门部长出任委员的领导机构。新加坡于2001年也出台了"结婚与生育配套"计划项目，为青年夫妇解决住房问题，同时也为怀孕和生育费用提供支持。

2.发放各种育儿津贴

日本有比较完善的育儿津贴发放制度，对拥有15岁及以下儿童的家庭均发放补贴，其中对有0~3岁儿童的家庭每月发放15000日元，对有3~15岁一孩和二孩的家庭每月发放10000日元，对有3个及以上孩子的家庭每月发放15000日元，同时母亲可以获得42万日元的一次性生育津贴。2019年日本所有3~5岁幼儿的幼儿园学费以及免交居民税的低收入家庭中0~2岁婴幼儿的托育教育费实现全部免费。韩国的儿童津贴经费标准甚至还高于日本，所有0~5岁婴幼儿都可以享受每月20万韩元的家庭养育津贴。俄罗斯对多子女家庭发放补贴的办法是，在第三个孩子3周岁前，每月可以获得5000~11000卢布的补贴，生育孩子数量越多补贴越多。2007年俄罗斯还建立了"母亲基金"，生育第2个及以上孩子的家庭可以申请，刚开始标准为25万卢布，2016年提高到45万卢布，且不必缴纳个人所得税。法国的家庭津贴比较复杂，包括婴儿津贴、幼儿津贴、家庭收入补充津贴、定额津贴、自由选择工作时间补充津贴等，而且给予3个及以上孩子的家庭多出50%的津贴。在德国，从孩子出生到18周岁家庭每个月可以获得184欧元的补助，如果孩子上大学，则补助一直提供到大学毕业，而且从第 3 个孩子开始，孩子越多获得的补助越高。在我国，四川攀枝花给有 0~3 岁孩子的二、三孩家庭，每月每孩发放 500 元育儿补贴；甘肃省张掖市临泽县是以年为单位进行发放补贴，二孩家庭每年可以领取 5000 元，三孩家庭每年可以领取 1 万元，直到孩子满 3 岁为止。

3. 提供各种类型的婴幼儿托育服务

托育服务可以将儿童照料提供者从繁重的子女照料劳动中解脱出来，使得女性更有可能重返职场，减少母亲承担的生育成本，进而提高女性的生育意愿。新加坡对 7 岁以下儿童提供全日制或半日制的托育服务。日本 2017年提出的安心育儿计划提出 2019 年在全国范围内消除未入托儿童；日本还鼓励企业兴办托育机构，鼓励企业提供婴幼儿保育服务，政府给予一定补贴。在瑞典，拥有 3~5 岁孩子的家庭每年可以获得 525 小时的免费托儿服务。法国托育服务非常丰富，包括临时在家帮助母亲的"母亲助手"，长期照顾孩子的住家保姆，送到保姆家里为孩子提供照顾的育婴保姆，以及公立托儿所、企业内部创办的托儿所、医院办托儿所、为应对父母紧急情况设立的"城市希望托儿所"等。在我国，上海市是比较早推动普惠性托育服务发展的城市，2018 年上海市就制定并实施了"1+2"文件：《关于促进和加强本市 3 岁以下幼儿托育服务工作的指导意见》《上海市 3 岁以下幼儿托育机构管理暂行办法》《上海市 3 岁以下幼儿托育机构设置标准（试行）》。上海市由于出生率相对较低，幼儿园学位较为宽松，主要发展幼托一体化机构，2020 年上海市有幼托一体化园所近 500 所，占全市托育机构的比例达到七成，2022 年上海市计划在全市一半以上的幼儿园中开设托班。

4. 提供各种类型的产休假

日本规定育龄妇女享有产前 6 周、产后 8 周的产假和 1 年（最长 1.5年）的育儿假，休产假期间员工可以享有工资收入 60% 的补贴，休育儿假期间员工可以领取工资 30%~60% 的补贴，此外，每个雇员每年有权申请不超过 93 天的家庭成员护理假。法国给予女方产前 6 周和产后 10 周的假期，父亲则可以获得 2 周的带薪陪护假，同时父母也可以申请育儿假（虽然不带薪但可以根据实际情况申请育儿津贴）。在德国父母除了享有正常的产假外，还可以享受 1 年的育儿假，休育儿假可按照工资的 67% 领取生活费。瑞典则用育儿假取代了产假，育儿假高达 480 天，同时发放工资补贴，其中育儿假前 390 天按照原收入的八成进行发放，后 90 天采取单一税的方式支付津贴。为了鼓励父亲承担养育服务，瑞典规定育儿假中有 90 天为父亲配额，而且不能转让。此外，瑞典还设立了一项奖金，如果父母双方能完全平等地休假，这对父母就可以获得这项奖金。国内方面，北京、上海、广东、浙江等十多个省（区、市）修改了计生条例，或延长生育假，或增设育儿假。

（三）加强生育配套政策的相关建议

1. 加大财政补贴特别是现金补贴力度

专家对于日本、以色列、加拿大魁北克等地区的研究发现，现金补贴对于生育有较大的促进作用，尤其是对于低收入群体的促进作用更为明显。作为欧洲出生率最高的国家之一，法国在鼓励生育方面的财政支持占 GDP 的比例达到 5% 左右。本次问卷调查也发现，一半的受访者希望能够提供育儿补贴。建议加大补贴力度，一方面扩大补贴项目，包括分娩津贴、育儿津贴、教育津贴、住房津贴等；另一方面扩大补贴年龄范围，条件允许下稳妥地将补贴年龄从 0~3 岁向 12 岁、15 岁延伸。

2. 打造高质量普惠性托育服务体系

0~3 岁婴幼儿托育服务供给不足是影响家庭生育的重要因素，目前中国的入托率不到 4%，与法国、日本 50% 甚至更高比例的入托情况相比差距较大。建议加大托育服务供给，一是要加强多元化的普惠性托育机构建设。短期内可以在每个街道建设一所示范性普惠性托育机构，中长期在每个社区建设一家普惠性托育机构。同时在有条件的幼儿园探索设置托班，开展幼托一体化服务。另外要通过提供场地、减免租金、税费优惠、财政补助等降低托育机构的运营成本，采取公建民营、民办公助、公办民助等方式多渠道增加供给，鼓励民营资本、社会力量参与托育服务，增加普惠性托育机构供给。二是适当保持一定比例的普惠性托育机构。托育机构如果收费过高，则

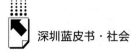

只能有一小部分家庭可以承受，起不到减轻家庭养育压力的作用。应保持一定比例的普惠性托育机构，同时发展家庭式、社区式的小型托育机构，在普惠性托位不足情况下，重点保障低收入家庭和其他弱势家庭优先享受公共托育服务。三是提高托育服务的专业化水平。尽快建立0~3岁托育人员资格认证制度，同时职业院校可以围绕0~3岁婴幼儿托育服务开设相关课程，把婴幼儿托育服务人员作为人才重点培养对象。

3.建立产假和育儿假的成本分担机制

产假和父母育儿假虽然可以在一定程度上提高生育意愿，但是如果不能解决成本分担问题，由用人单位承担主要成本，不仅会造成休假纸上谈兵，甚至可能会影响女性就业，进一步降低其生育意愿。建议加大政府补贴力度，在社会保障方面设立专门计划，建立合理的休假成本分摊制度。

4.加大住房支持

多孩家庭对于住房的需求比较迫切，建议在住房补贴的基础上，对住房购买和住房保障予以支持。购房方面，针对多孩家庭可以适当放宽限购政策，并根据家庭未成年子女数量给予家庭一定的房贷利息补贴。保障性住房方面，可以在户型设计、选配等方面给予多孩家庭一定倾斜。

专 题 篇
Special Reports

B.19
圳品——高品质城市品牌的
探索、实践与展望

李　忠*

摘　要： 基于市民对食品安全保障和更高质量的食品食材的旺盛需求，深圳构建了供深食品标准体系，打造高于国家标准的城市品牌——"圳品"。通过高规格定位，深化政策衔接；高起点定标，深化标准衔接；高效率推进，深化机制衔接；高水平运营，深化工作衔接。在具体实践中，凭借多层次构建，完善"圳品"标准体系；多品类发布，拓展"圳品"产品体系；多渠道推广，开拓"圳品"市场通路；多地区合作，强化区域联动发展；多样化连接，推动实施乡村振兴战略；多主体参与，助力疫情防控保障；多形式宣传，提升城市品牌声誉，全力推进高质量发展，使"圳品"成为新的城市名片。当前，深圳正大力实施"圳品"工程，加强供深食品标准体系建设，推动"圳

* 李忠，深圳市食品药品安全委员会办公室主任，深圳市市场监督管理局党组书记、局长。

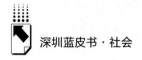
品"从满足安全保障向品质提升发展，从打造产品向打造品牌发展，从助力脱贫攻坚转向推动服务产业高质量发展。同时，成立"圳品"公司，加强专业运营市场平台建设，以"基础研究＋技术攻关＋成果产业化＋科技金融＋人才支撑"的运营模式，改造传统食品产业，培育新兴食品产业，布局未来食品产业，推动百姓"菜篮子"品质提升，为"圳品"创造更好价值、更大效益。

关键词： 圳品　食品安全　食品产业

深圳是中国最早的经济特区和中国特色社会主义先行示范区，也是一座实际管理人口超过 2200 万人的超大型城市。深圳日消耗食品达 2.2 万吨，但仅有基本农田 3 万亩；城市日常消费中，95％的食用农产品、85％的食品和 100％的粮食产品依靠外地输入，食品安全面临明显的输入性风险压力。

为深入贯彻习近平总书记关于食品安全的一系列重要指示精神，基于市民对食品安全保障和更高质量的食品和食材的旺盛需求，2018 年 5 月 21日，深圳市政府印发《深圳市实施食品安全战略建立供深食品标准体系打造市民满意的食品安全城市工作方案（2018—2020 年）》（深府〔2018〕41 号），正式启动深圳市食品安全战略工作。

深圳在供港食品安全保障的经验基础上，结合国际国内的标准数据比对，构建了供深食品标准体系，并打造高于国家标准的城市品牌——"圳品"。作为符合供深标准体系要求的食品和食用农产品，供深食品有权使用"圳品"标志。政府及各相关方加强对"圳品"的监督管理、提升推广，以高标准、优品牌引领食品产业持续发展，切实保障市民饮食健康安全，让市民吃得放心、吃得满意。

一 圳品新探索：高标准食品体系打造高品质城市品牌

（一）高规格定位，深化政策衔接

"圳品"工作受到广东省和深圳市的高度重视，被列入《广东省国民经济和社会发展第十四个五年规划和 2035 年远景目标纲要》《深圳市国民经济和社会发展第十四个五年规划和 2035 年远景目标纲要》等重要政策文件，被明确写入深圳市第七次党代会报告和深圳市政府工作报告，并被要求重点督办落实。

2018 年 5 月，深圳市政府印发《深圳市实施食品安全战略建立供深食品标准体系打造市民满意的食品安全城市工作方案（2018—2020 年）》，明确将"供深食品标准体系"作为实施食品安全战略的重要内容。2019 年 11 月，深圳市委、深圳市政府印发《关于开展质量标准提升行动推动高质量发展的实施方案（2019—2022 年）》，提出加强供深食品标准体系建设，建立覆盖超过 500 种食品及食用农产品的评价实施规则，组织开展"圳品"认证。2021 年 4 月，《牢记嘱托 勇担使命 奋力建设好中国特色社会主义先行示范区——在中国共产党深圳市第七次代表大会上的报告》提出，提升食品药品安全保障水平，推进"圳品"工程。2021 年 6 月，《深圳市国民经济和社会发展第十四个五年规划和 2035 年远景目标纲要》提出，全力保障食品药品生物安全，严防严管严控食品安全，实施食品安全战略，健全绿色健康的供深食品标准体系，推进"圳品工程"建设，构建"从农田到餐桌"的全链条监管体系。

2021 年 4 月，深圳市人民政府办公厅印发《关于抓紧推进 2021 年民生重点工作的调整》，提出强化食品安全保障，研究制修订供深食品评价规则 80 项，实施 100 个产品评价，开展 200 个供深食品监督检查工作，分阶段对供深食品标准体系及已发布的标准开展跟踪评价，新制定供深食品标准不少于 20 项。

加强"圳品"品牌建设有关提案被列为 2021 年深圳市政协重点提案。"圳品"工作还被列入广东省委巡回指导组重点督导"我为群众办实事"重点民生项目以及深圳市和深圳市市场监管局两级"我为群众办实事"重点民生项目，被要求重点督办落实。

（二）高起点定标，深化标准衔接

"圳品"采用更高的供深食品标准，对标国际最高标准，形成国内领先食品标准体系。

"供深食品标准体系"，以国家法律法规、国家标准和相关行业标准为基本立足点，综合考虑了深圳城市经济社会发展水平、食品安全工作现状与目标、食品安全风险管理特点以及市民营养膳食结构等实际情况，吸收和借鉴了国际国内多项先进标准，围绕质量标准、源头与过程管理标准等要点，以安全健康绿色的理念，实现食品标准体系从源头到终端全链条覆盖。供深食品标准体系将由国家各类现行标准、国际先进标准及缺失待制定的供深标准组成。

建立全国首个全球食品安全标准与技术法规动态比对数据库，支撑供深食品标准制定。比对数据库聚焦安全标准及国内外比对研究，覆盖 37 个国际组织、国家、地区，收录 1.4 万余份标准法规文本，完成 200 万条安全指标数据加工，建立 6 大基础分类索引，实现每 10 个工作日动态更新、一键智能比对。依托比对数据库的强大数据资源和指标比对功能，在极短期限内完成内地与香港食品安全强制性规定的比对分析，形成"高于国标、不低于香港规例"的上百项标准文本，获得市领导的肯定。截至目前，已分析比较国内外 15 万条指标数据，为 360 项供深食品标准提供技术支撑。密切跟踪国内外标准法规指标数据更新情况并及时主动发布，为 20 余项供深食品标准修订提供依据。

供深食品标准，从产品质量检测、环境检测、企业体系管理、产品溯源、基地规模五个方面，实现从基地到餐桌全链条的安全和质量把控。通过对食品进行全过程的标准化规范化管理，深化从产地源头到市场终端的标准衔接，让圳品在审核、评价、退出的各环节，以及从农田到商超到餐桌的各场景，都有针对性强的高质量标准作为依据和支撑。同时，"圳品"标准以食品安全国家标准为基础，对标港澳等地区，实现"高于国标、对标一流"。"圳品"评价的前置条件是产品需有 HACCP、FSMS 等第三方认证证书等。科学严谨的评价要求，以及对产品从生产种植端到销售端的全链条高标准监管，让"圳品"成为深圳市民心中"食品安全"的代表。

通过对"圳品"申报企业开展产业摸底、现场调研、标准研制、宣导培训等工作，深圳审核通过了来自广西百色、贵州毕节、广东河源、江西赣州等20余个对口帮扶地区的"圳品"，通过技术输出，"圳品"全面优化了被帮扶地区从生产到供应的全过程质量标准。例如：广西大化七百弄鸡在"圳品"获评前，标准化程度较低，以活禽销售为主，受市场波动风险较大，群众不敢大规模养殖，年平均产量约200万羽。2020年，依托"圳品"评价，深圳市市场监管局在活鸡养殖、屠宰加工、包装储存等方面对广西大化商户进行标准化指导，同时积极对接盒马鲜生等商超促进白条鸡销售，稳定价格，极大地促进了养殖户的养殖热情。2020年广西大化七百弄鸡养殖量全年达到400万羽，增长100%。

（三）高效率推进，深化机制衔接

"圳品"工作构建了"1+3+9"的工作机制，即一套运行机制、三大支撑体系、九大基本原则。一套运行机制是指以供深食品标准工作委员会为战略统筹机构，发挥整体指导和监督作用；以深圳市标准促进会为运营管理单位，具体承担标准制定和"圳品"评价等工作；同时，引入国内外第三方机构发挥其技术支撑作用，鼓励企业积极成为申报主体，形成一套完善的圳品运行机制。三大支撑体系包括：标准体系、评价体系、监督体系。九大基本原则可简要概括为：以标准体系为基础、技术标准为依据、公开透明为原则、基地控制为前提、体系评价为保障、圳品标识为形象、风险预警为手段、信息平台为支撑、品牌提升为引领。

深圳充分整合各方力量，构建了"双防线双监管"体系。在双防线中，最高防线由深圳市人大代表和深圳市政府组成，对"圳品"予以监督把关；技术防线由市场中权威的第三方评估和检测机构等构成，负责"圳品"的标准体系推进。充分打造集内部监管和外部监管于一体的闭环式"双监管"体系，实现与各地农业部门、市场监管部门的协同监管合作，更好地推进"圳品"的跨区域监管。

2018年，在深圳市市场监管局推动下，深圳市标准促进会正式成立。深圳市标准促进会以协会的形式通过吸引国际国内食品领域和标准领域的优秀人才打造专业团队，并邀请了一大批优秀食品企业和各类专家建立食品类标准专家库，为快速构建"供深食品标准体系"奠定人才基础和理论基础。此外，深圳市市场监管局先后印发《供深食品标准工作委员会工作规定（试行）》和《2022年加强供深食品标准体系建设推进"圳品"工程工作方案》，推进圳品工作发展。

2022年1月，深圳市人民政府办公厅印发《深圳市创建国家消费帮扶示范城市工作方案的通知》，提出围绕"圳品"与"百强"好产品建立标准化的评价体系，加大消费帮扶产品"圳品"认定力度，提高消费帮扶产品品牌化、标准化水平，力争2022年认定对口帮扶地区"圳品"累计达到130个。

（四）高水平运营，深化工作衔接

"圳品"打造了具有深圳特色的供深食品区域品牌。加强品牌建设和宣传推广，不断扩大品牌影响力，有助于以品牌优势吸引和带动供深食品相关产业行业素质、管理能力、产品品质等的主动提升，形成长效的良性循环。

一是定期举办"圳品"发布活动，包括举办"圳品"上市发布仪式并针对广西、山西等"圳品"评价产品较多的地区组织专场发布活动。2019年8月31日，深圳在盒马鲜生皇庭广场店举行首批"圳品"上市发布仪式，首批21个"圳品"产品正式亮相并进入市民餐桌。

二是举办产销对接会，包括举办广西"圳品"农产品深圳商贸合作交流会等产销对接会，组织"圳品"企业路演，与商超、团餐企业、食品生产企业、农业龙头企业等对接，扩展销售渠道。2021年3月30日，广西"圳品"农产品深圳商贸合作交流会召开，11家广西"圳品"企业做了路演交流，数十家深圳流通端企业参加了交流会，推动了产销双方对接了解。

三是推进"圳品"进商超进农贸进电商，举办"圳品进永旺""圳品进百佳永辉""圳品进农贸"等各种"圳品"入驻启动仪式，推动"圳品"逐步进入深圳市内主要连锁商超、农贸市场和知名电商平台；目前深圳市十大商超均有"圳品"销售，部分电商平台已开辟"圳品"专区。

四是开展"圳品"消费者体察活动，包括联合消费者委员会开展走进源康"圳品"基地活动，使市民群众实地了解"圳品"生产，推动市民群众了解"圳品"、认可"圳品"、选择"圳品"。2021年3月18日，深圳市消费者委员会、龙华区消费者委员会联合深圳市标准促进会共同举办走进"圳品"企业消费体察活动，组织40名消费者共同走进源康（深圳）农业科技有限公司，参观"圳品"水培蔬菜车间，了解生产加工过程。

五是组织"圳品"企业参加国内重要展会，包括组织"圳品"企业参加深圳绿博会、农博会、国际食材展等各大展会，充分向采购商及市民群众推介"圳品"。2020年9月11日至13日，"圳品"组团亮相2020年深圳绿博会，现场展示"圳品"蔬菜、大米、鱼类、肉制品、水果等产品并向市民群众及企业介绍"圳品"背景、申报流程和工作机制，加深市民及企业对"圳品"的了解与认识。

二　圳品新实践：高品质城市品牌助力高质量城市发展

（一）多层次构建，完善"圳品"标准体系

供深食品标准体系遵循系统性、先进性、科学性、开放性原则，以国家标准为基础，对标国际及发达地区标准，覆盖从农田到餐桌全链条，包

括以质量检测、环境监测、企业体系管理、产品溯源、基地规模五大方面为重点的评价体系，以透明原则实践内部监督与外部监督于一体的全流程监管体系。

截至 2022 年 3 月，已完成搭建 500 项供深食品标准体系，发布 399 项供深食品团体标准；涵盖粮食及其副产品、油料及其制品、果品、蔬菜等37 大类食品及食用农产品；已制定 582 项四级评价制度文件；已开展 454次监督检查，本着透明原则实践全流程监管，总体实现食品安全风险可控。

2022 年 3 月，深圳正式发布了 4 项分类标准：《供深食品产品分类与代码》《供深食品水产品分类查询指引》《供深食品乳制品分类查询指引》《供深食品茶叶及相关制品分类查询指引》。这 4 项分类标准规定了"圳品"的分类方法、代码结构与编码方法、名称规范、编制原则等内容，实现了产品标准、评价细则、技术规范、SC 名称和引用文件等一一对应。

（二）多品类发布，拓展"圳品"产品体系

"圳品"工作开展以来，供深食品标准工作委员会共召开了八次会议，审核通过了 159 家企业的 567 个产品，产品范围辐射全国 24 个省份 96 个市172 个县 252 个基地。"圳品"产品已涵盖 21 大类 136 个品种，覆盖百姓餐桌日常主要的食品及食用农产品。

"圳品"企业集结了南海油脂工业（赤湾）有限公司、深圳市春谷园粮食物流有限公司等一批优秀的行业企业。南海油脂工业（赤湾）有限公司作为中国小包装食用油产业的开创者和领先者，旗下拥有"金龙鱼""花旗""胡姬花"等国内知名品牌，是中国最大的食用油脂生产企业之一。深圳市春谷园粮食物流有限公司以经营大米为核心业务，先后被评定为"深圳市粮食应急保障企业""深圳市农业重点龙头企业""广东省农业重点龙头企业""深圳市地方储备粮承储企业""广东省军粮供应定点加工企业""全国放心粮油示范企业"。

（三）多渠道推广，开拓"圳品"市场通路

近年来深圳持续提高"圳品"销售渠道覆盖率，提升商超积极性，使得"圳品"整体销量稳步上升，实现了市场效益和社会效益的齐头并进。目前"圳品"已入驻包括人人乐、麦德龙、家乐福、盒马鲜生、天虹、华润万家、沃尔玛、百佳永辉、永旺、钱大妈在内的各大主流连锁商超以及"圳帮扶"、广视优品等知名电商平台，并且还在不断拓展销售渠道。

目前，"圳品"携手全国领先的生鲜农产品服务运营商钱大妈，在深圳全市近 600 家门店同步上架"圳品"产品，并结合钱大妈线下自提柜"菜吧"同步上架"圳品"，拓展"圳品"社区生鲜门店渠道。百佳永辉在深圳全市各门店打造"圳品"专区，设置堆头宣传板等宣传物料，加大"圳品"曝光度；在线上开设"圳品"专区，进一步方便市民购买"圳品"。

据不完全统计，部分商超端"圳品"销售额已超过 16 亿元。"圳品"产生的市场反响逐步体现。

（四）多地区合作，强化区域联动发展

"圳品"带领深圳企业"走出去"，与广西、云南、内蒙古、黑龙江、湖北、江西等地开展洽谈合作，推进生产基地建设，做大供应端。目前，已经覆盖 22 个省份 82 个市县 209 个基地。

以广西为例，广西壮族自治区农业农村厅与深圳市市场监管局于 2020 年 6 月 8 日正式签订《推进现代农业高质量发展战略合作协议》，双方将通过强化基地建设、市场对接、交流合作等多方面内容，更好地发挥深圳重点农产品批发市场和相关平台的引导作用和带动效应，加快促进广西与深圳之间，从供深基地到市场经营渠道等要素资源的有效对接。通过政策引导、企业参与、积极服务和广泛发动，提高了广西企业对"圳品"基地建设和品牌认定的积极性，广西共有 152 家企业 338 个产品提交了申请，截至 2022 年 3 月，共有 37 个基地被认定为广西供深农产品示范基地，38 家企业的 80 个产品被评定为"圳品"。

获得"圳品"认证的产品中，既有全国出名的地方特产如山西的苹果、红枣，广西的芒果、大米等，也有山西陈醋、金龙鱼等食品领域的优质品牌。广西百色田阳县地处南亚热带季风区，冬暖夏长，光照充足，热量丰富，是国家第一个"芒果之乡"。深圳市源兴果品股份有限公司在田阳县玉凤镇青创农业芒果基地产出的芒果具有核小肉厚、香气浓郁、纤维少、口感清甜爽口等特点，该产品经过评价，已获得"圳品"认证。

深圳市春谷园粮食物流有限公司旗下的北田牌生态米，选用优良的稻米品种，在黑龙江省五常市民意乡（春谷园粮食）种植基地用传统的人工耕作方式种植，用含矿物质丰富的地下水灌溉稻田，种植过程不施化学肥料，采用生物防虫技术，稻鸭除草，无农药残留，该产品经过评价，已获得"圳品"认证。

（五）多样化连接，推动实施乡村振兴战略

"圳品"工作的特点使其在对口帮扶、东西协作、乡村振兴等方面发挥了积极作用。以"圳品"为纽带，推进深圳大型企业、科研机构与当地政府、合作社等建立合作关系，打通了东西部供应链资源和产业帮扶渠道，促进了多方建立紧密产业联系。以广西为例，作为东西协作地区，深圳、广西以"圳品"为桥梁，通过技术帮扶，拉动产业帮扶，带动消费帮扶，助力乡村振兴的模式已经形成。通过辅导和对接，截至目前，深圳对口帮扶地区26个帮扶县的45家企业的94个产品被评定为"圳品"，其中广西现有"圳品"80个，广东采购和销售广西"圳品"超过10亿元，为乡村振兴发挥了积极作用。2021年12月，深圳市"打造'圳品'帮扶新模式，探索消费帮扶新机制"被国家发改委评为2021年全国消费帮扶助力乡村振兴优秀典型案例。

在广西，通过搭建合作平台，开展广东龙头企业投资广西农业项目推介洽谈会、广西"圳品"商贸合作交流会等活动，一批世界500强企业、上市公司、国家级龙头企业，如华润五丰、金晋集团、京基智农、茂雄集团、鑫荣懋等纷纷选择在广西投资扎根，其中金晋集团在百色建设3000亩"圳

品"芒果基地，产品年供应深圳超过 2000 吨，并在当地投资改造升级农贸市场；茂雄集团在河池打造 1300 亩生态农业产业园；京基智农在贺州投入 171 亿元建设年出栏量 500 万头的生猪基地；华润集团在百色建设万亩现代化农业种植基地，带动农户就业超 2.3 万人。通过粤桂协作机制，2020 年以来粤港澳大湾区新签广西农业项目 138 个，总投资额达 249.7 亿元。

（六）多主体参与，助力疫情防控保障

疫情常态化防控中，"圳品"企业在做好自身疫情防控的同时，认真参与到城市生活物资保供稳价、爱心公益奉献等工作中，积极履行社会责任。2022 年 3 月，在深圳疫情防控的关键时刻，深圳市市场监管局携手市标准技术研究院、市标准促进会联合开展"你战疫　我加油——'圳品人'爱心快线"系列活动，向市第三人民医院、深大附中高中部、深职院、市直下沙抗疫工作组捐赠一批"圳品"食用油、大米、牛肉、蔬菜、鸡肉、牛轧糖、曲奇饼干、鸡蛋、茶叶等物资，从源头上为抗疫工作人员舌尖上的安全提供坚实保障，助力深圳抗疫。

疫情期间，不少"圳品"企业踊跃参与疫情防控和保供稳价行动，发挥了重要作用。华润万家多管齐下保证货源，保障物流配送 24 小时运转，增派车次进行跨区域的采购运输，广州、珠海地区的采购与供应商全力支持深圳。深圳市益尔康农业发展有限公司共计动员 120 多名员工和 50 多辆运输车，每天供应物资 100 吨左右，确保民生物资充足。深圳市稼贾福实业有限公司采用全体一线员工加班加点的方式，日夜两班无休轮换，为服务好深圳市民尽最大的努力。鑫荣懋第一时间启动全国供应链网络，每天收发新鲜水果上千吨，发往全市超过 1000 家商超门店、社区店等，全面覆盖线上、线下渠道。深粮贝格公司、金胜晖米业关键时刻彰显"圳品"企业的责任与担当，为深圳市民"米袋子"的稳定供应保驾护航。

（七）多形式宣传，提升城市品牌声誉

携手央视、新华社、人民日报社、深圳广电集团等主流媒体，打造覆盖

央媒、省媒、市媒和各类社交媒体的立体式宣传网络，多角度、多维度，全面、细致地宣传"圳品"。协同广东电视台、深圳广电集团推出大型直播节目《乡村振兴大擂台——深圳印象·变迁》展示"圳品"。2020 年 9 月 11 日，深圳市场监管局与深圳广电集团合作推出《"圳"好有你——寻找"圳品官"》活动，全媒体大直播，20 多位首批"圳品官"在当天的全媒体大直播中集体亮相。

从中央电视台、学习强国到地方媒体，"圳品"相关的宣传报道达 5000 多次。在深圳经济特区成立 40 周年专题片中，"圳品"成为深圳的城市标签，是一张靓丽的城市名片。2020 年 5 月，广西卫视《决胜全面小康　决战脱贫攻坚　首批广西优质农产品获颁"圳品"　推进粤桂扶贫协作》报道了"圳品"。2022 年，"'圳品'全链条守护'舌尖上的安全'"案例入选第九届南都街坊口碑榜"十佳为民服务实事"。

2020 年 7 月，山西黄河新闻网《加强与粤港澳大湾区合作　山西打开农产品供深通道》报道指出，通过"圳品"合作，山西农产品在更好地对接粤港澳大湾区这一广阔市场的同时，也吸引了东部优秀企业在山西建设"圳品"基地，一方面让山西农产品走出去展示新的活力，另一方面也让"圳品"成为山西省农产品对外发展的新一张名片。2021 年 12 月，《人民日报》刊登国家市场监管总局党组成员、副局长，国家标准委主任田世宏在 2021 中国品牌论坛上的发言：支持培育浙江"品字标"、深圳"圳品"等一批知名度、美誉度高的区域质量品牌。

目前，"圳品"在粤港澳大湾区建设中属于先行先试典型案例，广东省委省政府将参照供深食品标准模式构建粤港澳大湾区食品标准体系，并打造粤港澳大湾区"圳品"。2021 年 7 月，国家发改委公布党的十八大以来深圳经济特区的创新举措和经验做法，鼓励各地结合实际加以学习借鉴，"'圳品'全链条守护'舌尖上的安全'"位列其中。2022 年 4 月，深圳首次通过市人大代表投票决定政府 2022 年要办好的"十大民生实事"，加强食品药品监督保障入选其中，其中包括了推进"圳品"工程建设等内容。

三 圳品新展望：高水平品牌标杆引领高价值产业生态

《深圳市食品药品安全"十四五"规划》提出，"强化供深食品标准实施，完善供深食品评价规则，对标准的使用进行跟踪评价，提高企业对标准的采用率，发挥供深食品标准在粤港澳大湾区食品标准体系中的引领作用""培育高品质'圳品'品牌。提升'圳品'城市品牌和餐饮业'深圳名牌'，培育一批文化特色浓、品牌信誉高、有市场竞争力的本土品牌"。

"十四五"期间，深圳将实施"圳品"品牌推广提升工程。具体内容包括：加强"圳品"标准体系、评价体系和监管制度建设，完善"圳品"溯源链条，进一步提升"圳品"品质。支持广东"一核一带一区"、深圳对口帮扶地区和深汕特别合作区优质农产品通过"圳品"评价，形成与深圳消费市场的有效互补。促进"圳品"加快融入粤港澳大湾区市场，推动"圳品"进入商场超市、农贸市场、餐饮企业、集体食堂等流通网络，进一步提高市场覆盖率。开展"圳品"进出口机制研究。

（一）推进"圳品"工程 加强供深食品标准体系建设

为贯彻落实深圳市第七次党代会工作报告中关于推进"圳品"工程要求，加强供深食品标准体系建设，持续打造"圳品"品牌，深圳正大力推进"圳品"工程，推动"圳品"从满足安全保障向品质提升发展，从打造产品向打造品牌发展，从助力脱贫攻坚转向推动服务产业高质量发展。

1.建立健全工作机制

依据《中华人民共和国食品安全法》《深圳经济特区食品安全监督条例》《团体标准管理规定》等有关规定，进一步完善供深食品标准工作委员会工作制度、管理办法等，遴选、考核供深食品评价机构和检测机构，强化内外部监督机制。

修订完善《深圳市供深食品标准工作委员会工作规定》《供深食品标准

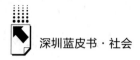

工作委员会"圳品"审定工作会议管理办法》等制度文件，充分发挥供深食品标准工作委员会监督供深食品工作开展及审议的作用，为"圳品"工作顺利开展予以有力监督与保障。

坚持适度分权、相互制约的原则，完善政府引导、企业为主、市民参与的供深食品标准体系运行机制。建立并完善供深食品评价机构、检测机构和检查机构的遴选和退出机制，加强对相关机构的监督和考评。建立并完善"圳品"企业和产品强制退出机制，加强"圳品"市场监测，建立应急预案，强化内外部监督。

2. 完善体系建设

持续开展质量等级、管理规范、检测方法、营养健康、绿色低碳等标准研制，逐步扩大供深食品标准覆盖范围、丰富标准类型。强化标准全生命周期管理，开展跟踪评价，制修订90个标准，持续优化供深食品标准体系100个。

面向"圳品"相关方，针对标准、评价规则等内容，持续开展宣贯活动。对"圳品"实施效果进行评估改进，促进各方准确理解并有效实施"圳品"相关规定。

3. 实施评价监督

逐步完善"圳品"评价规则，制修订评价配套规则文件110个，持续推进评价及监督活动，完成500个"圳品"评价工作，完成400个"圳品"内外部监督工作，加强"圳品"风险防控，完善"圳品"管理与追溯体系。

从产品质量检测、环境监测、企业体系管理、产品溯源、基地规模五个方面严格把控，组织第三方评价机构对获证组织、种养殖/生产/加工现场、产品、农产品基地环境等进行综合评价，持续扩大"圳品"评价规模。

开展评价机构与检测机构管理及考核、申报企业咨询解答、专家评审的组织管理、工作委员会审议及"圳品"审核能力提升等运营管理工作，建立对第三方评价机构及专业人员能力的评估及认可机制，规范"圳品"评价执行过程。

联合评价机构、检测机构、检查机构及技术专家等多方力量，组织全方位的内部监督检查活动，完成400个"圳品"及其获证组织的年度监督评价，开展"圳品"抽检、流通端形式检查及"圳品"基地监督检查。

开展"圳品"人大代表、政协委员体察活动和"圳品"专家督导活动。组织人大代表、政协委员、市民，聘请督导专家，走进"圳品"企业及基地，督促"圳品"质量提升，实现全民共建共治的良好发展格局。

4. 加强供应保障

开展菜篮子基地与"圳品"基地差异分析，引导菜篮子基地完善质量管理体系，推动菜篮子基地成为"圳品"重要生产基地，拓宽"圳品"基地覆盖面，保障源头供应。

开展"圳品"推介，推动天虹、华润万家等商超组织旗下自有品牌供应商对标"圳品"要求，积极参与"圳品"申报，将自有品牌纳入"圳品"。

发动深圳本土重点食品生产企业、农业龙头企业等积极参与"圳品"申报，强化深圳本土企业"圳品"品牌效力。

5. 提升圳品影响

围绕对口帮扶地区优质农产品开展产业调研和培训，提升对口帮扶地区农业标准化、产业化、品牌化水平。围绕商超、农贸市场、电商平台、团餐配送等主要销售渠道开展"圳品"影响力提升活动，提升"圳品"知晓率和品牌效应。

发掘广西、贵州、新疆等深圳对口帮扶地区优质农产品产业特色，编制"圳品"培训材料，开展"圳品"宣贯培训工作，推动对口帮扶地区农产品基地化、规模化、标准化发展，指导对口帮扶地区积极申报和评定"圳品"。

打造"圳品"新媒体宣传矩阵，拍摄"圳品"企业宣传视频，深度开展媒体合作，引导并发动媒体正面宣传报道。设计统一形象标识及制作物料，并针对商超、农贸市场、团餐配送企业进行广泛投放，提升"圳品"曝光度，树立"圳品"品牌形象。

开展"圳品"进商超活动，举办农超对接会，促进商超与"圳品"企业的对接沟通，协助商超引进"圳品"产品，拓展"圳品"企业销售渠道。

开展"圳品"进农贸市场活动，做好相关宣传工作，促进农贸市场与

"圳品"企业的对接沟通，鼓励农贸市场引进"圳品"产品，制定"圳品"进农贸市场管理办法，持续推动"圳品"入驻农贸市场，拓展"圳品"销售渠道。

推动"圳品"产品入驻电商平台，鼓励电商平台开设"圳品"专区，协助拓展"圳品"线上销售渠道。

6. 开展品牌保护

归集、清洗并整理 500 家"圳品"生产经营企业、圳品品牌及相关主体数据，包括生产经营企业内部数据和生产经营企业、圳品品牌公共信用及监管执法数据等。推动"圳品"侵权线索数据归集，对全国范围内主要的 500 家网站、App 产品销售数据进行大数据监测和人工监测，采集相关数据，为"圳品"品牌保护提供大数据支撑。

通过对从各个渠道采集到的数据进行分析，挖掘疑似侵权假冒线索，确定"圳品"侵权假冒线索，并向执法人员推送；对"圳品"生产经营企业经营合规情况进行挖掘分析，形成信用风险分析报告；依据监测数据、舆情数据等，对侵权假冒问题、"圳品"保护工作等进行分析，形成工作报告，掌握倾向性、典型性问题，辅助科学决策。

建立"圳品"生产经营企业画像。对"圳品"食品生产经营单位，运用归集的数据，构建"圳品"生产经营者的画像模型。针对具有虚假宣传、假冒认证等违法行为的企业，构建违法企业经营活动、关联关系、疑似问题企业挖掘预警、违法企业关联企业、关联人员等 5 套画像模型，有效掌握执法监管的关键信息；建立关联预警图，实现对违法企业的特征提取，实现对同类风险企业、关联企业的精准锁定，全力保障稽查执法部门精准执法。

对接美团、京东、盒马鲜生等主要"圳品"网络销售平台及物流平台，形成持续稳定的执法协作机制，运用统一的网络协作执法平台，实现双向数据对接、业务对接，提供执法协作服务，实现在线调查、在线协查、在线取证、在线普法等。

（二）成立"圳品"公司　加强专业运营市场平台建设

为推进"圳品"高质量发展，更好地以市场化方式推动"圳品"强品质、拓市场、促消费，圳品市场运营科技有限公司于 2022 年 2 月正式成立。

圳品市场运营科技有限公司由国有上市企业深粮控股旗下深圳市深粮多喜米商务有限公司、深圳市米袋子菜篮子联合会和深圳市标准技术服务有限公司、深圳市计量质量检测研究院（集团）有限责任公司共同组建，旨在立足高标准的认证体系，以市场化运营思维和专业化运营能力为"圳品"供应商赋能，通过"圳品"品牌运营与管理、供深食品及食用农产品基地建设、圳品及相关产品交易平台建设等工作，以"基础研究+技术攻关+成果产业化+科技金融+人才支撑"的运营模式，改造传统食品产业，培育新兴食品产业，布局未来食品产业，推动百姓"菜篮子"品质提升，为"圳品"创造更好价值、更大效益。

圳品市场运营科技有限公司将广泛开展市内外市场调研，分析"圳品"销售情况，整合相关资源，按照市场化运营模式，搭建"圳品"供应链生态体系，探索建立"圳品"销售网络。

图 1　"圳品"运营"三级火箭"

圳品市场运营科技有限公司，将以"供深标准　产业示范"为目标与追求，成就更强客户体系、汇聚更多合作伙伴，促进产供销结合，护民生、促消费，保障食品安全，助力乡村振兴，传播"圳品"美好价值，点亮高品质城市品牌，让高品质生活飞入千家万户。

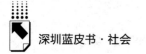

```
          圳品运营
         "三步并进"

┌──────────────┬──────────────┬──────────────┐

内功强起来。创新运营   朋友多起来。深化与各   价值大起来。以消费帮
模式，积极扩大产品    大主流连锁商超以及知   扶助力乡村振兴，以品质
品类，吸纳更多优质产品  名电商平台的合作，不    升级保障食品安全
加入"圳品"家族      断拓展销售渠道
```

图2　"圳品"运营"三步并进"

B.20

深圳新就业形态劳动者劳动关系状况
及工会改革创新发展建议

李红兵　葛国耀　王超然*

摘　要： 近年来，互联网平台经济的迅猛发展带动传统劳动形式、劳动
内容和劳动关系发生深刻变化，大量非标准灵活就业的新就业
形态群体涌现，对现行劳动与社会保障制度管理造成一定的冲
击，新就业形态群体劳动权益保障与劳动关系风险隐患问题备
受社会关注。本报告研究分析了当前深圳新就业形态群体劳动
关系状况及存在的突出问题，提出了维护互联网平台经济领域
劳动关系和谐稳定、推动新就业形态劳动者工会改革发展的创
新性工作建议。

关键词： 灵活就业人员　新就业形态　工会改革

近年来，以新产业、新业态、新商业模式（简称"三新"）为典型代
表的互联网平台经济迅猛发展，带动传统劳动形式、劳动内容、劳动关系发
生深刻变化。以快递员、外卖配送员等群体为代表的新就业形态劳动者已成
为国家劳动力大军的重要组成部分，对于提高就业率和推动国民经济发展发
挥着不可忽视的作用。然而，"三新"领域新就业形态劳动者的权益保障一
直滞后于"三新"经济的发展，劳动关系认定难、社会保障欠缺、生存状

---

* 李红兵，深圳市总工会党组成员、经费审查委员会主任；葛国耀，深圳市总工会研究室负责
人；王超然，深圳市总工会研究室三级主任科员。

态较差、组织程度偏低、权利救济困难，导致"三新"领域群体容易出现劳资纠纷矛盾，产生劳动领域政治风险，新就业形态劳动者工会改革亟须大力推进。

一　深圳新就业形态劳动者工会改革的现实紧迫性

积极推进新就业形态劳动者工会改革，有效破除当前制约"三新"领域群体工会工作的体制机制障碍，最大限度地把广大新就业形态劳动者吸引过来、组织起来、稳固下来，切实做好新就业形态劳动者的维权与服务工作，在国内积极探索新就业形态劳动者工会改革发展新路径，深圳工会相关部门责无旁贷。

（一）做好新就业形态劳动者工会改革，是贯彻落实习近平总书记重要指示和中央决策部署的迫切需要

习近平总书记非常关心新就业形态劳动者的劳动权益保障与工会工作问题，曾在不同场合多次明确要求维护好新就业形态劳动者合法权益。2021年7月以来，中华全国总工会等八部门联合发布了《关于维护新就业形态劳动者劳动保障权益的指导意见》，并专门制定了《关于切实维护新就业形态劳动者劳动保障权益的意见》《关于推进新就业形态劳动者入会工作的若干意见（试行）》等指导性文件，为维护新就业形态劳动者合法权益、做好新就业形态劳动者工会工作提出了明确要求。深圳地处改革开放前沿，市场经济发达，互联网平台经济活跃，而包括广大互联网平台企业在内的非公经济企业建会意愿不强，传统工会服务难以有效发挥作用，相当一部分快递员、外卖配送员、网约车司机、货车司机等新就业形态劳动者仍然游离于工会组织之外。只有加快推进新就业形态劳动者工会改革，主动破除当前"三新"领域工会工作存在的突出问题，积极探索新就业形态群体工会工作发展新路径，才能有效维护"三新"领域劳动关系和谐稳定。

（二）做好新就业形态劳动者工会改革，是破解"三新"领域工会工作难题的迫切需要

近年来，"三新"经济发展迅猛，传统劳动就业形式、劳动内容、劳动关系发生了深刻变化，大量新就业形态劳动者涌向互联网平台企业，导致"三新"领域外来从业人员密集、劳动关系复杂、矛盾纠纷多发，劳动者劳动权益保障与劳动关系方面的风险隐患问题突出。目前，深圳市现有非公经济组织职工1150万人，占全市职工总数的94%，全市登记在册的非公经济企业工会会员384万人，仅占全市非公经济企业职工人数的33%，绝大部分灵活就业的新就业形态劳动者没有加入工会组织。不仅如此，由于互联网平台企业组织形式错综复杂，互联网平台企业劳动关系复杂，新就业形态群体建会入会面临法律政策瓶颈。一方面，从法律政策层面来看，"三新"领域新就业形态从业人员大多与平台企业没有签劳动合同，经常与多个平台企业发生"合作关系"，现行法律难以认定其与平台企业之间的劳动关系，务工人员依法组织和参加工会的权利面临法律政策瓶颈，平台企业也经常以此为由抵制建会。另一方面，从组织形态来看，互联网平台企业组织形式虚拟灵活，组织形态与传统机关和企事业单位差别较大，新就业形态劳动者具有鲜明的分散性和流动性，企业员工流失率高，平台企业往往认为在员工处于高度分散流动的情况下企业建会依托不足。

（三）做好新就业形态劳动者工会改革，是履行好工会维权与服务职责的迫切需要

中华全国总工会发布的数据显示，目前全国快递员、外卖配送员、网约车司机、货车司机等八大群体的入会率仅为24.2%。与此同时，互联网平台企业"去劳动关系"用工趋势明显，大部分平台企业不与新就业形态劳动者签订劳动合同，众包等复杂用工模式下的新就业形态劳动者依法维权难问题突出。如部分外卖配送平台要求劳动者注册为个体工商户，并以此作为加盟条件，其实质就是通过"去劳动关系"规避平台用工责任，把风险和

责任转嫁给骑手本人。有研究显示，目前全国有超过190万家经营范围包含外卖递送服务的个体工商户，而通过灵活用工平台"好活"注册的疑似骑手个体工商户高达81.40万家。这样，"外卖平台已成功地将骑手所带来的人力成本和用工风险向外剥离、层层区隔，通过一系列表面的法律安排以及配合其中的配送商、众包服务公司和灵活用工平台，外卖平台的认劳率（骑手劳动关系认定比例）基本控制在1%以内，而骑手则被悄然推向权益保障的边缘"①。面对上述互联网平台领域劳动关系发展的新形势和新问题，如何推动互联网平台企业普遍成立工会，引导新就业形态劳动者加入工会组织，让工会真正成为这些弱势群体可信赖能依靠的"职工之家"，是推进新就业形态劳动者工会改革的当务之急，也是工会履行好维权与服务工作职责的前提和基础。

（四）做好新就业形态劳动者工会改革，是深圳建设中国特色社会主义先行示范工会的迫切需要

中共中央、国务院出台《关于支持深圳建设中国特色社会主义先行示范区的意见》以来，深圳市总工会及时研究提出，要对标最高最好最优，建设中国特色社会主义先行示范工会，打造中国工会尖兵，为建设中国特色社会主义先行示范区贡献工会力量。目前，深圳登记注册的快递、外卖配送、网约车、货运、电子商务等领域的新就业形态劳动者约170万人，已经成为深圳产业工人队伍的重要组成部分。如何有效将广大新就业形态劳动者吸引到工会组织中来，切实做好他们的维权与服务工作，不仅是深圳工会工作面临的突出难题，也是全国工会系统亟待破解的难题，更是深圳建设中国特色社会主义先行示范工会的当务之急。四十年来，深圳工会相关部门坚持敢闯敢试、敢为人先的特区精神，在探索市场经济条件下中国特色社会主义工会发展道路的过程中，在国内先后创造出"蛇口模式""宝安模式""理光经验""源头治理劳资纠纷试验区"等具有时代特征和深圳特色的工会工

---

① 佟丽华：《外卖平台用工模式法律研究报告》，2021年9月17日。

作经验，累计产出了十多项在国内有重大影响力的制度性成果，对推动全国工会改革与创新发展发挥了重要示范引领作用。站在中国特色社会主义先行示范区建设新的历史起点上，面对互联网平台经济蓬勃发展背景下劳动关系治理与工会工作新问题、新挑战，尤其是"三新"领域新就业形态群体工会工作发展新任务、新要求，深圳工会相关部门更要主动发挥特区先行示范优势，积极顺应时代要求、适应社会变化，把解决当前"三新"领域新就业形态群体工会难题作为重要的突破口，有效破解当前互联网平台企业建会难、新就业形态劳动者入会难、新就业形态劳动者维权与服务难等工会难题，在深圳中国特色社会主义先行示范工会建设的伟大实践中推进中国工会理论与实践发展创新，为不断拓展中国特色社会主义工会发展道路的内涵，贡献深圳经验、提供深圳方案、展现深圳担当。

二 深圳新就业形态群体劳动关系发展现状

当前，"三新"领域互联网平台经济的蓬勃发展，对传统的职工就业与劳动关系带来了广泛而深刻的影响。尤其是在互联网平台企业非标准灵活就业的新就业形态群体的涌现，使传统劳动关系维护和职工劳动权益保障等工作面临新的形势。

（一）新就业形态群体发展迅猛

随着近年来"三新"经济的迅猛发展，"三新"领域从业人员规模不断扩大，灵活就业的新就业形态人员已经达到 2 亿人。国家统计局发布的数据显示[①]，2020 年我国"三新"经济增加值为 16. 9254 万亿元，比上年增长4. 5%，比同期国内生产总值现价增速高 1. 5 个百分点。国家信息中心发布的《中国共享经济发展报告（2021）》显示，2020 年我国共享经济参与者

---

① 国家统计局：《2020 年我国"三新"经济增加值相当于国内生产总值的比重为 17.08%》，2021 年 7 月 6 日，http://www.stats.gov.cn/tjsj/zxfb/202107/t20210706_ 1819112.html。

约有 8.3 亿人，其中服务提供者约 8400 万人，平台企业员工约 631 万人。如在美团外卖平台，仅 2020 年上半年，通过平台获得收入的骑手总计 295.2 万人，同比增长 16.4%；在百度文库，2020 年上半年知识店铺的开店量超过 4 万家，直接带动近 100 万兼职或全职的内容创作者就业；在抖音平台上，2019 年 8 月至 2020 年 8 月，共有 2097 万人通过从事创作、直播、电商等工作获得收入①。中华全国总工会摸排数据显示，目前在互联网平台上获取收入的网约车司机约 750 万人、外卖配送约 800 万人、货车司机约 800 万人、互联网营销师等网络主播约 3000 万人，互联网平台已经成为吸纳海量就业人口并带动灵活就业的重要载体，新就业形态劳动者已成为我国劳动力大军的重要组成部分。

（二）深圳新就业形态劳动者人员结构特征

调研显示②，目前在深圳依托互联网平台企业灵活就业的新就业形态从业人员具有以下明显特征。

一是从性别来看，主要以男性从业人员为主。以快递配送员、外卖配送员、网约客运司机、网约货运司机为代表的平台型企业灵活就业人员呈现明显的男性化特征，男性职工总体占比高达 87%。在具体分行业中，快递配送行业男性占比 94.7%，外卖配送行业男性占比 86.2%，网约客运行业男性占比 87%，网约货车行业男性占比 91.3%。

二是从年龄结构来看，主要以"80 后""90 后"青年群体为主。调查显示，深圳新就业形态劳动者群体以 30~34 岁的中青年群体为主，平均年龄为 33.4 岁，且年龄分布体现出行业差异性。其中，外卖配送员以"95 后"为主，平均年龄为 30.9 岁，年龄在 25 岁以下的占比达 30%；快递配送

---

① 国家信息中心分享经济研究中心：《中国共享经济发展报告（2021）》，2021 年 2 月 22 日。
② 深圳福田区总工会：《深圳福田区平台就业职工状况调查》，《中国工人》2020 年第 11 期，第 54~56 页。本次调查以深圳市福田区内互联网平台企业新就业群体为重点，共发放 2500 份问卷，回收 2333 份，有效问卷 2017 份，有效率 86.5%。其中，快递配送员 463 份，外卖配送员 478 份，网约客运司机 510 份，网约货运司机 468 份，客服等其他人员 98 份。

员平均年龄为 31.3 岁，25~29 岁青年群体占比最高，达 33.8%；网约客运司机平均年龄为 36.4 岁，35~39 岁中青年群体占比最高，达 22.4%；网约货运司机平均年龄为 35.7 岁，40~44 岁的群体占比最高，达 22.2%。

三是从户籍情况来看，农村户籍人口和省外人员占比高。从平台企业从业人员户籍情况来看，参与调查的四类人员均以农村户籍的外省来深务工者为主。其中，农村户籍人口占比 79.7%，城镇户籍人口仅占 18.9%，67.2%的新就业形态劳动者来自外省，主要以湖南、江西、四川、河南为主，拥有深圳户籍的仅占 4.9%。而从具体行业来看，快递配送行业从业人员中农村户籍人口占比为 61.5%，网约客运行业从业人员中农村户籍人口占比为 71.2%，网约货运行业从业人员中农村户籍人口占比为 46.9%。

四是从受教育程度来看，受教育程度普遍较低。在参与调查的平台企业从业人员中，受教育程度为初中及以下的占比 29.6%，为高中及中专的占比 40.3%，为大专及以上的占比 17.5%。不同行业群体受教育程度也存在显著的差别，例如快递和外卖配送行业从业者的受教育程度多集中在高中及中专水平，网约客运和货运行业从业者的受教育程度多集中在初中水平。

（三）深圳新就业形态劳动者经济权益现状

依托互联网平台灵活就业的新就业形态群体虽然工作时间和工作方式灵活，劳动选择机会和收入渠道也较多，但总体上劳动经济权益现状还是不容乐观，尤其在社会保障、技能培训及劳动安全保护等方面存在更多的矛盾与风险。

一是劳动时间长，劳动收入低。在深圳，超过半数的受访快递配送员、网约客运和货运司机每天工作 10~12 小时，每月休息仅 3~4 天；互联网平台企业一线从业人员月平均收入主要集中于 5000~6000 元及 6000~7000 元两个区间内，分别占 30.1% 和 25.2%，月收入达到 9000 元以上的比例仅为 4.5%。

二是社保参保难覆盖面窄，劳动权益保障隐患大。依托互联网平台灵活就业的新就业形态群体往往以兼职身份同时在多家平台企业就业，且均未签订劳动合同，不能依法认定劳动关系，导致绝大部分灵活就业人员参保困难。在深圳，超过60%的受访人员反映平台企业没有提供养老医疗等基本保障，参保难、权益保障难等问题突出。

三是职业技能培训缺失，员工职业发展受限。新就业形态群体大多数受教育程度低，在"获得劳动技能"和"提升自身学历"方面的需求排名靠前。但相当一部分平台企业坚持认为平台与从业人员没有劳动合同关系，在业务技能培训方面没有动力、不愿意投入，而且灵活就业的新就业形态人员每天都在拼速度、抢时间，参加技能培训的机会成本很高，这也严重制约了他们的技能提升与职业发展空间。

四是劳动缺乏安全保障，职业风险较大。新就业形态群体户外工作时间较长、劳动强度相对较高，而平台企业提供的劳动安全培训和保护措施较少，从业人员安全意识比较薄弱，劳动安全隐患大，职业安全风险大。调研显示，"交通、治安、工伤或其他意外事故"已成为灵活就业群体普遍担心的问题，而在极少数已购买保险的快递员人群中，仅有35.84%购买了商业险（含意外险、住院险或其他险种）。

（四）深圳新就业形态劳动关系发展新特征

从劳动关系的角度来看，互联网平台灵活就业方式整体呈现去雇主化、去组织化、兼职全职自由切换等显著特点。互联网平台用工形式灵活多样，运营管理企业众多，雇佣关系错综复杂，劳动关系认定困难，劳动者权益保障面临法律制度瓶颈。

一是平台用工形式灵活多样，劳动雇佣关系复杂。目前，互联网平台企业不仅有少量企业直接聘用的自有员工，还有一部分与第三方机构签署劳务服务合同的派遣人员，更有大量的依托平台自主创业人员（注册个体工商户）和依托平台打零工的灵活就业人员。前面两种用工形式的劳动关系相对稳定但人数占比不高，而后面两种用工形式中没有签署相关劳动合同或服务合同的占绝大多数，劳动雇佣关系异常复杂。

二是部分灵活就业人员没签劳动合同，劳动关系认定难。在互联网经济蓬勃发展新形势下，平台企业和从业人员间很多并不签订劳动合同，严格来说平台企业和从业人员之间并没建立劳动关系，即平台企业不是劳动者法律意义上的雇主，劳动者也不是平台企业法律意义上的员工。调研显示，当前深圳市互联网平台企业整体劳动合同签订率仅为30%，其中与平台企业直接签订合同的仅占24.5%。

三是劳动权益保障难，劳动矛盾纠纷风险突出。目前，我国劳动权益维护、社保待遇、职工入会等劳动权益保障主要基于传统的合同制劳动关系，而绝大部分"三新"领域从业人员没有签署劳动合同，其劳动关系得不到法律认可，劳动者权益面临法律保护真空。调研显示，深圳有超过60%的受访人员反映平台企业没有提供养老医疗等基本保障，一旦劳动者的权益遭受侵害，便将出现严重的劳动矛盾纠纷，和谐劳动关系建设与维稳工作形势严峻。

四是日常工作监管难，行业监管亟待加强。蓬勃发展的"三新"经济在加速推动劳动方式、用工形式和消费模式变革的同时，也为行业主管部门的日常监管带来了新的问题和挑战。同时，外卖送餐、网约车等互联网平台领域相关行业协会组织的建设亟待加强，行业监管服务与自律发展亟待完善。

三 深圳新就业形态劳动者工会改革发展政策建议

改革创新是深圳经济特区的根与魂，改革创新更是深圳工会不断发展进步的制胜法宝。面对当前深圳中国特色社会主义先行示范工会建设发展新要求，尤其是"三新"领域新就业形态劳动者工会工作仍然存在的突出问题，要从组织管理制度、工会工作模式及传统工会业务等方面进行改革创新，积极探索建立适应"三新"领域新就业形态劳动者特征的工会工作机制与管理制度，有效破解当前互联网平台企业建会难和新就业形态劳动者入会、维权、服务难等问题，切实解决广大新就业形态劳动者在劳动权益保障、职业伤害保险、劳资矛盾纠纷调处、职业技能提升等方面的急难愁盼问题，在全国率先探索"三新"领域新就业形态劳动者工会改革发展新路径。

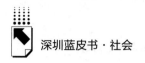

（一）加强顶层设计，积极破解新就业形态劳动者工会工作制度性瓶颈

当前，传统的企业工会组织管理制度已经不能完全适应新就业形态劳动者工会工作发展新形势、新特征和新要求。要进一步强化党建引领，坚持"党建带工建、工建服务党建"，加大工会组织管理制度改革力度，建立适应新就业形态劳动者需要的工会工作机制，主动把工会各项工作融入深圳市委新兴领域党建工作体系，做到党建与工建工作同部署、同落实、同检查，重要情况要第一时间向党委报告、请示，推动形成党委领导、政府支持、各方协同、工会力推、劳动者参与的工作格局，形成强大的工作合力。积极探索建立适应"三新"领域新就业形态劳动者特征的工会工作机制与管理制度，有效破解当前单纯依靠工会自身力量难以解决的互联网平台企业建会难、新就业形态群体入会难等突出问题。

（二）建设智慧工会，积极探索新形势下"互联网+"工会工作新模式

要主动应对互联网平台经济发展对当前劳动用工关系及工会工作造成的冲击和挑战，积极应用互联网思维和技术手段，强化智慧工会系统支撑，探索基于互联网信息技术的工会组织管理服务模式，加快推进深圳工会数字化转型、智能化发展。要依托"互联网+"技术手段实现对传统工会组织管理模式的有效创新，通过网上工会实现对新就业形态群体的组织覆盖、人员覆盖和活动覆盖，推进网上工会和网下工会的有机融合，积极探索一条不同于传统工会组织管理服务模式的新路径，在破解新就业形态劳动者思想政治引领、建会入会、维权服务等领域的工会工作难题方面为全国工会系统先行探路。

（三）狠抓关键环节，最大限度地将新就业形态劳动者吸纳到工会组织中来

将用工关系复杂、就业方式灵活、分散流动的新就业形态群体吸引到工

会组织中来，既是做好新就业形态群体工会工作的前提和基础，也是做好新就业形态群体工会工作的关键环节。要结合当前新就业形态群体劳动关系发展特点与工会工作难点，聚焦快递物流、外卖配送等互联网平台领域重点企业，瞄准快递配送员、外卖配送员、网约客运司机、网约货运司机等重点人群，在产业和人口密集的重点区域，开展集中攻坚行动推动重点企业建会，联合行业协会推动重点行业建会，依托社区（园区、楼宇）工联会扩大组织覆盖面，有效解决互联网平台企业建会难题。同时，依托智慧工会平台，创新入会方式，简化入会流程，采取集中入会、现场入会、网上入会、扫码入会、社区（园区、楼宇）工联会兜底等线上线下多种灵活方式，为有加入工会意愿的新就业形态劳动者提供便利。

（四）服务基层治理，切实维护新就业形态劳动者的合法权益

有效维护新就业形态群体的合法权益，积极引导他们融入城市社区生活、参与基层社会治理，切实维护"三新"领域劳动关系的和谐稳定，是当前推进新就业形态群体工会工作改革的重要目标。要积极探索新就业形态群体劳资矛盾调处机制，积极推动在顺丰、美团、滴滴、货拉拉等重点平台企业建立劳动争议调解中心，探索建立诉求表达解决机制，搭建多方参与的协商沟通平台，建立健全新就业形态劳动者法律服务体系，构建劳动关系风险隐患排查预警处置工作体系，坚决维护职工合法权益和劳动领域政治安全。

（五）创新服务方式，有效解决新就业形态劳动者的急难愁盼问题

要针对广大新就业形态劳动者工作与生活中的实际需求，重点建设1个市级服务阵地、11个区级服务阵地，在该类型劳动者集中的重点区域和重点企业建设 N 个职工之家（站点），面向新就业形态劳动者提供就餐、饮水、休息、如厕、上网、阅读、充电、简单医疗等关心关爱服务。要充分发挥深圳市职工保障互助会和职工解困济难基金会的作用，研究开发专属关爱服务项目，为新就业形态群体提供全方位、多层次、广覆盖的帮扶保

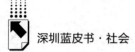

障。要面向新就业形态劳动者开展心理疏导关爱服务，设立工会心理健康咨询服务联络员，推广心理关爱服务入企活动，开展职工心理健康公益讲座，不断提升新就业形态劳动者适应城市生活、应对困难压力、缓解精神负担的能力。

（六）强化能力建设，广泛组织动员新就业形态劳动者投身"双区"建设

针对新就业形态群体职业特点和需求，加大"求学圆梦行动"学历教育、公益技能培训、素质教育讲座举办等方面的工作力度，在新就业形态劳动者聚集的企业或园区，建设校外培训基地，为其提供学历教育、素质教育和专项培训。要在市职工技术创新运动会项目遴选过程中，增设新就业形态劳动者参赛项目，加大指导支持和教育培训力度，促进职工职业技能提升。要将先进模范荣誉体系向新就业形态劳动者延伸，广泛组织动员快递小哥、外卖骑手、网约车司机等群体积极参与各级劳动模范、五一劳动奖章、深圳工匠等荣誉评选。

B.21
2021年深圳创投业发展报告

娄秋琴*

摘　要： 深圳创投业经过20多年的发展，取得了令人瞩目的成绩，不管是基金数量还是规模都位列全国前三，形成了创业、创新、创投协同发展的"深圳模式"。但近年来受资管新规实施等所造成的监管环境趋严与政策扶持力度减弱等影响，深圳创投业的优势正面临下滑的趋势，很多方面已经落后于北京、上海。要遏制这样的下行趋势，一方面政府要发挥深圳先行示范区建设的政策红利，在决策上加大对创投业的扶持力度；另一方面创投机构也应继续修炼内功，不断提升自身的综合实力，把"募、投、管、退"每个环节的工作都做足做深，尤其是要补齐投后管理这块短板。

关键词： 创业投资　私募基金　投后管理

一　深圳创投业的发展背景与历程

我国早在20世纪80年代便开始探索发展创业投资。1984年，原国家科委在组织"新技术革命和中国对策"课题研究时，认识到发展创业投资的重要性。在原国家科委的推动下，1985年3月，《中共中央关于科技体制

---

* 娄秋琴，中国政法大学博士，北京大成律师事务所高级合伙人，中南财经政法大学金融学院合作硕士生导师，深圳市创业投资公会投后管理工作委员会主任，深圳私募基金商会合规风控专业委员会外部专家，广州商学院博士后创新实践基地合作导师。

改革的决定》明确提出，"对于变化迅速、风险较大的高技术开发工作，可以设立创业投资给以支持"。1995 年 5 月，中共中央、国务院发布《关于加速科学技术进步的决定》，提出实施"科教兴国"战略，之后原国家科委加强了对创业投资的研究。1998 年 1 月，原国家科委牵头原国家计委等七部门组织成立"国家创业投资机制研究小组"，形成了《关于建立我国创业投资机制的若干意见》草案。随后，《中小企业促进法》《合伙企业法》《证券投资基金法》《创业投资企业管理暂行办法》《首次公开发行股票并在创业板上市管理暂行办法》等法律法规颁布，在一定程度上为创投业发展发挥了积极的作用。

　　深圳创业投资的发展最早可以追溯到 1994 年，深圳市政府出资 1 亿元建立了面向高新技术企业提供融资担保的深圳市高新技术投资服务公司。1997 年 9 月 4 日，深圳市成立了科技风险投资领导小组和办公室，负责创建科技风险投资机制，这标志着深圳科技创业投资体系的创建工作拉开了帷幕。1997 年 12 月，深圳市建立了风险投资市场的中介组织"中科融投资顾问有限公司"，负责为高新技术公司与投资机构、个人牵线搭桥。1998 年 4 月，深圳市政府出资并分别发起创建深圳市高新技术创业投资公司（简称"高新投"）及高新技术产业投资基金，尝试引导社会资金及境外投资基金投资深圳的高新技术产业。1998 年 6 月，国家科技部批准深圳市为首个科技风险投资试点城市。1999 年，深圳市政府出资并引导社会资本出资设立深圳创新投资集团有限公司。2000 年 10 月，深圳市政府颁布全国首部关于创业投资的地方性规章《深圳市创业资本投资高新技术产业暂行规定》，其中降低在深圳设立创业投资机构的门槛、允许设立创业投资管理公司、允许创业投资公司全额投资等内容是较大的创新和突破。2001 年 3 月，深圳市政府颁布了《深圳经济特区高新技术产业园区条例》，允许和鼓励国内外创业资本以有限合伙的方式在高新技术产业园区设立创业投资机构，创投机构在组织形式上有了重大突破。2003 年 2 月，深圳市人大常委会通过了《深圳经济特区创业投资条例》，这是国内第一部规范和鼓励创业投资的地方性法规，为深圳吸纳更多创业投资提供了强有力的法律保障。2010 年 7 月 9

日深圳市人民政府颁发了《关于促进股权投资基金业发展的若干规定》，促使深圳创投管理机构注册数量成倍增长。2012 年 11 月 2 日，深圳市政府发布《关于促进科技和金融结合的若干措施》，旨在促进创业投资企业发展，为创业投资营造更好的集聚发展环境。2012 年 11 月 26 日，深圳市金融办、经贸信息委、市场监督管理局、前海合作区管理局联合发布《关于本市开展外商投资股权投资企业试点工作的暂行办法》。2017 年 9 月 22 日，深圳市地方金融监督管理局印发《深圳市外商投资股权投资企业试点办法》。2019 年 1 月 10 日，深圳市政府印发《深圳市促进创业投资行业发展的若干措施》。

经过 20 多年的发展，深圳创投业从无到有，从小到大，在深创投后又相继涌现了达晨财智、同创伟业、松禾资本、东方富海、创东方、基石资本、高特佳、高新投、清源投资、天图资本、力合科创、富坤创投、国信弘盛等一大批深圳本土优质的创投机构。

在创投行业的推动下，深圳高新技术产业得到集群式发展，产生了众多富有创新力的中小微企业，为创业投资提供了丰富的项目源，极大地吸引了境内外众多创业资本汇集深圳。在创投机构的扶持下大量高科技龙头企业涌现，并在上交所主板和科创板、深交所中小企业板、创业板及境外资本市场成功上市，积极推动着深圳乃至全国高新技术产业的发展，形成"创新、创业、创投"三创联动并协同发展的"深圳创投模式"，使深圳成为全国本土创投最活跃、创业氛围最好、创投机构最多、管理创业资本金额最大的城市之一。

根据中国证券投资基金业协会和中国证监会中央监管信息平台统计数据，截至 2021 年 12 月 31 日，深圳市私募股权、创业投资基金管理人有 2316 家，管理基金数量 6914 只，管理基金净值总规模达 14711.14 亿元，均列全国前三位。

二 深圳创投业的发展策略与现状

深圳创投业经过 20 多年的发展，已经达到了可观的规模，在创投自身建设、市场环境、中介服务体系、体制机制和文化建设方面都取得了较好的成绩。深圳相比北京和上海等地一度具有创新创业生态良好、人才聚集程度高、政策支持体系完善等优势。

但近年来，受资管新规实施等所造成的监管环境趋严与政策扶持力度减弱等影响，深圳创投业优势正面临下滑的趋势。清科数据显示，深圳2020年注册的PE/VC基金有333只，比2019年新增14%，而同期上海的基金数量增长了87.6%；深圳2020年的新募基金规模从2019年的903亿元下滑到811亿元，同比下降10.2%，而同期上海的新募基金规模从627亿元增加到了1040亿元，同比增长65.87%。可见，上海2020年的新募基金数量和规模同比增幅均超过了深圳。再来看2021年的数据，深圳2021年注册的PE/VC基金有570只，规模约1077亿元，数量和规模上虽然比2020年分别增长了71.2%和32.8%，但平均规模仅为1.889亿元。上海2021年的新募基金数量和规模的增长幅度虽然比2020年有所降低，但其平均规模为6.037亿元，北京2021年的新募基金平均规模为6.743亿元，分别系深圳新募基金平均规模的3.2倍和3.6倍。如果单从2021年新募基金的数量和规模来看，浙江的基金数量同比增长107.8%，规模同比增长119.4%；江苏的基金数量同比增长108.3%，规模同比增长263%，增长幅度也均超过了深圳，呈现了追赶之势。综上，从新募基金的数量和规模来看，深圳创投业的发展优势正面临下行的趋势。

从投资情况来看，清科数据显示，2020年，深圳创业投资案例总数为970例，创业投资金额为934.07亿元；北京为1597例，创业投资金额为2313.78亿元；上海为1328例，创业投资金额为1684.40亿元。2021年，深圳创业投资案例总数为1624例，创业投资金额为1439.42亿元，北京为2433例，创业投资金额为2917.2亿元；上海为2393例，创业投资金额为2802.9亿元。由此可见，不管是从投资数量还是投资金额来看，深圳均已落后于北京和上海，且已经拉开了较大的差距。

再从上市退出的情况来看，2021年，深圳上市中企的数量为45家，北京是73家，上海是76家；深圳上市中企首发融资额为460.63亿元，而北京是 2898.8 亿元，上海是 1183.17 亿元。不管是从数量还是从首发融资额来看，深圳都远远少于北京和上海，甚至少于杭州，在全国仅位列第四。

此外，深圳本地创业投资机构的竞争优势也在下滑。清科数据显示，深圳本地创业投资机构曾在清科评选的中国创业投资 20 强中占据 8 席，但 2020 年和 2021 年却仅占 4 席，侧面反映出深圳本地创业投资行业的整体竞争力在面临趋势性下滑。

三 深圳创投业发展存在的问题及原因

从前面的分析中可发现，深圳创投业发展在募资、投资和退出等领域均呈现下行趋势，落后于北京和上海，也正在被江苏和浙江追赶，有必要针对这些问题及相关原因进一步进行分析。

（一）关于募资的问题

近年来，政府引导基金等具有国资背景的 LP 已经成为国内股权投资行业资金的重要来源。清科研究中心通过分析 2021 年新募集人民币基金管理人的国资属性发现，单只基金规模越大其基金管理人的国资属性越显著，10 亿元以上的人民币基金有半数以上由具有国资背景的基金管理人管理，而新募集的超百亿元的人民币基金则全部由具有国资背景的管理人管理。清科研究中心统计的 2019 年新募基金的数据显示，国资背景 LP 认缴总规模已占基金总认缴额的 70.4%，具有国资背景的机构管理基金总认缴规模占全部基金规模的 61.3%。国有资本主要通过出资母基金、直投基金参与到股权投资基金的设立中。其中，政府引导基金已经占据重要地位。但清科数据显示，2021 年政府引导基金设立数量排在前三名的是江苏（17 只）、安徽（13 只）、山东（12 只），包括深圳在内的广东总共仅设立了 6 只；2021 年政府引导基金已到位规模排在前三名的是江苏（1340.82 亿元）、贵州（760.04 亿元）、湖北（383.8 亿元），包括深圳在内的广东仅到位 176.6 亿元。此外，相比上海，深圳还缺乏国家级产业引导基金，上海仅 2020 年一年就有国家中小企业发展基金（规模为357.5亿元）、国家绿色发展基金（规模为885亿元）、国企混改基金（首期规模为707亿元）三只国家级产业母基金落地。此外，深圳政府引导基金返投比例也要高于上海和青岛等地，这也为深圳创投机构的募资增加了一定难度。

此外，地方社保基金等长线资金虽然与创投基金的长周期特征比较契合，很多投资机构呼吁社保基金等长线资金进入创投行业，但根据目前的制度，地方社保基金还不能直接投资股权，只能委托全国社保基金理事会进行投资。尤其是2018年国家出台资管新规后，银行、保险资金通过资管产品、资金池等进行投资的渠道受到严重阻碍，新冠肺炎疫情更让市场雪上加霜，全国包括深圳在内的创投机构募资难问题进一步加剧。

（二）关于投资的问题

优质可投项目是创投业赖以发展的基础，基于地缘优势，本地优质的可投项目越多越有利于本地创投机构的发展。近年来，深圳虽然一直鼓励创业创新，研发投入占比也比较高，但相比北京和上海，深圳本地优质可投项目的增长仍然有限。一是深圳在技术创新供给方面与京、沪仍有一定差距。根据科技部火炬中心公布的2021年全国技术合同登记情况，2021年，深圳经认定登记的技术合同数量为15284项，成交总额1627.08亿元；同期北京经认定登记的技术合同数量为93563项，成交总额为7005.65亿元；上海经认定登记的技术合同数量为36998项，成交总额为2761.25亿元。二是深圳本地优质企业数量与京、沪存在差距。根据国家工业信息安全发展研究中心发布的《专精特新"小巨人"上市企业发展研究》，至2021年，我国共公示了4922家专精特新"小巨人"企业，其中深圳有170家，远低于北京的257家、上海的262家。

（三）关于退出的问题

流动性一直是创投行业的痛点，注册制改革以及完善多层次资本市场只是在一定程度上缓解了退出难的问题。随着国内股权投资市场的不断发展，

2009~2017年这一特殊时期的人民币基金快速扩张，现阶段人民币基金已逐渐步入退出期，面临着较大的退出压力，亟须大力发展S基金为创投基金提供多元化的退出渠道。但目前深圳却尚未启动私募股权二级市场，与之相比，北京早在2010年就建立起中国首个S基金公开交易平台——北京金融资产交易所，并于2020年12月成为证监会批复的全国唯一的股权投资和创业投资份额转让试点城市。而上海也在2014年上线上海股交中心私募股权投资基金份额报价系统，于2021年7月开始开展国内第二个S基金公开交易平台的先期研究工作，并于2021年11月29日获得证监会批复，在上海区域性股权市场开展私募股权和创业投资份额转让试点。在S基金交易规则方面，北京、上海都已经走在前列。2010年，北京发布《北京金融资产交易所PE交易规则》；2021年6月，北京股权交易中心发布《关于推进股权投资和创业投资份额转让试点工作的指导意见》，在全国率先为S基金的份额转让提供了规范指引。2014年，上海股交中心发布《上海股权托管交易中心私募股权投资基金份额登记规则》。但深圳却尚未形成交易规则体系。

四　深圳创投业的发展趋势与对策建议

2019年2月，中共中央、国务院印发《粤港澳大湾区发展规划纲要》，要求深圳发挥作为经济特区、全国性经济中心城市和国家创新型城市的引领作用，加快建成现代化国际化城市，努力成为具有世界影响力的创新创意之都。2019年8月，中共中央、国务院发布《关于支持深圳建设中国特色社会主义先行示范区的意见》，明确支持深圳建设中国特色社会主义先行示范区，并提出目标要求：到2025年，深圳的研发投入强度、产业创新能力达到世界一流，建成现代化国际化创新型城市；到2035年，深圳建成具有全球影响力的创新创业创意之都，成为我国建设社会主义现代化强国的城市范例；到21世纪中叶，深圳成为竞争力、创新力、影响力卓著的全球标杆城市。要实现这样的目标，离不开创投业的发展。而要发展深圳创投业，遏制创投业发展下行的趋势，一方面，政府要在决策层面加大对创投行业的扶持和鼓励，比如提升创投行业的战略地位，鼓励社保基金和机构资金进入创投行业，完善政府引导基金的出资机制和管理模式，鼓励创业公司采用多样化的直接融资方式，系统优化创业投资税收政策，设立和发展私募二级市场基金，等等；另一方面，创投机构也应继续修炼内功，不断提升自身的综合实力，把"募、投、管、退"每个环节的工作都做足做深，尤其是要补齐投后管理这块短板。

因为募资环节涉及投资所需要的资金，投资环节涉及收益来源的项目，退出环节涉及基金收益的最终实现，所以这三个环节会受到投资机构的普遍重视。但是，由于投后管理缺乏标准化流程，成效很难评估和量化，难以形成有效的考核和激励机制，而且相比没有钱和没有项目不属于最紧迫的工作，所以不容易受到重视，是四个环节中最薄弱的一环。但要提升创投机构的综合实力，加强投后管理是不可或缺的，其也关系到募资、投资和退出等环节。

（一）投后管理与募资环节

根据前面的分析，政府引导基金等国资背景 LP 已经成为国内股权投资行业资金的重要来源。作为 GP 的投资机构想要缓解募资难的问题，就应当加强与国资背景 LP 的合作，深入了解国资背景 LP 选择 GP 的条件。国资背景 LP 的资金一般被认定为具有"国有"属性，因此其相比社会资金要面临更加严格的监管措施（因为我国设有严格的国有资产管理规定，以保障国有资产保值增值）。虽然股权投资尤其是早期项目的投资具有较高风险，但如果基金出现大幅亏损，导致客观上存在国有资产流失，那么相关责任人员就要对亏损做出合理解释，以证明其已经尽职尽责，不存在渎职行为。为此，国资背景 LP 不但在投资前要开展严格尽调工作，调查 GP 的管理团队、基金历史业绩以及基金的决策机制、风控流程、运营和执行的合规性等情况，而且在投资后也要跟踪了解 GP 的投后管理，了解被投企业的相关情况，以保障投资的安全性。因此，GP 如果做好基金的合规管理及投后对被投企业的包括合规在内的系列赋能工作，会更容易得到国资背景 LP 的青睐。

此外，要想让社保基金等长线资金进入创投行业，一方面需要国家重视创投行业并出台相关政策进行鼓励，另一方面也需要创投机构提升投资专业能力，提升投后和合规管理水平，使基金的安全性得到保障，这样才能吸引到更加重视安全性的社保基金进入创投行业。

（二）投后管理与投资环节

相比北京和上海，深圳本土优质的可投项目增长乏力，因此创投机构更有必要增加获取优质可投项目的能力。如今全球利率普遍较低，疫情后尤其明显，全球的资金涌入股权投资的赛道，去追逐优质的项目，而在这个信息高度流通的时代，很多机构都有链接上优质项目的渠道，但优质项目总是有限的，它们选择与哪家投资机构合作，除了看资金本身之外，更重要的是看哪家投资机构在投资后能给它们带来更好的效益与服务。

目前很多优秀的投资机构在投资实践中探索并形成了具有自身特色的投后管理模式。据融中财经刊载的《2021，投后之王：那些 PE/VC 竟然让 LP 更值钱》一文介绍，高瓴资本、深创投、红杉中国、经纬创投、源码资本、丰年资本、毅达资本、黑蚁资本等机构的 2021 年 PE/VC"花样投后"引人注目。深创投作为深圳本土创投机构也在其中，文中介绍了深创投投前投后一体化及全员服务的理念，由投资经理负责为已投企业提供日常服务和个性化服务，由企业服务中心负责提供上市服务、企业培训、融资服务、产业对接、品牌宣传等共性服务，推出了深创投 Family 银企相亲会、深创投大学堂、深创投 Family 龙头企业走访、深创投 Family 上市热点分享会等产品，同时跨部门跨片区调动集团资源，推动已投企业在政务、厂房、人才、市场等方面诉求的加快解决。此外，深创投还与战略合作方共同打造创投行业生态圈，比如在上市服务中，与证券交易所沟通，与各大证券公司、会计师事务所、律师事务所保持紧密联系，邀请证券交易所和中介机构资深讲师组织多样化的上市走访、座谈、培训活动，助力已投企业合规发展。截至 2021

年底，深创投管理各类资金总规模 4292 亿元，投资规模大幅增加，累计助推 206 家企业上市。这些成就与深创投的投后管理是密不可分的。除此之外，还有很多优秀的投资机构也建立了自己独特的投后管理体系，这些投后的帮助、服务与赋能可以有助于投资机构吸引到优质项目，可以助力投资机构提高自身拿到优质项目的份额。有的投资机构在优质项目中能够多轮跟进，甚至拿到更大投资份额，这本身就是优质项目对投资机构投后管理服务最直观的肯定和认可。

（三）投后管理与退出环节

在目前有些赛道存在估值高和投资贵问题的现状下，投资中后期的项目未必能获得理想的收益。一是中后期项目投资成本大，一旦被市场估值太高，退出时收益便未必可观；二是注册制下虽然退出更加容易，但新股破发却常态化，IPO 上市不代表一定赚钱。所以越来越多的创投机构开始关注并投资早期项目，但项目越处于早期，越需要得到各方面的支持和赋能，因为早期项目的退出时间长，高风险实践频发，面临很大的不确定性。即使投资时是市场看好的项目，但项目如果后劲不足或者运营不善，其投资风险也有可能失控，所以这就更需要创投机构做好投后管理。一方面通过沟通、交流、走访等手段对被投企业运营、财务、合规状况进行监督和考察，及时防范风险；另一方面通过提供战略建议、行业趋势判断、业务和人才支持、品牌建设、法律和财务培训、融资资源和产业资源对接等各方面的帮助，为企业提供全生命周期、多维度的增值服务，促进企业发展。

此外，鼓励发展 S 基金可以为创投基金提供更多元化的退出渠道，但由于私募股权投资是一个典型的非标市场，往往缺乏足够的公开信息和可比较的标准，所以买卖双方对定价容易产生巨大差异或者在价值上难以形成共识，S 基金无法得到快速的发展。根据 2020 年初母基金研究中心发布的《中国 S 基金全景报告》，中国 S 基金全名单机构共 17 家，包括已投和未投的中国 S 基金到账规模共计约 310 亿元人民币，这个数字甚至低于某些大型机构旗下一只基金的规模。但投后管理，有利于实现投资流程和尽调信息的标准化和细化，有利于获取真实的底层资产信息，有利于解决 S 基金交易的难点。

综上所述，投后管理是项目投资周期中非常重要的一部分，在实施投资之后到项目退出之前都属于投后管理的时期，虽然是"募、投、管、退"的第三个环节，但却可以助力其他三个环节。要提高创投机构的综合实力，"募、投、管、退"这四个环节必须齐头并进。

五　结语

通过走访深圳的创投机构发现，目前很多机构已经意识到投后管理的重要性，并在积极探索投后管理的路径。不少机构成立了专门的投后管理团队负责投后事务，有的没有成立投后管理团队，而是由投资团队进行负责，还有的则是由投后管理团队与投资团队提供联动服务，投资团队负责个性投后服务，投后管理团队负责投后共性服务，这些经验都值得借鉴推广。但完善投后管理体系不是一蹴而就的，需要投入大量的人力、物力、财力和智力，这不但取决于投资机构的主观意识，也考验着投资机构的客观实力。实践中有的机构也想做好投后管理但却因无经验可循而不知道如何做起，有的机构因人力和财力有限而无法顾及投后管理，如果行业自律组织或专业团队能在广泛调研和征求意见的基础上，组织建立一套投后管理评价体系，为投后管理设定可落地的规范标准，提供考核、评估、激励、检查、监督等配套工作指引，引领创投机构在不需要投入大量成本的情况下逐渐构建投后管理体系，对于促进深圳创投业的整体发展是大有裨益的。

B.22
对深圳城市轨道交通公共文化
先行示范的探索思考

侯春蕾*

摘　要: 本报告基于深圳建设中国特色社会主义先行示范区背景,系统介
绍了深圳城市轨道交通发展的历史脉络和各业态的发展前景,通
过对城市轨道交通与公共文化的融合发展特性进行分析,提出构
建可持续发展的"轨道+文化"生态系统;打造城市轨道交通公
共文化"硬件"环境,分类分级为城市轨道交通公共文化提供
展示传播的载体和平台;打造城市轨道交通公共文化"软件"
支持体系,促进轨道交通企业与文化组织的协同发展,早日实现
由"筑巢引凤"到"花香蝶自来"的美好愿景,助推城市轨道
交通与公共文化高质量融合发展。

关键词: 城市轨道交通　地铁公共文化　"轨道+文化"生态系统

近年来,我国先后提出"建设文化强国""坚定文化自信"等,推动了
我国公共文化建设。交通是人类文明的阶梯,不仅推动着人类文明进步,还
推动着城市的有序健康发展。对于处在粤港澳大湾区核心区并力求在全球城
市版图大放异彩的深圳而言,伴随着《粤港澳大湾区发展规划纲要》《中共
中央国务院关于支持深圳建设中国特色社会主义先行示范区的意见》的出
台,深圳迎来了"双区"驱动的战略性发展机遇。全面践行"先行示范"

---

* 侯春蕾,深圳地铁国际投资咨询有限公司纪委书记、监事会主席。

理念，构筑大湾区快速交通网络，加快与深圳周边城市轨道交通的互联互通，创新发展"三铁融合"模式，积极参与大湾区城际铁路和国家铁路建设，大力推进粤港澳大湾区"一小时交通圈"规划建设，打造交通出行和城市建设领域的先行示范标杆，是今后深圳城市轨道交通人的神圣使命与责任担当。①

近年来，深圳城市轨道交通在城市文化建设方面不断发力，因其独特的先天资源优势，主动作为，逐步成为承载和传播公共文化的重要载体。深圳城市轨道交通公共文化建设有效缩短了时空距离、心理距离和文化距离，增强了乘客对城市轨道交通文化及城市文化的认同感和凝聚力，已然成为现代城市文明的窗口和粤港澳大湾区文化联系的纽带。而深圳城市轨道交通公共文化系统作为粤港澳大湾区文化的有机组成部分，更是亟须从理论与实践的结合上加以系统分析、深入探索。

一 深圳城市轨道交通基本状况

深圳城市轨道交通发展起源于 1993 年深圳市人民政府成立地铁办，1998 年 7 月 31 日深圳地铁集团成立，同年底，深圳地铁一期工程开工建设，2004 年 12 月 28 日一期工程由 1 号线和 4 号线构成的深圳最早的"十字"线路通车试运营。经过二十余年的发展，深圳城市轨道交通现已确立了国家铁路、城际铁路、城市轨道交通"三铁合一"的产业布局和轨道建设、轨道运营、站城开发、资源经营"四位一体"的核心价值链。

地铁建设领域，深圳城市轨道交通已完成一、二、三、四期工程，1、2、3、4、5、6、7、8、9、10、11、20 号线等 12 条地铁线及 1 条龙华有轨电车，共 283 个车站线路的建设任务。目前在建地铁线路 21 条，在建里程达到 558.6 公里，在建车站 186 座，均在有序实施建设中。国家铁路、城际

---

① 侯春蕾：《城市轨道交通公共文化的先行示范建设研究——以深圳地铁为例》，北京大学图书馆。

铁路方面，穗莞深城际机前段及前皇段、深汕铁路、深大城际、深惠城际、大鹏支线等5条线6个项目331.8公里的城际铁路及高铁项目工程正在建设。交通枢纽方面，同步建成了罗湖站、福田站、深圳北站、深圳东站等重要交通枢纽，完成了近百项市政代建工程。

轨道运营领域，2004年12月28日首条地铁线开通，截至2022年3月31日，已安全运营6302天。开通运营的城市轨道交通线路覆盖深圳8个市辖行政区。2021年，全市轨道交通客运总量21.85亿人次，日均客运量达598.71万人次，占深圳公共交通客运总量的60%，其中地铁单日客运量最高纪录达842.23万人次。

站城开发领域，践行"以公共交通为导向"的TOD发展模式。深圳轨道交通目前拥有12个轨道沿线上盖项目的综合开发权，开发规模约450万平方米，在建面积约330万平方米。"轨道+物业"模式日益与城市深度融合，以枢纽为代表的"站城一体化"项目成为深铁站城一体经营业务的核心产品。

资源经营领域，业务涵盖商业、写字楼、酒店、媒体资源、通信资源和网络资源等单元，经营物业（含地下商业、写字楼和酒店）面积约60万平方米，未来5年经营物业面积将逐步增加至287万平方米；持有地铁线路的广告灯箱、梯牌广告、电子显示屏、墙贴广告以及列车及看板、语音播报、拉手广告等媒体资源经营权；未来还将持续拓展新兴酒店、写字楼、互联网等板块业务。

文化艺术领域，在保证地铁高效、舒适、便捷的前提下，深圳市轨道交通一期工程便进行了艺术装饰尝试；二期工程在"保大运、保开通"的压力下，做了以艺术墙（侨香站《开往春天的地铁》）艺术柱为代表的尝试和探索；三期工程按照"一线一景、一线一主题"的设计思路，委托深圳市公共艺术中心负责总体策划和监督实施，构造了全新的"地铁美术馆"概念，增加了艺术墙、装置艺术、雕塑、流动展览等新的艺术形式，开始形成深圳轨道文化艺术线网概念，把当代文化艺术引进地铁空间，将艺术话语权尝试交予公众，大胆创新、探索与寻求突破，创造地铁公共艺术史上的经典案例；四期工程联合法国 AREP 公司、铁二院、杰恩联合体开展总体策划和咨询项目，在前三期优秀经验的基础上，在全新的深圳城市定位及深铁品牌文化框架指导下，全面系统设计，旨在通过艺术文化和轨道交通结合创造提升整个城市的文化形象。

不难看出，随着城市轨道交通的不断发展壮大，轨道交通相关业态及规模均不断发展，人们对城市轨道交通的期待也"逐站增加"，不只停留在其交通属性的使用功能上，更对其空间体验、文化呈现、艺术表达有了新的期待。

二　城市轨道交通与公共文化的融合发展特征

文化是城市独一无二的时代印记，是城市永恒存在的精神灵魂。文化的繁荣兴盛，在很大程度上决定着城市的吸引力、创新力、竞争力。公共文化，即大众的文化，具有公共性、便利性、公益性、差异性、价值性等特征，其强调以大众为服务对象的公共行政职能，同时又满足来自社会各个阶层的共同需求而形成的文化形态，目的是希望大众可以享受文化、参与文化和创造文化。文化自强来自文化自信，国民之魂，文化润之。这也是城市轨道交通公共文化所承担的更基础、更广泛、更厚重的责任与使命。

城市轨道交通自身拥有大量多元立体的空间资源和庞大的客流资源，因此拥有巨大的公共文化服务体系开发潜力，具体表现为以下几点突出优势。

（一）联动城市空间文化资源

在深圳这个陆域只有 1979 平方公里的城市，已规划至 2035 年建成 33 条线路、总里程共 1335 里的城市轨道交通系统，还有 1000 公里的城际铁路及高铁项目工程建设正在持续推进。由此规划蓝图可知，未来深圳不仅城市轨道交通密度最大，而且所形成的轨网将覆盖全市域的产业、住区、商区、社区以及文教卫体等城市单元，城市轨道串联了城市空间的十大功能分区组团、两千公里绿道、一千座公园、百余个体育馆以及 57 家博物馆、84 家文化馆、381 个文化广场、710 家公共图书馆等文化设施。而从已公布的规划和政府公报看，深圳将进一步完善公共文化服务网络，正在规划和兴建一批新的艺术馆、科学馆、歌剧院、体育馆等文化基础设施。这些极其丰富并且生生不息的文化资源，无疑是城市轨道交通未来可串联的文化蓝海，可以提供更多强有力的文化资源潜力和文化人才支持。

（二）凸显轨道交通文化载体功能

城市轨道呈现出交通设施与文化载体相互促进、紧密结合的发展趋势，其文化功能显现在其自身的基本特征上。

（1）储备量大。深圳未来将有 1000 多公里的城市轨道交通投入运营及 1000 多公里的城际铁路和高铁项目实现运营，轨道交通将遍布深圳所有辖区。随着轨道交通线网的不断延长和交织，其中的公共空间将自然形成且持续扩张。两者结合不仅会减少文化空间构建的费用，而且会明显提高公共空间的利用效率和综合效益。

（2）连贯性强。轨道交通通常以乘客流线为基础，对于文化的接受者即乘客来讲有着很强的连贯性，可以先后通过楼扶梯、站厅广告、换乘通道、候车站台、车体车厢等形成连贯性的文化呈现。轨道交通企业可以通过分析乘客群体特性、站点周边特征等，结合文化主题，形成连续、沉浸式的文化氛围。

（3）辐射面广。"轨道+物业"的模式，不仅丰富了城市综合体的空间利用，更促进上盖物业、站城一体化等空间的形成，通过结合传媒广告资源，运用覆盖面广、辐射力强的广告灯箱、墙贴包柱、电子屏幕、语音声乐、线上宣传等多样化的资源，促进公共文化服务渠道多样化体系的形成。

基于以上文化载体特性，轨道交通与公共文化的功能互补、相得益彰，可使文化以多种形式进行表现，例如通过建筑雕塑、固定艺术墙、流动展览、互动表演等方式，向市民乘客传播各式各样的公共文化内容，使轨道交通网络成为一张充满时尚活力的文化网。

（三）充分发挥受众群体数量庞大、规律性强等优势特征

1. 受众群体数量庞大，是城轨交通文化的一大优势

深圳公共交通统计数据显示，2021 年深圳全市公共交通总客运量达到 36.52 亿人次，其中轨道交通总客运量 21.85 亿人次，公共交通机动化出行分担率达 57.7%，日均客运量约 598.71 万人次，其中地铁单日客运量最高达 842.23 万人次。以城市轨道交通的空间作为文化传播渠道，每日巨大的客流量将成为文化传播的显性或潜在受众群体。根据 2018 年（全球新冠病毒疫情前）世界主题娱乐协会 TEA 推出的《主题公园和博物馆报告》，巴黎卢浮宫以 1020 万人次/年的入场人次居第一名，第二名为中国国家博物馆，入场人次达 861 万人次/年。相对众多的博物馆、艺术馆、文化馆等文化基础设施而言，轨道交通如果成为文化传播空间，每日数百万人次的量约等于其一年的流量。而这个数字还将随着未来规划建设而不断增加。

公共文化与轨道交通的融合，可以将客流转变为文化流，将文化元素更好地融入公共区域、公共交通当中，让市民更便捷地享受公共艺术文化。

2. 受众群体规律性强，也是城轨交通文化的一个鲜明特点

城市轨道交通日常通勤客流的潮汐特征十分明显，尤其是上下班高峰时段的乘客，多呈现出居住地与办公地两点一线的特征，长期保持相对固定的通勤路线。由于在城市轨道交通空间区域范围内保持了规律的长时间逗留，若充分利用其规律出行途中的空间作为公共文化的载体，便可让文化潜移默化地渗透进人们的生活。

轨道交通与公共文化的融合，不仅可以丰富城市轨道交通空间的文化氛围，也有利于公共文化成为轨道交通"百年工程"的高质量空间载体，使其具有"百年工程"的特性。在此背景下的城市轨道交通与公共文化融合，必将成为城市综合竞争力的一个重要发力点与增长点。

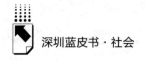

三 推动深圳城市轨道交通公共文化建设的探索思考与对策建议

（一）构建可持续发展的"轨道+文化"生态系统

生态是生命生存生长的可持续发展状态，其构成要素具有自我生成、自我完善、自我平衡的内在机制与运行规律。所谓"轨道+文化"生态系统，并非"形"的物理叠加，亦非"神"的物化附加，而是城市轨道与公共文化在硬件与软件、风度与温度、空间与人间、时代与时尚，体制与机制等方面的相互依存、深度融合，从而构成的共生共存公荣的生命有机体。就城市轨道交通文化的内外影响因素看，整个城市的经济发展、市场发育、基础设施、人口构成、精神风貌等条件，是城市轨道交通文化的生态环境，而"轨道+文化"的内在机制，则是城市轨道交通文化生态系统的内生动力。深圳地铁文化的生成与发展，既得益于改革开放办特区的天时、地利、人和，又取决于"深铁人"持之以恒的创业、创新与再出发精神。

城市轨道交通本身是一个庞大而复杂的系统工程，众多子系统在自身完善的同时又相互影响、相互融合。文化生态理念的引入，无疑会进一步丰富城市轨道交通的内涵，更多地寄托市民对美好生活的向往和自然本能的人性舒张，在城市轨道交通空间形成充满生机活力与文化张力的生态圈。

城市轨道交通是个"百年工程"的特殊行业，一旦开始建设，为了交通更加便捷，它的线路便会不断增加，从线到面直至成为错综交错、极为便利的轨道交通网。既然其成立之初便有"百年工程"的使命，那么文化与之协同发展也将随着时间轴的递进推演，成为城市发展历程的最佳呈现方式之一。与"百年工程"相适应的轨道交通公共文化必然需要可持续发展的"轨道+文化"生态系统。

（二）打造先行示范的城市轨道交通公共文化"硬件"环境

建设中国特色社会主义先行示范区，势必会让深圳成为新时期中国经济、科技、文化的重要展示窗口。深圳城市轨道交通自成立以来，全力追求高效、便捷、安全，实现了多业态全面发展，为进一步夯实硬件基础创造了良好条件。

城市轨道交通公共文化的"硬件"基础主要包含地铁车站、交通枢纽、列车内外、商业空间、媒体资源等。打造城市轨道交通公共文化的硬件基础，宜通过分析车站周边特性及客流预测信息等，将车站按重点车站、大客流车站、特色车站和普通车站等进行分类分级，提前介入规划，系统分级，为城市轨道交通公共文化拓展生态空间。

1. 将重点轨道交通枢纽打造成城市名片

放眼世界，有不少文化名城的地标建筑为轨道交通特色车站，如去莫斯科，必打卡其被誉为地下艺术殿堂的地铁站；去伦敦，必打卡国王十字车站等最古老的地铁站之一；去意大利，必打卡宛如璀璨星空的那不勒斯地铁站；而瑞典的斯德哥尔摩地铁站，因保留原始地洞石头外貌，艺术家直接在上面创作，被誉为世界上最长的艺术博物馆等。

而在深圳，我们也即将迎来建设轨道交通地标性建筑的机遇——西丽综合交通枢纽，位于有着"中国硅谷"之称的南山，集国家铁路、城际铁路、城市轨道交通等多种交通方式于一体，规划了 13 个站台、25 条轨道交通线路，串联多个重点片区，核心区域建筑面积达 360 万平方米，总投资约 157 亿元，与其他城市公共配套设施、城市道路、慢行系统共同构筑城市空间，将成为深圳的对外交通门户和城市交通转换节点。根据 2020 年 3 月 3 日西丽综合交通枢纽地区城市设计国际咨询方案评审会宣布的评选结果，国际顶级建筑设计事务所 Aedas、深圳市城市交通规划设计研究中心有限公司、申都设计集团有限公司的联合体设计方案经过数月激烈角逐，摘得竞赛桂冠。政府的高定位、高要求及大力支持，加之一流的规划设计团队，定会让西丽综合交通枢纽成为深圳新的城市地标。

2. 为重点特色文化领域打造特色车站

深圳虽然城市历史只有几十年，但因时代风云造就了其特有的文化气质，譬如"时间就是金钱，效率就是生命""空谈误国，实干兴邦""鼓励创新，宽容失败""来了就是深圳人""送人玫瑰，手有余香""深港一家亲"等特区精神，以及由这些精神凝聚的开荒牛文化、大鹏文化、勒杜鹃文化、新移民文化、志愿者文化、创客文化、创意文化等，加上大批活力四射的科技、开发、商贸、物流、金融、文化类的知名企业，可形成独具特色的公共文化资源，与城市轨道交通建设共同构筑时代精神文明。

为重点特色文化领域打造特色车站，大致可分为以下几类。一是科技类地铁站。"科技"是深圳最具代表性的名词，未来可以在机场或高新科技园片区，打造科技风格的地铁站，使初到深圳的乘客及经过该区域的乘客感受深圳特有的科技文化。二是联名类地铁站。深圳作为改革开放试验田、最早起步的经济特区，培育出了众多世界知名企业，华为就是其中最具代表性的世界 500 强企业。深圳地铁可与华为合作，设立"华为站"，并设立华为专属通道，展示华为的发展史、文化和科技。三是书香类地铁站。持续 20 多年的"深圳读书月"助推深圳一跃成为全球阅读典范城市。与深圳书城联手建立具有书香气息的"南山书城站"等，助力书香地铁、书香深圳。四是艺术环境地铁站。深圳位于中国南海之滨，在我国一线城市中，是最宜居的城市，其中近 50% 的生态绿地及 200 多公里的海岸线，是深圳人民的骄傲。深圳地铁 8 号线采用"一站一景"的创新理念，以海、山、集装箱等元素设计打造车站，呼应线路沿途的自然风光，未来也将在大小梅沙海滨景区附近，打造海洋元素的主题特色地铁站等。五是人文类地铁站。深圳文化底蕴虽不比北京、上海、西安等历史文化名城，但也因其能吸引上千万全国乃至全球的人才汇聚于此，而拥有快速崛起的大学城和深圳大学、南方科技大学、深圳技术大学等知名高校。为此深圳地铁计划将与深圳大学合作，对"深圳大学站"进行改造，展示深圳大学的文化，不仅可以让更多的大学生、市民、来访人员了解深圳大学，更可以对深圳的中小学生产生潜移默化的文化影响。以上各类名片车站，未来将会根据实际情况不断丰富更新。

3. 将重点车站、大客流车站、特色车站打造"地铁美术馆"

结合城市文化地图，在深圳城市轨道交通建设与运营区域，加强联通和对辐射空间的利用，从而延伸公共文化的覆盖面，营造轨道交通文化沉浸式体验，打造永久性的文化经典作品，如近年来不断丰富的地铁文化艺术墙、雕塑艺术、装置艺术、景观、艺术化公共设施等，众多的文化艺术作品展示了深圳的特色文化，成为城市文化窗口，同时又开启了可持续的地铁空间艺术创作。深圳市轨道交通自二期工程以来非常重视此类文化艺术的创作及建设工作，在原有建设成果的基础上，未来可以考虑将艺术作品的征集、创造、完善、成品等全过程，在线上"深圳地铁美术馆"进行展览，不仅可以全面系统地展示所有艺术作品，也可以让受众随时随地查看，以便对作品有更针对、清晰的了解。

4. 为多元文化预留足够的资源及活动空间

鉴于公共文化的大众参与性，城市轨道交通除固定的文化艺术陈列外，更宜为非固定式文化活动预留足够的资源及活动空间，如为短期的文化交流活动、艺术展览、表演、公众互动等预留空间及资源；拉近乘客与轨道交通的距离，提升企业品牌的同时助力城市文化美誉度的提高。但需注意的是，活动地点的选择要避开客流，举行活动时也要注意适当引导客流，不可造成人员拥挤。

（三）打造可持续发展的城市轨道交通公共文化"软件"支持体系

打造"轨道+文化"生态圈，既要有"风度"（硬件），也要有"温度"（软件）。在保障市民乘客每一次出行安全、便捷、舒适的基础上，搭建城市公共文化交流平台，深化与各级机构的文化合作，结合深圳城市文化菜单，充分利用轨道交通公共空间，通过地铁车站、列车、连廊等艺术设计和展览、活动、宣导等文化创意项目的相继实施，提升市民审美趣味和互动体验。

1. 建立健全机制保障

建立专属的城市轨道交通公共文化组织机构和管理制度，是保障其高效运作的基础。城市轨道交通企业可以考虑成立专业的公共文化管理团队，并成立文化艺术委员会，委员会可以由社会各界专业顶尖人才构成，为有序推进该项工作提供坚实基础。政府作为公共文化服务的主要提供者，宜为城市轨道交通企业提供一定的政策保障、资金保障及内容提供；城市轨道交通企业作为主要承担者，不仅要为其提供企业制度保障、人才保障，还可适当给予品牌营销推广、社会责任履行等一定的资源支持；参与轨道交通公共文化的社会各界宜主动承担，在确保内容符合深圳城市气质的同时，也给予创造者一定的创造支持、技术支持、资金支持等，只有多方协力，才能使长远的文化目标得以实现，可持续发展下去。

2. 坚持"以人为本、科技为先"的基本原则

何为城市文化？有人说"它是一个时代居住在这里的人民的记忆"。的确，城市和人一样，拥有记忆。深圳是一座年轻的城市，她的文化建设也呈现出生机勃勃的活力。一些特有的城市建筑设施成为深圳的重要城市景观和时代标记，承载了许多深圳人的记忆和乡愁。

以人为本。文化艺术在轨道交通空间的呈现，在注重提供文化滋养的同时更要注重"适度"地把握。由于轨道交通空间是有限的，文化和艺术的呈现不是越多越好，也不只是将最好的艺术移植在地铁空间内就会有好的结果，只有恰到好处，才能带给乘客带来美好的、舒适的享受。

坚持以人为本的原则，可以从人自身的五官感受出发，通过视觉、听觉、触觉和嗅觉等来营造沉浸感，加深市民乘客对城市独有的记忆。比如视觉上，可以通过打造系列文化艺术展示、广告宣传等，给人美的享受；听觉上，可以通过在不同时段、不同地点播放悠扬、温馨或轻快的音乐，让都市人体验到通过工作创造价值时的愉悦，归家时放慢脚步和节奏，聆听内心，感受城市温暖；触觉上，为视障乘客和听力受损乘客提供各类辅助设施，比如参考借鉴东京地铁爱心专座采用软包材质、港铁专设触觉引导径等做法与经验；嗅觉上，可以以轻微的书卷墨香、海洋气息等专属气味识别站点周边特色，如深圳书城站、大小梅沙站等。以人民需求为导向，结合城市品牌宣传活动，将丰富多彩的文化创意形式引入地铁公共空间，建立城市和市民之

间的情感纽带，使得市民不仅是文化被动的接受者也可成为文化共同的创造者。

科技为先。区别于北京、西安、郑州、成都这些千年历史文化名城，深圳有以华为、腾讯、中兴、大疆等为代表的世界级企业，还有位于有"中国硅谷"之称的南山的众多新兴企业，它们大都有一个共同的属性——科技。目前，深圳地铁已和腾讯、华为达成战略合作，先后引入乘车码、5G通信技术，在轨道交通同行中树立标杆，未来希望依托人工智能、新材料等高新技术应用和科技展示，为深圳地铁公共文化建设提供支撑，实现表达形式更为多样化、更具吸引力，为市民和外来游客营造科技城市印象，助力科技地铁、科技深圳。

3. 持续拓宽和丰富文化内容

城市轨道交通是城市机体的有机组成部分，与时代、城市、市民、文化共生共存共荣，其所承载的公共信息、精神气质、文化内涵生生不息，主要包含以下三类。一是政务宣传类。公共文化的宣传内容要普及和推广社会主义核心价值观，助推城市文明建设，宜更多体现政府机构的常规需求，特别是落实上级传达的精神，如时政新闻、基本国策、政务文化、消防安全、公共卫生、维稳、反恐、法制宣传等。二是城市轨道交通企业自有品牌类。自有品牌活动的公共宣传，不仅可以增强城市轨道交通企业员工对企业及城市文化的认同，更会激发企业员工将企业品牌文化内化于心、外化于行，以更好地服务乘客、感染乘客。三是社会互动类，轨道交通公共文化的打造不是政府的事也不是轨道交通企业自己的事，而是全社会的事，故文化输出的方式不应该是"单向"输出，而应该是"双向"的输入和输出；政府机构、企业组织、人民群众都可以参与进来，兼收并蓄，多元共建，形成人人参与文化、人人享受文化、人人创造文化的可持续发展生态系统。

4. 深化轨道交通企业与文化组织的协同发展，早日实现由"筑巢引凤"到"花香蝶自来"的美好愿景

术业有专攻，文化领域并不是轨道交通企业最擅长的，也因公共文化是属于大众的文化，是需要大家共同参与、享受和创造的文化，故宜将专业的

事交给专业的团队做，为此需加强轨道交通企业与文化组织的融合，形成"轨道+文化"的组织形态。轨道交通企业宜深化与各级机构的公共文化活动交流，打造政府与民间合作平台，吸纳更多优秀且专业的企业、团体或个人，减少成本，扩大效益，也可适当将文化与商业活动相结合。模式一旦成熟，由轨道交通企业主动搭建文化平台的"筑巢引凤"便会转变为持续有合作伙伴主动申请加入的"花香蝶自来"，形成可持续发展的"轨道+文化"生态系统，为深圳的文化发展注入源源不断的生命力。

以城市轨道交通空间及资源作为文化传播途径，可使人们在出行的同时，接受和感知甚至参与创造文化。城市轨道交通运营商通过搭建"轨道+文化"生态系统，由专业机构为轨道交通文化提供强有力的专业技术支持，形成更亲和的文化展场，可使得乘客在出行的过程中便可以感受到城市核心层的文化、专业级的知识、博物馆级的文物、演奏会级的音乐、艺术馆级的艺术作品等，在为城市轨道交通拓展空间的同时，也为社会提供了文化展示的平台，更有利于公共文化以轨道交通"百年工程"为载体的可持续发展。

Abstract

The *Social Development of Shenzhen* (2022) analyzes the basic situation, main features and achievement of Shenzhen's social governance in 2021 and provides an outlook of the new development of the social governance in Shenzhen in 2022. The report concluded that in 2021, Shenzhen has made great progress in social governance, with spending on nine major categories of people's livelihood at 319. 7 billion *yuan*, up 12. 6%, accounting for 70% of public budget spending. The per capita disposable income of the residents was 70800 yuan, up 8. 2%. 131000 new elementary education places were added, and the Southern University of Science and Technology was selected as a "double first-class university". Seven new "tertiary level-A hospital" were added, and the total number of various health institutions reached 5241. 97000 sets of public housing were constructed, and 42000 were distributed. The city's rail transit has 12 lines, operating 431 kilometers in total (including trams). In terms of urban safety, the number of deaths in industrial and traffic accidents fell by 9. 1% and 11. 8 respectively. The city's 110 received 96, 800 criminal reports, down 20. 2% over 2020. And comparing to 2020, the number of wire fraud reports and cases, and that of fraud criminal reports and cases had a significant decline of 42%, 26%, 28% and 34% respectively. In terms of elderly care, the city has built 112 community day care centers and 600 "*Xingguang* home" for the elderly, 263 elderly canteens and meal service stands, and 66 designated service institutions for the elderly at home. The city has basically achieved full coverage of community elder care services for the residents. Shenzhen has gradually gained governance experiences of meta-cites and has shared the experiences twice at the national conferences on modernization of municipal social governance.

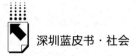

The report also conducts special studies on the protection of minors, the training of workers in childcare industry, the linkage models of "family nursing beds for the elderly" and "family sickbeds for patients", the opening of football fields to the public, residents' willingness to give birth under the influence of the third-child policy, and the implementation of waste separation in Shenzhen. The study found that since the promulgation and implementation of the Law of the People's Republic of China on the Protection of Minors, Shenzhen has gradually established a new pattern of protection of minors in the form of family, school, society, network, government, and justice. In terms of childcare, the overall score of childcare staff in Shenzhen is between 3. 3 and 3. 8 (total score of 5), which is at a medium level and needs to be strengthened by forming professional training teams, working with professional and scientific social recourses, and building intelligent and efficient online platforms. In terms of "family nursing beds for the elderly", Shenzhen seeks to form a distinctive and functional linkage model of "family nursing beds for the elderly" and "family sickbeds for patients", so as to effectively solve the various difficulties for the elderly. And as for the opening of football fields to the public, Shenzhen was rated medium, so it has to be improved in terms of standard setting, risk management, technological support, popularization and promotion.

Keywords: Social Governance; Childcare; Elder Care; Shenzhen

Contents

I General Report

Abstract: In 2021, Shenzhen social governance focused on building a higher level of "Safe Shenzhen" as a main theme, taking opportunity of pilot projects in urban social modernize governance, highlighting political guidance, system concept, thought under the rule of law and strong-based orientation, comprehensively promoting innovations in system, method, and work arrangement of social governance, upholding and improving social governance based on the goal of collaboration, participation and benefiting all the people, striving to form the experience about social governance with the characteristics and rules of a super-large city in Shenzhen. However, there are still having some weaknesses in the systematic structure of social governance, the strength of coordination, the level of refinement, and the overall development of social governance. At the same time, there are also having many risks and hidden dangers in political security, social stability, and public security. In 2022, Shenzhen needs to adhere to the five concepts, coordinate the five pairs of relationships, and focus on the five projects to build a "sample of Shenzhen" for the social modernization governance of a super-large city in the new era.

Keywords: Social Governance; Urban Social; Modernize Governance

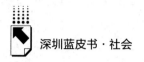

Ⅱ Social Governance Reports

B.2 Multi-point Breakthrough, Comprehensive Improvement,
and Striving to Build a Modern Model City
of Social Governance

The Research Group of Municipal Political and Legal Committee / 013

Abstract: From a frontier agricultural country to a first-tier city, Shenzhen has created a miracle in the history of urban development in the world. However, being at the forefront of reform and opening up, with an area of less than 2000 square kilometers and an actual population over 20 million people, the social government of the city of Shenzhen is unprecedently difficult. Just as president Xi Jinping has profoundly pointed out, after 40 years of rapid development, Shenzhen faces many challenges such as increasing pressure on urban governance and lack of space for city development. This requires Shenzhen to establish a sense of "full cycle management" and strive to develop a new way of government in line with the characteristics and laws of mega-cities. Shenzhen has been taking the spirit of important speeches and instructions of president Xi Jinping which were given during his inspection of Guangdong and Shenzhen as guidance, and resolutely implements the relevant requirements from the central and provincial government, takes the construction of the first batch of pilot cities for the modernization of municipal social governance as a goal, promotes municipal social governance in the overall background of building a pioneering model area of socialism with Chinese characteristics, benchmarks the highest and the best, and tries best to build a municipal social governance benchmark city like preparing an important examination.

Keywords: Social Governance; Governance Systems; Risk Management

B. 3   Analysis and Outlook of Social Security Situation

of Shenzhen in 2021   *Luo Xiaohong* / 021

Abstract: In 2021, Shenzhen's social security continued to improve, with the number of reported criminal and public security incidents decreasing year by year, the traffic safety condition reaching a world-class level, and the residents' sense of security and satisfaction with public security work achieving the best performance in Guangdong province's history of "double-first". Shenzhen's public security organs focused on the security and stability work for the 100th anniversary of the founding of the CPC, and paid close attention to the implementation of measures to prevent risks, ensure security and protect stability by concentrating on "anti-electric fraud", strictly combating smuggling crimes, improving the security prevention and control system, eliminating security and safety hazards, building a new generation of synthetic operation center, solving the urgent problems of the public, and ensuring the implement of risk management and stability measures. For the social security situation in 2022, this report proposes to focus on the main security agenda that was mentioned in the 20th party Congress, to comprehensively strength the overall protection of the social security, to pay close attention to preventing and resolving various types of risks, and to make every effort to create a safe and stable political and social environment.

Keywords: Social Security; Public Safety; Pandemic Control

B. 4   Research Report on the Construction

of Shenzhen's Community Service System in 2021

Zhong Han, Luo Siying and Tang Zhe / 030

Abstract: The Party Central Committee and the State Council attach great importance to the construction of urban and rural community service systems, and the State Council first listed the "14th Five-Year Plan" for the construction of urban and rural community service systems as a key special plan for the "14th Five-

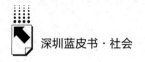

Year Plan" period. On December 27, 2021, the General Office of the State Council issued the "14th Five-Year Plan for the Construction of Urban and Rural Community Service Systems" (No. 56 [2021] of the State Council Office), which made comprehensive arrangements for urban and rural community service systems during the 14th Five-Year Plan period. The "14th Five-Year Plan" period is the very five years of Shenzhen to achieve the goal in the first phase of construction of the model area of socialism with Chinese characteristics. In the new journey, Shenzhen should strengthen its mission, firmly grasp the important critical period and opportunity for the construction of urban and rural community service system, actively promote the construction of the system, and make every effort to build a new benchmark for the construction of the system.

Keywords: Community Service; People's Livelihood; Public Service

B.5   Create a "Shenzhen Sample" of Social Engagement
to Promote Rural Revitalization with Exhibition Charity

Chen Lijuan, Guo Yunxia, Wang Weiyang and Li Jiayu / 044

Abstract: In 2021, the 9th China Charity Fair (CCF for short) was successfully held online for the first time with the theme of "Gathering Philanthropic Engagement to Promote Rural Revitalization". By providing a display and exchange platform, a resource docking service platform, a charity culture dissemination platform, and a collaboration and co-creation platform, the 9th CCF has made great contributions to displaying the philanthropic achievement in promoting rural revitalization and the docking of all-element resources.

During the exhibition, a series of activities such as "Traveling Online in Hundreds of Villages and Sceneries" and "I am the Hometown Recommender" were launched to innovatively improve rural cultural tourism. At the same time, in order to create a good atmosphere for the public to actively participate in philanthropy, the 9th CCF carried out interactive activities such as the online games and the live broadcast of "Promoting Agricultural Products Online". In the future, the CCF will continue to guide philanthropic organizations to serve the national strategy, encourage various charitable entities to participate in social governance, lead the digital transformation and upgrade of the charity industry, and all in all contribute to the high-quality development of charity.

Keywords: Connecting Charity Resource; Rural Revitalization; Social Governance

B.6 Study on the Development Path of Mega-cities and the Shenzhen Mode of Social Governance

Zhou Lihong / 052

Abstract: The development of mega-cities generally encompasses five phases, and Shenzhen is now in the third stage of rapid urbanization, the period of relative centrifugation. Facing the problems of urban governance, Shenzhen should adopt the international model of urban governance, and promote the high-quality development of Shenzhen in the aspects of the construction of metropolitan urban areas, the rule of law government and basic public services, as well as the control of the integration of the resident population, the construction of social harmony, the cultivation of corporate social responsibility, "happy community", and so on.

Keywords: International City Governance; Multiple Subjects; Marketization; Rule of Law

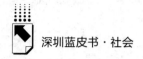

Abstract: Urban villages are the most important main body of the housing rental market supply in Shenzhen. In the urban villages gathered by a large number of young migrant people, the contradictory relation and potential safety hazard are complicated. It can be seen that comprehensive management of urban village communities is extremely important and necessary. Therefore, Longhua District launched the Qingping Paradise project in Yuanfen New Village, Dalang Street, starting from the creation of three dimensions of physical space, social space and spiritual space, this project promotes comprehensive community governance and safety construction through space production and space governance, exploring the youth agglomeration urban village community governance modelled on co-construction, co-governance and sharing, which ultimately provides Yuanfen experiences in improving the last but not the least step of grassroots governance of the new era.

Keywords: Urban Villages; Youth Community; Social Governance; Space Production

Ⅲ   Ensuring People's Livelihood Reports

Abstract: In order to implement the Law of the People's Republic of China on the Protection of Minors and other laws and regulations, further strengthen the coordination, supervision and guidance of the protection of minors, and protect the physical and mental health of minors and safeguard their legitimate rights and interests, Shenzhen issued the "Guidelines for the Classification and Protection of Children in Distress in Shenzhen (for trial implementation)" in 2021, and promoted the establishment of the Shenzhen Social Welfare Service Guidance Center and Shenzhen Rescue and Protection Center for Minors. Next, Shenzhen will comprehensively fulfill the legal responsibilities of children's protection, implement the three key tasks of protection of minors, child welfare and child care, establish a coherent and integrated mechanism for children's work, strengthen the construction of child welfare service institutions and full-time personnel, build a new pattern of children's protection with family, school, social, network, government, judicial as "six major protections", guide the extensive participation of the public, and build a high level of child welfare service system in socialist modernization.

Keywords: Minors; Rescuing Protection; Child Welfore

B.9 Discussion on the "Two-Bed" Interactive Model
between Family Pension Beds and Family Medical Beds

Tang Rui, Tang Ruinan / 084

Abstract: This paper systematically expounds that in the era of aging, by vigorously promoting the construction and development of family pension beds and family medical beds and carrying out the "Two-Bed" Interactive Model, it can effectively solve the rigid medical and care needs of the elderly at home and save social resources. Thorough research and analysis are carried out in the major provinces and municipalities with a relatively high degree of aging to support the development of family pension beds and family medical beds. Among them, the "Two-Bed" Interactive Model launched by Beijing is accentuated interpreted and analyzed. According to the actual situation of Shenzhen's aging and the future development trend of elderly care services, it is recommended to accelerate the

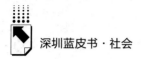
formation of the "Two-Bed" Interactive Model between Family Pension Beds and Family Medical Beds with distinctive features and significant functions in Shenzhen, a socialist pilot demonstration area. It is able to effectively solves various pain points and difficulties in medical and nursing care faced by the majority of the elderly at home.

Keywords: Aging; Family Pension Beds; Combination of Medicine and Nursing

B.10　The Current Situation, Practice and Outlook of Peronnel Training in the Childcare Industry in Shenzhen　　　*Guo Yuhang, Yi Yang and Chen Yan* / 093

Abstract: "The Opinions of the State Council of the Central Committee of the Communist Party of China on Supporting Shenzhen in Building a Pioneering Demonstration Zone of Socialism with Chinese Specialties" has made people's livelihood and happiness as one of the strategic development directions of Shenzhen and listed "kind childcare" as the first of the "seven livelihoods" of Shenzhen. The development of the childcare industry in Shenzhen is of great significance in promoting the long-term balanced development of the population, helping to improve the comprehensive competitiveness of the city, and exploring a replicable "Shenzhen mode" for the construction of people's livelihood. In recent years, the development of the childcare industry in Shenzhen has been effective, but there are still problems such as insufficient talents and inadequate training mechanisms, the rapid and healthy development of the childcare industry is thus constrained. This paper summarizes the successful experiences of the Shenzhen Child Care Services Association in researching the current situation of professionalism in the industry, establishing a training course resource library, conducting industry training, and exploring the school-enterprise cooperation model, and puts forward a series of suggestions and opinions on the future construction of the industry.

Keywords: Childcare Industry; Personnel Training; Shenzhen

B . 11　Current Situation, Problems and Trends of Health Care

　　　of Shenzhen in 2021

Fang Tiandong, Chen Yao and Tan Yangyang / 102

Abstract: Shenzhen implemented all important guidance ideology of General Secretary Xi Jinping on deepening the reform of the medical and healthcare system thoroughly in 2021, coordinating epidemic prevention and control with the quality development of health system, enhancing the whole health system to a new stage of quality development by accelerating the construction of Public Health Service System, improving the integrated Quality and Efficient Medical Service System, furthering the Reform and Quality Qevelopment of Public Hospital, and accelerating the Construction of Healthy Shenzhen. The containment of the mutant strain of COVID-19 has achieved absolute victory periodically in Shenzhen, no nosocomial infections among medical staff and hospital outbreaks accured; Building Quality and Efficient Medical and Health Service System was selected as one of the 47 experience cases of national promoting innovation approaches of Shenzhen demonstration pilot zone; The construction of modern hospital management system was affirmed by the National Development and Reform Commission of the People's Republic of China, and the relevant experience was published in the Reform Brief of the National Development and Reform Commission of the People's Republic of China and the Journal of Study and Research sponsored by the Policy Research Office of the CPC Central Committee. The University of Hong Kong-Shenzhen Hospital has been awarded as Quality Development Pilot Hospital of Provincial Committe and National Pilot Hospital of Modern Hospital Management System. Shenzhen Municiple Health Commision will devote a great deal of energy promoting the further improvement of the population healthy comprehensively in 2022, such as ensuring the regular epidemic prevention and control with strict and solid measures and accelerating the expansion of superior medical resources by focusing on people's livelihood, insisting to Green Medical Culture and accelerating the Reform and Quality Qevelopment of Public Hospital, focusing on the weak links and accelerating the Construction of Healthy Shenzhen, strengthening the innovation-

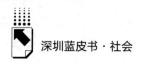

driven and accelerating the demonstration and leadership of health care reform in China, Optimizing support and security and accelerating to establish innovative highland of talent, information, scientific technology.

Keywords: Public Health Service System; Reform of Public Hospital; Construction of Healthy Shenzhen

B.12 2021 Shenzhen Public Transport Service
Development Report

Xu Wei, Zhang Yongping, Hu Chunlei, Jiang Wei,
Zeng Hao, Yang Qihui and Yuan Yingsheng / 116

Abstract: Summarizing the development of public transportation services in Shenzhen in the past year, the development situation of public transportation services in Shenzhen is analyzed from the aspects of safety production, epidemic prevention and control, service quality improvement, intelligent construction, and industry transformation and development. And put forward the 2022 public transportation plan, such as unremittingly implementing the industry safety and epidemic prevention and control work, continuously improving the competitiveness and attractiveness of conventional public transportation, accelerating the transformation and upgrading of the road passenger transportation industry, promoting the healthy and sustainable development of the taxi industry, and deepening the intelligent construction of public transportation. A work plan for the development and improvement of transportation services.

Keywords: Shenzhen; Public Transportation; Epidemic Prevention

B.13 Report on the Development of Public Cultural
and Sports Services in Shenzhen in 2021   *Gao Xiaojun* / 125

Abstract: This paper focuses on the general situation of the development of public cultural and sports services in Shenzhen from 2021 to 2022 , and analyzes the main highlights of Shenzhen in the construction of major urban cultural and sports facilities, the exploration of new public cultural and sports space, and the reform of public cultural and sports system and mechanism. This paper puts forward the trend outlook and countermeasures to promote the high quality development of shenzhen's public cultural and sports services from the aspects of reconstructing the development concept of public cultural and sports services, constructing the new public cultural and sports space system, and promoting the in-depth digital transformation of public cultural and sports services.

Keywords: Shenzhen; Public Cultural and Sports Services; Innovation Mechanism

B.14 Development Status and Prospect of Rehabilitation
for Disabled Persons in Shenzhen in 2021

He Yilin, Liu Renji and Liu Gengdong / 133

Abstract: Respecting and protecting the rights and dignity of persons with disabilities is an inevitable requirement of the socialist system with Chinese characteristics. "Rehabilitation" is very important for the disabled. It is the first and most important step for them to integrate into society, and it is also the strongest expectation for them to change themselves. From 2020 to 2021, With the goal of "everyone has access to rehabilitation services", Shenzhen has made great efforts to promote the high-quality development of rehabilitation services for persons with disabilities. In terms of relevant policies and regulations, service system, supervision of service items and socialization of services, the coverage rate of rehabilitation services for persons with registered residence has reached 100%. The quality and precision of rehabilitation services have been improved, and disabled people have a growing sense of gain, happiness and security.

Keywords: Persons with Disability; Rehabilitation Services; Shenzhen

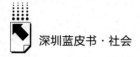
B . 15　Report on Education Reform and Development

　　in Shenzhen, 2021

Jia Jianguo, *Zhang Surong* / 151

Abstract: In 2021, the city's education system closely around the central work of the municipal Party committee and government, vigorously promote the demonstration of education in advance, and make new progress and breakthroughs in various work tasks, realizing a good start of the "14th Five-Year" education in Shenzhen. In 2022, Shenzhen Education will bear in mind the orientation of education work in the pilot demonstration zone, and actively promote the high-quality development of all kinds of education at all levels in the city with the support of improving the "four systems", so as to make greater contribution to the construction of the pilot demonstration zone of socialism with Chinese characteristics in Shenzhen.

Keywords: Shenzhen Education; Demonstration in Advance; High Quality Development

Ⅳ　Social Investigation Reports

B . 16　Investigation on the Implementation of Domestic

　　Garbage Classification in Shenzhen

Xu Yushan, *Xu Jingling and Gong Ziyu* / 170

Abstract: Shenzhen's domestic garbage classification has been launched since 2000. In 2019, with the promulgation of the "Shenzhen Municipal Regulations on the Classification and Management of Domestic Waste", Shenzhen's domestic garbage classification work has entered a full implementation stage. This study designed the Shenzhen Domestic Waste Classification Index System and the Citizen Questionnaire, and examined the actual promotion of domestic waste classification in Shenzhen from the dimensions of hardware facilities, management measures, actual classification, and citizens' attitudes, awareness and satisfaction.

Keywords: Garbage Classification; Garbage Disposal; Shenzhen

B.17 Analysis and Report on the Opening of Football Fields to the Public in Shenzhen in 2021

The Research Group of the Opening of Football Fields to the Public in Shenzhen / 192

Abstract: The construction of Shenzhen's football field has been making good progress. There are a total of 1155 football field in Shenzhen up to 2021, which has met the requirement made by Guangdong province that "average of 0.6 per 10000 people have a football field or more". Shenzhen has constructed various types of football fields with wild coverages. In terms of opening to the public, Shenzhen's social football fields holds a score of 68.02, among which the scores of open times, public welfare use, open form and field quality are high, but the scores of fee evaluation, intelligent management and supporting supervision are low. The total score of school football field is 62.43, among which the scores of public use and risk management are higher, but the scores of openness, satisfaction degree and willingness to open are lower. The main problems of the opening of social football fields are high fees, unsatisfactory operation condition, and large difference between busy and free time, while the biggest problems of the opening of school football fields are low willingness to open and unclear division of risk responsibility. It is recommended to improve the relevant systems and financial support policies and improve the openness and openness benefits of football fields in Shenzhen in terms of venue construction, standard setting, risk management, scientific and technological support, and popularization and promotion.

Keywords: Social Football Fields; School Football Fields; Opening to the Public

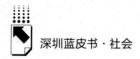

B . 18　Survey on the Fertility Status and Willingness

to Have Children in Shenzhen Under

the Adjustment of National Fertility Policy　*Ni Xiaofeng* / 208

Abstract: Since the implementation of the Two-child policy, Shenzhen experienced a peak fertility period in 2016－2019, but from 2020 onwards, the fertility population re-presented a downward trend. 2021, the state implemented the policy that a couple can have three children and introduced relevant supporting measures. This survey focuses on the fertility intention of Shenzhen citizens. The survey found that only 11. 7% of respondents had the will to have a 3rd child or more, the largest number of citizens (49. 3%) wanted to have 2 children, and the percentage of those who did not want to have children reached 8. 7%. The main reasons for the low willingness to have children are the financial pressure, lack of time and energy to take care of children, and the pressure on children's education. The most important supporting policies that people want the government to provide for childbirth, ranked in terms of demand, are the issuance of childbirth subsidies, the provision of housing support policies for multi-child families, the promotion of educational equity and the supply of quality educational resources, and the extension of maternity leave or the implementation of parental leave. It is recommended to increase the supporting policies for childbirth, improve the childcare service system, and promote employment policy support for married women who have already had children.

Keywords: Three-child Policy; Fertility Intentions; Fertility Supporting Policies

V Special Reports

Abstract: Based on the public's strong demand for food safety protection and higher quality food, Shenzhen has built a food standard system to create a city brand that is higher than the national standard—Zhen Pin. Zhen Pin's high quality deepens the policy connections, its high starting point deepens the system connections, and its high level of operation deepens the work connection. It explores the high standard food system. In concrete practice, Zhen Pin has perfected the standard system with multi-level construction, has expanded the product system with multi-category release, has developed the market through multi-channel promotion, has strengthened regional linkage development with multi-regional cooperation, has promoted rural revitalization strategy with diversified connection, has helped epidemic prevention and control security through multi-subject participation, has enhanced the reputation of city brand through multi-form publicity. Zhen Pin has promoted high-quality development and has become the new city card of Shenzhen. At present, Shenzhen is vigorously implementing "Zhen Pin" project, strengthening the construction of food standards system for the city, and developing Zhen Pin from meeting the safety and security standard to improving its quality, from producing products to forging a brand, from helping to fight poverty to serving the high-quality development of industry. At the same time, the found of Zhen Pin company has strengthened the construction of professional market operation platform. And thought the operation mode of "basic research, technology research, achievements industrialization, science and technology finance, talent support", Zhen Pin will transform the traditional food industry, cultivate new food industry, layout of the future food industry, improve the quality of people's "food basket". The mode will help "Zhen Pin" to create better value and greater benefits.

Keywords: Zhen Pin; Food Standard for Shenzhen; Food Safty

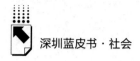

B.20　The Situation of Labor Relations of New Employment
Form Workers in Shenzhen and Suggestions on Reform,
Innovation and Development of Trade Union

Li Hongbing, Ge Guoyao and Wang Chaoran / 249

Abstract: In recent years, the rapid development of Internet platform
economy has led to profound changes in traditional labor forms, labor contents and
labor relations. A large number of new employment groups with non-standard
flexible employment have emerged, which has a certain impact on the management
of the current labor and social security system. The protection of labor rights and
interests of new employment groups and the hidden risks of labor relations have
attracted much social attention. This paper studies and analyzes the current situation
and outstanding problems of labor relations among new employment groups in
Shenzhen, and puts forward innovative work suggestions to maintain the harmony
and stability of labor relations in the economic field of the Internet platform and
promote the reform and development of labor unions in new employment forms.

Keywords: Flexible Employment Personnel; New Employment Form;
Trade union reform

B.21　Shenzhen Venture Capital Industry Development
Report in 2021　　　　　　　　　　*Lou Qiuqin / 261*

Abstract: After more than 20 years of development, Shenzhen's venture
capital industry has made remarkable achievements, ranking among the top three
in China in terms of number of funds and scale, forming the "Shenzhen model"
of collaborative development of entrepreneurship, innovation, and venture capital.
However, in recent years, influenced by the new regulations on capital
management and the strength of policy support, Shenzhen's VC industry is facing
a downward trend and has lagged behind Beijing and Shanghai in many aspects,

with Jiangsu and Zhejiang are striving to catch up. To curb such a downward trend, on the one hand, the government should make full use of the policy benefits from Shenzhen being a pioneering model zone, increase the support to the industry in terms of decision making; on the other hand, venture capital institutions should continue to cultivate internal strength, and constantly improve their comprehensive strength, to work carefully on each step such as "fundraising, investment, management, exit", and specially to strengthen post-investment management.

Keywords: Venture Capital; Private Equity; Post-investment Management

B. 22　Exploration in the Advanced Public Culture
of Shenzhen Urban Rail Systems　　　*Hou Chunlei* / 272

Abstract: Originally a pilot area for the demonstration of socialism with Chinese characteristics, Shenzhen is an example of its success. This paper looks at the development of Shenzhen's urban rail transit system, as well as providing the historical context. Through the analysis of the characteristic fusion of urban rail and changes to public culture, it is clear a sustainable ecosystem emerged, known as "railway+ culture", and provides a variety of city and urban expand development. Not only does this ecosystem supply classified carriers and platforms for the dissemination of public culture, it also enriches and promotes the synergetic development of enterprises and cultural organisations. It is a foundation which is competitive and attractive to outsiders, and enriches the high quality, integrated development, and future prospers of both urban rail transit and public culture In Shenzhen.

Keywords: Urban Rail Transit; Subway Public Culture; "Rail +culture" Ecosystem

社会科学文献出版社

皮 书

智库成果出版与传播平台

✤ 皮书定义 ✤

皮书是对中国与世界发展状况和热点问题进行年度监测，以专业的角度、专家的视野和实证研究方法，针对某一领域或区域现状与发展态势展开分析和预测，具备前沿性、原创性、实证性、连续性、时效性等特点的公开出版物，由一系列权威研究报告组成。

✤ 皮书作者 ✤

皮书系列报告作者以国内外一流研究机构、知名高校等重点智库的研究人员为主，多为相关领域一流专家学者，他们的观点代表了当下学界对中国与世界的现实和未来最高水平的解读与分析。截至2021年底，皮书研创机构逾千家，报告作者累计超过10万人。

✤ 皮书荣誉 ✤

皮书作为中国社会科学院基础理论研究与应用对策研究融合发展的代表性成果，不仅是哲学社会科学工作者服务中国特色社会主义现代化建设的重要成果，更是助力中国特色新型智库建设、构建中国特色哲学社会科学"三大体系"的重要平台。皮书系列先后被列入"十二五""十三五""十四五"时期国家重点出版物出版专项规划项目；2013~2022年，重点皮书列入中国社会科学院国家哲学社会科学创新工程项目。

皮书网

（网址：www.pishu.cn）

发布皮书研创资讯，传播皮书精彩内容
引领皮书出版潮流，打造皮书服务平台

栏目设置

◆ 关于皮书

何谓皮书、皮书分类、皮书大事记、
皮书荣誉、皮书出版第一人、皮书编辑部

◆ 最新资讯

通知公告、新闻动态、媒体聚焦、
网站专题、视频直播、下载专区

◆ 皮书研创

皮书规范、皮书选题、皮书出版、
皮书研究、研创团队

◆ 皮书评奖评价

指标体系、皮书评价、皮书评奖

◆ 皮书研究院理事会

理事会章程、理事单位、个人理事、高级
研究员、理事会秘书处、入会指南

所获荣誉

◆ 2008 年、2011 年、2014 年，皮书网均
在全国新闻出版业网站荣誉评选中获得
"最具商业价值网站"称号；

◆ 2012 年，获得"出版业网站百强"称号。

网库合一

2014年，皮书网与皮书数据库端口合
一，实现资源共享，搭建智库成果融合创
新平台。

皮书网

"皮书说"
微信公众号

皮书微博

权威报告·连续出版·独家资源

皮书数据库
ANNUAL REPORT(YEARBOOK)
DATABASE

分析解读当下中国发展变迁的高端智库平台

所获荣誉

- 2020年，入选全国新闻出版深度融合发展创新案例
- 2019年，入选国家新闻出版署数字出版精品遴选推荐计划
- 2016年，入选"十三五"国家重点电子出版物出版规划骨干工程
- 2013年，荣获"中国出版政府奖·网络出版物奖"提名奖
- 连续多年荣获中国数字出版博览会"数字出版·优秀品牌"奖

皮书数据库

"社科数托邦"
微信公众号

成为会员

登录网址www.pishu.com.cn访问皮书数据库网站或下载皮书数据库APP，通过手机号码验证或邮箱验证即可成为皮书数据库会员。

会员福利

- 已注册用户购书后可免费获赠100元皮书数据库充值卡。刮开充值卡涂层获取充值密码，登录并进入"会员中心"—"在线充值"—"充值卡充值"，充值成功即可购买和查看数据库内容。
- 会员福利最终解释权归社会科学文献出版社所有。

社会科学文献出版社 皮书系列
SOCIAL SCIENCES ACADEMIC PRESS (CHINA)

卡号：656494975238
密码：

数据库服务热线：400-008-6695
数据库服务QQ：2475522410
数据库服务邮箱：database@ssap.cn
图书销售热线：010-59367070/7028
图书服务QQ：1265056568
图书服务邮箱：duzhe@ssap.cn

S 基本子库
UB DATABASE

中国社会发展数据库（下设 12 个专题子库）

紧扣人口、政治、外交、法律、教育、医疗卫生、资源环境等 12 个社会发展领域的前沿和热点，全面整合专业著作、智库报告、学术资讯、调研数据等类型资源，帮助用户追踪中国社会发展动态、研究社会发展战略与政策、了解社会热点问题、分析社会发展趋势。

中国经济发展数据库（下设 12 专题子库）

内容涵盖宏观经济、产业经济、工业经济、农业经济、财政金融、房地产经济、城市经济、商业贸易等 12 个重点经济领域，为把握经济运行态势、洞察经济发展规律、研判经济发展趋势、进行经济调控决策提供参考和依据。

中国行业发展数据库（下设 17 个专题子库）

以中国国民经济行业分类为依据，覆盖金融业、旅游业、交通运输业、能源矿产业、制造业等 100 多个行业，跟踪分析国民经济相关行业市场运行状况和政策导向，汇集行业发展前沿资讯，为投资、从业及各种经济决策提供理论支撑和实践指导。

中国区域发展数据库（下设 4 个专题子库）

对中国特定区域内的经济、社会、文化等领域现状与发展情况进行深度分析和预测，涉及省级行政区、城市群、城市、农村等不同维度，研究层级至县及县以下行政区，为学者研究地方经济社会宏观态势、经验模式、发展案例提供支撑，为地方政府决策提供参考。

中国文化传媒数据库（下设 18 个专题子库）

内容覆盖文化产业、新闻传播、电影娱乐、文学艺术、群众文化、图书情报等 18 个重点研究领域，聚焦文化传媒领域发展前沿、热点话题、行业实践，服务用户的教学科研、文化投资、企业规划等需要。

世界经济与国际关系数据库（下设 6 个专题子库）

整合世界经济、国际政治、世界文化与科技、全球性问题、国际组织与国际法、区域研究 6 大领域研究成果，对世界经济形势、国际形势进行连续性深度分析，对年度热点问题进行专题解读，为研判全球发展趋势提供事实和数据支持。

法律声明

"皮书系列"（含蓝皮书、绿皮书、黄皮书）之品牌由社会科学文献出版社最早使用并持续至今，现已被中国图书行业所熟知。"皮书系列"的相关商标已在国家商标管理部门商标局注册，包括但不限于LOGO（▓）、皮书、Pishu、经济蓝皮书、社会蓝皮书等。"皮书系列"图书的注册商标专用权及封面设计、版式设计的著作权均为社会科学文献出版社所有。未经社会科学文献出版社书面授权许可，任何使用与"皮书系列"图书注册商标、封面设计、版式设计相同或者近似的文字、图形或其组合的行为均系侵权行为。

经作者授权，本书的专有出版权及信息网络传播权等为社会科学文献出版社享有。未经社会科学文献出版社书面授权许可，任何就本书内容的复制、发行或以数字形式进行网络传播的行为均系侵权行为。

社会科学文献出版社将通过法律途径追究上述侵权行为的法律责任，维护自身合法权益。

欢迎社会各界人士对侵犯社会科学文献出版社上述权利的侵权行为进行举报。电话：010-59367121，电子邮箱：fawubu@ssap.cn。

社会科学文献出版社